Lois T. Henderson und
Harold Ivan Smith

DER HAUSBIBELKREIS IN EPHESUS

.

Lois T. Henderson und
Harold Ivan Smith

Der Hausbibelkreis in Ephesus

Leuchter-Verlag eG · 6106 Erzhausen

Titel der Originalausgabe: PRISCILLA & AQUILA

Übersetzung: KH. Neumann
Umschlaggestaltung: Dieter Illgen, Hannover

1. Auflage Oktober 1987

© 1985 by Albert J. Henderson
© der deutschen Ausgabe 1986 by Leuchter-Verlag

ISBN 3-87482-133-1

Gesamtherstellung: Schönbach-Druck GmbH, 6106 Erzhausen

Inhalt

Vorwort

Lois T. Hendersons überraschender Tod im Juli 1983 war für uns alle ein großer Verlust. Zu diesem Zeitpunkt hatte sie von dem vorliegenden Buch 27 Kapitel beendet und den Rohentwurf für den Rest des Buches vorliegen, über den sie mit mir auch schon ausführlich gesprochen hatte. Deshalb konnte die Erzählung auch so zu Ende geführt werden, wie Lois T. Henderson es sich vorgestellt und gewünscht hatte.

Wir sind Harold Ivan Smith sehr dankbar, daß er diese Aufgabe übernommen hat; und die Leser werden sich davon überzeugen, daß er sie ganz hervorragend ausgeführt hat. Ganz sicher werden wir in der Zukunft von ihm noch weitere biblische Erzählungen erwarten können.

Ich bin auch Al Henderson, dem Gatten von Lois, sehr dankbar für seine Mitarbeit, und ebenso Lois' Bruder Ray.

Lois T. Henderson lag die Geschichte von Priscilla und Aquila, diesem biblischen Ehepaar, ganz besonders am Herzen, deshalb soll diese letzte große Erzählung aus ihrer Feder auch ihr gewidmet sein.

R. M. C.
Harper & Row, San Francisco

Teil I

ROM

1. Kapitel

In der Frauenabteilung einer öffentlichen Badeanstalt im alten Rom öffnete eine Sklavin ihrer jungen Herrin die Tür vom lauwarmen Aufwärmeraum in das Caldarium, wo ein heißes Bad auf sie wartete. Priscilla runzelte die Stirn, als ihr der heiße Dampf aus dem Caldarium entgegenschlug. Diese Hitze mochte an einem kalten Wintertag belebend und erfreulich sein, doch jetzt, im Spätsommer, war das heiße Wasser etwas, das man nur mühsam ertrug, ehe man dann dankbar in das kalte und erfrischende Wasser des Frigidariums springen konnte.

Priscilla schob ihr rotgoldenes Haar, das ihr ins Gesicht hing, zurück und blickte zu ihrer Mutter hinüber, die auf einer Bank auf der anderen Seite des Heißwasserbeckens saß. Von Kind an war sie mit ihrer Mutter sehr oft, manchmal täglich, in die Badeanstalt gegangen und kannte genau die ganze Prozedur. Wie immer, betrachtete sie das schwarze Haar und die dunklen Augen ihrer Mutter mit Bewunderung. Stets fand sie, daß ihre blauen Augen und ihr eigenes goldrotes Haar sie neben der dunklen Schönheit ihrer Mutter blaß erscheinen ließen.

,,Könnten wir das heiße Bad heute nicht auslassen?" fragte Priscilla ihre Mutter.

Flavia Justinius streckte sich wohlig. Kopfschüttelnd meinte sie: ,,Würde unser Körper nicht ordentlich erhitzt, wäre der Schock des kalten Wassers anschließend wohl zu heftig, das weißt du doch."

Priscilla rümpfte etwas die Nase. Als sie jetzt antwortete, ergab der dunkle, fast etwas heisere Ton ihrer vollen Altstimme einen erstaunlichen Kontrast zu ihrer schlanken, hellen Erscheinung. „Ich würde lieber gleich in das kalte Wasser des Frigidariums hüpfen, mich anschließend schnell ankleiden und in Großvaters Bibliothek gehen."

Flavia lächelte verständnisvoll. „Du würdest am liebsten den ganzen Tag in seiner Bibliothek verbringen, erlaubten wir es. Dein Großvater macht aus dir mehr einen Gelehrten — einen studierten Mann meine ich — als eine junge Frau. Manchmal glaube ich, Vater und ich sollten dir nicht erlauben, so oft in Großvaters Haus zu gehen."

Priscilla schwieg einige Augenblicke. Mutter und sie hatten ja schon oft über diesen Punkt gesprochen. „Du weißt doch, daß du dir keine Sorgen zu machen brauchst", antwortete sie endlich leise. „Ich laufe doch nicht herum und prahle mit dem, was ich bei Großvater lerne, sondern benehme mich so zurückhaltend und einfältig wie ich kann."

„Niemand erwartet von dir, daß du dich dumm und einfältig anstellen sollst", erwiderte Flavia ärgerlich. „Doch wenn du einen ordentlichen Ehemann finden willst, mußt du dich auch wie eine Frau benehmen. Du mußt ein wenig schüchtern und ein wenig hilflos erscheinen. Männer schätzen Frauen nicht, die zu klug sind."

„Großvater schon", entfuhr es Priscilla. Doch ihr wurde sofort klar, daß sie das Falsche gesagt hatte.

„Genau deshalb gefällt es mir ja nicht, daß du so oft zu ihm läufst", machte Flavia ihren Standpunkt klar. „Doch genug jetzt! Komm herein und bade dich. Vielleicht wird das heiße Wasser auch deine vorlaute Zunge ein wenig reinigen, so wie es dir sicherlich den Staub des Tages abspült."

Priscilla erhob sich. „Es tut mir leid", sagte sie schlicht und ehrlich. Sie wollte ja ihre Mutter nicht ärgern und war immer über sich selbst wütend, wenn sie es doch getan hatte. „Bitte, verzeih mir!"

Flavia nicke und fügte begütigend hinzu: „Du weißt doch, daß es mir nur darum geht, daß du einmal einen Mann findest, mit dem du eine wirklich gute Ehe führen kannst."

Zögernd stieg Priscilla nun in das heiße Wasser, das ihr

heute gar nicht behagen wollte. „Ich weiß, Mutter", nickte sie. „Mach dir darüber nur keine Sorgen. Wenn ein Mann um meine Hand anhält — vorausgesetzt es tut überhaupt einer, bei meinem rotblonden Haar, wo doch alle anderen Frauen hier so schönes dunkles Haar haben —, dann werde ich mich genauso benehmen wie du es mich gelehrt hast. Ganz bestimmt!"

Flavia strich ihr leicht über das helle Haar und meinte: „Mach' dir darüber nur keine Sorgen. Dein Haar zieht manche Männer vielleicht sogar an; weil du dadurch eben anders wirkst als die meisten anderen Frauen. Das macht dich interessanter."

Jetzt war es Priscilla, die ein wenig ärgerlich die Stirn runzelte. „Ich möchte ja gar nicht, daß die Männer mich interessant finden, weil ich äußerlich anders aussehe als die meisten Mädchen, sondern ich möchte, daß der Mann, der mich einmal heiratet, es meiner inneren Qualitäten wegen tut."

„Na, laß nur gut sein", meinte Flavia. „Es wird alles so kommen, wie es sein soll."

Priscilla tauchte nun bis zum Hals in das heiße Wasser ein und mußte dabei wieder daran denken, wie wohltuend im Gegensatz zu heute ihr diese Hitze doch an kalten Wintertagen erschien. *Es ist doch seltsam,* dachte sie, *wie unsere Gefühle oder Meinungen über eine Sache von Dingen beeinflußt und geändert werden, die wir nicht kontrollieren können.* Zögernd blickte sie zu ihrer Mutter und überlegte, ob sie ihr diese Gedanken mitteilen sollte. Doch sie tat es nicht. Flavia würde sie nur tadeln wegen solcher Gedanken und meinen, sie solle sich lieber um die neuen Frisuren und die modernste Art wie man die Stola trug kümmern. *Ich werde lieber mit Großvater darüber reden,* dachte Priscilla. *Er wird mich verstehen.*

Nun wurde sie sich auch der Schweißtropfen bewußt, die ihr über die Stirn und das Gesicht liefen. „Genug?" fragte sie ihre Mutter und wunderte sich, wie die anderen Frauen hier sich in dem heißen Wasser so wohl fühlten.

Flavia nickte zu ihrer großen Freude. Schnell verließ sie das Wasser, ergriff ihr Badetuch und begab sich in das Frigidarium.

Die Mutter folgte ihr. Hier befanden sich im Augenblick keine anderen Frauen. Auch der Fußboden war nicht geheizt, wie in den anderen beiden Räumen. Das kühle Wasser glänzte verführerisch, so daß Priscilla einfach ihr Handtuch fallen ließ und mit einem raschen Sprung hineinhüpfte. Dabei spritzte das Wasser so nach allen Seiten, daß Flavia, die noch zögernd vor der kalten Flut stand, eine große Portion abbekam. „Paß doch auf!" rief sie erbost.

Doch Priscilla ließ sich nicht stören. „Komm doch herein, Mutter, es ist wunderbar!" lachte sie.

„Für dich mag es wunderbar sein", murrte Flavia. „Doch in meinem Alter braucht es schon etwas Mut, in dieses kalte Becken zu steigen. Im nächsten Jahr werde ich vierzig. Vielleicht lasse ich dann das kalte Becken ganz aus, vor allem im Winter, und gehe aus dem heißen Bad direkt in das Unctorium zur Körperpflege."

„Na, nun komm schon", drängte Priscilla und bespritzte ihre Mutter wieder mit einer Handvoll kaltem Wasser. „Spring einfach hinein!"

„Nein", erwiderte Flavia, „ich möchte mein Haar nicht naß machen. Ich werde hineinsteigen, und zwar sehr vorsichtig."

Priscilla fühlte sich so wohl in dem kalten Wasser, daß sie völlig untertauchte. Als die beiden das Becken verließen, trieften Priscillas Haare vor Nässe. Tadelnd meinte Flavia: „Sieh dir bloß dein Haar an, es ist total durchnäßt. Wie wirst du aussehen?"

„Ach, ich lasse es einfach hängen, bis es trocken ist", antwortete sie. „Großvater wird es nicht stören."

Stirnrunzelnd fragte Flavia: „Hast du überhaupt um Erlaubnis gefragt, um heute zu Großvaters Villa zu gehen?"

Priscilla wurde rot. „Entschuldige, Mutter, ich wollte es tun, habe es dann aber in der Eile vergessen. Darf ich gehen?"

Flavia seufzte. „Er wird dir wieder die ganze Zeit Unterricht geben, und dabei warst du heute vormittag schon eine volle Stunde in der öffentlichen Bibliothek. Reicht das nicht für heute? Du wirst deinen Augen schaden, wenn du die ganze Zeit nur Schriftrollen studierst."

„Wir werden nicht nur lesen", meinte Priscilla eifrig, „sondern uns die meiste Zeit unterhalten. Vielleicht studieren wir auch ein wenig Griechisch."

Flavia ging, ohne zu antworten, ins Unctorium und ließ sich dort ein wenig Öl auftragen und massieren. Priscilla folgte ihr. Endlich, als die ganze Prozedur beendet war und sie sich wieder richtig ankleideten, bat Priscilla nochmals: „Darf ich gehen, Mutter? Ich werde auch nicht lange bleiben, sondern rechtzeitig vor dem Abendessen daheim sein."

Flavia zögerte und fragte endlich: „Unterhält sich Großvater mit dir nur über gelehrte Dinge und Religion, oder redet ihr manchmal auch von etwas anderem, wie zum Beispiel...zum Beispiel über deine Heirat?"

Priscilla blickte erstaunt ihre Mutter an. „Das ist doch nicht seine Sache, oder? Ich dachte, das wird nur zwischen Müttern und Töchtern besprochen?"

„Mütter bereiten ihre Töchter nur auf die Hochzeit vor, aber sie vermitteln die Hochzeit nicht. Das ist die Angelegenheit der Väter oder der Großväter oder anderer männlicher Familienmitglieder."

Jetzt mußte Priscilla lächeln. „Aber Vater ist zu sehr mit seinem Geschäft beschäftigt, um daran zu denken, mich zu verheiraten. Er sieht in mir immer noch ein Kind."

„Dein Vater macht sich darüber mehr Gedanken als du glaubst", widersprach Flavia. „Aber er mag vielleicht deinen Großvater brauchen, um die nötigen Gespräche zu führen und Abmachungen zu treffen, denn der Großvater kennt mehr wichtige Leute und hat die nötigen Verbindungen; deshalb ist er in der Lage einiges zu arrangieren. Wir sind uns aber alle einig, daß du jemanden heiraten mußt, der wie wir an Jahwe glaubt."

Priscilla war einigermaßen verwirrt. Sie hatten also schon über ihre Hochzeit geredet. Vielleicht sogar schon ernstlich? Seit ihrem zwölften Geburtstag vor drei Jahren hatte sie gewußt, daß sie für die Hochzeit bereit sein mußte, wenn die Zeit kommen würde. Doch nun, so fühlte sie, war sie nicht bereit. Doch sie zwang sich zur äußeren Ruhe, als sie anwortete: „Natürlich mit einem Jahwe-Gläubigen. Es wäre schrecklich, einen Heiden heiraten zu müssen oder einen Anbeter von Jupiter oder Diana, wo wir doch unseren Gott, den Herrn Jahwe kennen."

„Vielleicht nicht nur einen Jahwe-Gläubigen, sondern sogar einen Hebräer", fügte Flavia hinzu. In Rom gibt es Hebräer, die erfolgreiche Geschäftsleute oder tüchtige Handwerker sind. Manche haben sogar eine kleine Villa wie die unsere und müssen nicht in engen Mietshäusern leben. Einige von ihnen..."

„Einige oder einer von ihnen?" fragte Priscilla schlau.

Flavia schüttelte den Kopf. „Das ist nicht meine Sache. Warte, bis Vater oder Großvater mit dir darüber spricht."

Priscilla fühlte sich erleichtert. Es war also wohl noch keine Entscheidung gefallen. Sie konnte noch Zeit bei ihrem Großvater verbringen, um zu lernen und zu wachsen. „Aber du hast meine Frage noch nicht beantwortet", erinnerte sie. „Darf ich zu Großvater gehen?"

„Aber nur für eine Stunde", entschied Flavia. „Ich gehe mit dir bis zur Straßenecke und schicke deinen Bruder, ehe das Abendessen fertig ist. Wenn er kommt, hast du sofort mit ihm zu gehen. Beschwatze ihn nicht, wie das letzte Mal, so daß ihr zu spät nach Hause kamt."

Priscilla wurde rot, als sie daran dachte. Junius war nicht wie sie. Er haßte es zu studieren und kümmerte sich nur um die römischen Spiele. Er war groß und muskulös, mit dunklem Haar und hatte Mutters gute römische Erscheinung. Priscillas Studien mit dem Großvater sah er für Zeitvergeudung an. „Ganz bestimmt nicht", versprach Priscilla. „Ich werde sofort mit Junius gehen, wenn er kommt."

Die beiden machten sich auf den Weg. Doch Flavia blieb nochmals stehen und beschaute sich mißbilligend Priscillas nasses, offenes Haar. Aus ihrem Korb holte Flavia zuerst eine Bürste, mit der sie ihrer Tochter das Haar glatt strich, dann zauberte sie auch noch ein breites blaues Band hervor, womit sie das

Haar zusammenfaßte. „So", meinte sie befriedigt, „jetzt siehst du wenigstens wieder einigermaßen ordentlich aus. Man weiß nie, wem man begegnet, wenn man die Straße betritt."

Wer sollte sie schon beachten? überlegte Priscilla. Sie selbst war meist so sehr mit ihren Gedanken beschäftigt, daß sie anderen Menschen auf der Straße kaum Aufmerksamkeit zuwandt. Doch als sie diesmal in den weiten Hof hinaustraten, in dem Platz für sportliche Übungen war, ließ sie ihre Blicke verstohlen rundum gleiten. Doch da war niemand, der Beachtung verdiente, meinte sie. Nur auf der gegenüberliegenden Seite, auf den Stufen, die zum Männerbad führten, stand eine Gruppe hebräische Jahwe-Gläubige. Sie erkannte einige davon als Glieder derselben Synagoge, in die auch ihre Familie zum Gottesdienst ging. Doch natürlich hatte sie nie mit einem von ihnen gesprochen. Aber die soeben gemachten Bemerkungen ihrer Mutter ließen sie diesmal aufmerksamer sein.

Kurz flog ihr Blick über die sich unterhaltenden Männer und blieb einen kleinen Augenblick an dem jungen Mann hängen, der einen Schritt neben der Gruppe stand. *Ihn habe ich auch schon in der Synagoge gesehen, er hat vor drei Sabbatten aus der Thora vorgelesen,* dachte Priscilla.

Während des einen kurzen Blickes, den sie sich erlaubte, sah sie das lockige schwarze Haar des jungen Mannes und seinen dunklen Bart, der Wangen und Kinn bedeckte. Er blickte sie nicht an, doch Priscilla war sich bewußt, daß er sie ebenfalls bemerkt hatte. Da fühlte sie, wie die Mutter sie leicht am Arm zog. „Trödle nicht", flüsterte Flavia, „sondern komm!"

Ihr wurde plötzlich bewußt, daß ihre Mutter schon vorher auf sie eingeredet hatte, denn sie fuhr fort: „Höre ihm aufmerksam zu. Aus diesem Grund lasse ich dich heute ja zu ihm gehen. Ich denke, er wird dir einiges sagen."

„Sagen? Was? Wer?" fragte Priscilla.

Flavia schnaufte empört. „Hast du mir denn nicht zugehört? Ich sagte: Auch dein Großvater ist der Meinung, daß es für deine Heirat Zeit wird. Ich glaube, er denkt auch schon an jemand. Vielleicht spricht er heute mit dir darüber."

Noch überrascht von dem, was sie hörte, ließ sich Priscilla willig von ihrer Mutter am Arm führen. „Wirst du ihm gut zuhören", beharrte Flavia auf ihren Worten, „und wirst du alles genau überlegen?"

Priscilla nickte. Sie hatte doch immer aufmerksam zugehört, wenn ihr Großvater etwas sagte. Doch ihr Herz klopfte seltsam, als sie jetzt die Pappelstraße hinunterging, in der das Haus ihrer Großeltern lag.

2. Kapitel

Die hebräischen Männer auf den Stufen des öffentlichen Bades hatten sich nicht um Priscilla und Flavia gekümmert. Sie waren viel zu sehr in ihre Unterhaltung vertieft. Doch Aquila, der junge Mann, der einen Schritt abseits stand, hatte jede Bewegung des Mädchens verstohlen verfolgt, ihren schnellen Blick und ihr in der Sonne golden leuchtendes Haar. Seit Wochen schon mußte er immer wieder an sie denken. Gewiß gab es viele andere junge und dunkelhaarige Schönheiten, doch dieses Mädchen dort war irgendwie anders, und nicht nur des rotgoldenen Haares wegen.

Ein scharfer Ellbogenstoß schreckte ihn aus seinen Gedanken auf. ,,Steh nicht da und glotze wie ein Fisch! Dein Mund steht weit offen. Mach' ihn zu."

Aquila wurde rot. Onkel Josua schien doch nicht so sehr von der Unterhaltung in Anspruch genommen zu sein, wie er gedacht hatte. Der Junge schloß den Mund und grinste den älteren Mann an: ,,Ich bin eben so beeindruckt von der Weisheit von euch Älteren", meinte er. ,,Deshalb steht mein Mund vor Staunen offen."

,,Verkaufe mich nicht für dumm, Junge. Wegen des Mädchens mit dem goldroten Haar hast du vergessen den Mund zuzumachen. Dein Vater hat dir doch gesagt, es wäre einfacher, wenn du ein hebräisches Mädchen heiratest; und zwar möglichst aus der Provinz Pontus, so daß ihr beide euren Glauben und die Gegend eurer Geburt gemeinsam habt. Warum machst du dir und deinem Vater die Sache so schwer?"

,,Vater kennt den Großvater dieses Mädchens", erklärte

Aquila seinem Onkel. „Sie und ihre ganze Familie sind Jahwe-Gläubige. Sie haben völlig unseren Glauben angenommen. Deshalb . . ." Er machte eine Handbewegung, die das Gesagte unterstreichen sollte.

Josua runzelte die Stirn. „Es wäre leichter für deine Mutter, wenn du ein Mädchen aus unserem Volk ins Haus brächtest."

„Meine Mutter versteht mich", beharrte Aquila.

Josua warf seinem Neffen einen listigen Blick zu. „Zufällig kenne ich ihren Großvater auch. Er ist ein kluger, fleißiger und angesehener Mann. Vielleicht mag er seine Lieblingsenkelin nicht gern einem Ausländer geben."

„Aber er weiß doch selbst, was es heißt, ein Ausländer zu sein", antwortete Aquila eifrig. Wenn sein Onkel den alten Markus Justinius kannte, war es wichtig seine Unterstützung zu erhalten. Deshalb mußte er ihn überzeugen. „Er war nicht nur Ausländer, sondern sogar Sklave. Er wurde in Gallien gefangen, als er noch sehr jung war. Aber das weißt du sicherlich. Er sollte also wissen, daß auch ein Ausländer, sogar ein ausländischer Sklave, es zu etwas bringen kann, wenn er tüchtig und fleißig ist."

„Nicht jeder hat soviel Glück wie Markus Justinius", meinte Josua. „Er war der Sklave eines alten und schwachen Mannes, der keine Nachkommen oder sonstige Verwandte hatte. Aber er besaß eine nette kleine Villa. Der alte Mann gab seinem Sklaven kurz vor seinem Tod die Freiheit und vermachte ihm seinen Besitz und auch seinen Namen, indem er ihn adoptierte."

„Also wird er die Probleme eines Ausländers doch verstehen", beharrte Aquila.

„Vielleicht", meinte Josua skeptisch. „Aber manchmal sind solche Leute stolzer auf ihr Römertum als jene, die hier geboren sind."

„Wir alle haben doch viel vom römischen Lebensstil angenommen", bohrte Aquila weiter. „Mein Vater gab mir einen römischen Namen. Wir gehen in römische Bäder. Wir verkaufen in Roms Straßen unsere Waren für römisches Geld. Ich hoffe, Markus Justinius wird das verstehen und mich nicht abweisen."

20

Jetzt war es heraus. Er hatte außer seinem Vater auch noch jemand anders zugegeben, daß er das Mädchen haben wollte. Und das wollte er wirklich. Das war ihm in der letzten Zeit immer mehr bewußt geworden. Er hatte sich in diese hellhaarige Enkelin des Markus Justinius verliebt.

Josua nickte bedächtig und meinte: „Aber hör zu, mein Junge: Eine Frau sollte mehr sein als nur ein hübsches Gesicht und schönes Haar."

„Ich weiß das. Alles Wichtige darüber hat man mir gesagt", nickte Aquila eifrig.

„Hat dein Vater auch erwähnt, daß den römischen Frauen gewöhnlich mehr Rechte und auch mehr Freiheit eingeräumt werden, als dies bei den unseren der Fall ist?"

„Natürlich. Am Anfang war er ja auch genauso zurückhaltend wie du jetzt. Aber mittlerweile ist er bereit, zu Markus Justinius zu gehen und ihn zu bitten, mit seinem Sohn, dem Vater des Mädchens, darüber zu reden."

„Du sprichst immer von »dem Mädchen«. Wie heißt sie denn?" fragte der Onkel.

„Prisca Justinius. Aber alle nennen sie Priscilla. Also »kleine Prisca«. Wenigstens wird sie in ihrer Familie so genannt."

Josua nickte bedächtig. „Mein eigener Sohn ist ja sehr jung gestorben, so daß er die Freuden einer guten Ehe, wie ich sie auch kenne, nicht erleben durfte. Deshalb will ich dir gern helfen und ebenfalls mit Markus Justinius sprechen. Er ist mir noch einen Gefallen schuldig."

„Hat mein Vater etwa schon mit ihm gesprochen?" forschte Aquila eifrig.

Josua klopfte dem jungen Mann beruhigend auf die Schulter. „Würden Väter ihre Söhne über jeden Schritt informieren, der notwendig ist für die Vorbereitungen einer Hochzeit, so könnten diese vor Aufregung wahrscheinlich nicht mehr ruhig schlafen und würden auch ihre Aufgaben sehr vernachlässigen. Kümmere du dich um deine täglichen Pflichten, wie man Lederhäute gut zubereitet und ordentliche Zelte herstellt, und überlaß ruhig deinem Vater die Sorgen mit diesen Heiratsangelegenheiten."

„Wie du meinst", antwortete Aquila enttäuscht und fragte sich, ob sein Onkel die Spannung schon vergessen hatte, in der er als junger Mann in der gleichen Lage sicherlich auch gewesen war.

„Also, dann wieder an die Arbeit", sagte Josua. „Die Pause ist vorüber. Aber verlaß dich darauf: Ich werde tun für dich, was ich kann."

Aquila faßte bei diesen Worten neue Hoffnung und sagte lächelnd: „Vielen Dank, Onkel." Eilig machte er sich auf den Weg zur westlich gelegenen Porta Capena. Dahinter lagen viele Geschäfte von Handwerkern. Hier hatte auch Aquilas Vater seine Zeltmacherwerkstatt.

Am Eingang der Villa ihres Großvaters blieb Priscilla kurz stehen. Immer wieder freute sie sich, wenn sie dieses Haus betreten durfte. Die Villa war weder elegant noch sehr groß, sondern ein einfacher Steinbau, mit einem Garten, in dem einige Obst- und Olivenbäume standen. Doch sie lag auf einem Hügel, und man hatte von hier aus einen freien und großartigen Blick zum Kapitol-Hügel, diesem berühmtesten aller Hügel Roms.

Ihr Großvater hatte einmal gesagt, diese schöne Aussicht sei ein wahres Geschenk Gottes. Dann hatte er lachend hinzugefügt, er sei in seinem Denken wohl schon mehr ein Hebräer als er selbst bemerke. Für Römer sei es ja nicht gerade üblich, die guten Dinge des Lebens als Geschenke eines Gottes zu betrachten, sie schrieben sie eher ihrer eigenen Tüchtigkeit zu.

„Komm doch herein." Linia Justinius' Stimme hatte trotz ihres Alters noch ihren frohen und klaren Klang. *Wenn mein Großvater für meinen Verstand sorgt,* dachte Priscilla erfreut, *dann die Großmutter für mein Herz.* Linia war klein, vom Alter grau und abgearbeitet, doch sie strahlte eine stille Würde und Freundlichkeit aus. Priscilla lief auf ihre Großmutter zu und umarmte sie.

„Dein Großvater ist im Peristyle", sagte Linia. „Geh zu ihm. Ich werde Dena sagen, sie soll dir kühlen Aprikosensaft bringen."

„Ich freue mich auf den Aprikosensaft", gestand Priscilla und hauchte der Großmutter einen Kuß auf die Wange. „Und ein kleines Stück Kuchen dabei wäre noch schöner."

Linia schüttelte den Kopf. „Wie kann man bei solcher Hitze Hunger haben?" staunte sie und ging lächelnd in Richtung Küche.

Priscilla lächelte ebenfalls, als sie das Atrium betrat. Ein leichter und angenehmer Windhauch zog durch die offenen Türen und die Öffnung im Dach. Priscilla durchquerte das Atrium und den inneren Raum, in dem ihr Großvater während der kälteren Jahreszeit gewöhnlich arbeitete, und betrat das Peristyle, das gänzlich ohne Dach war. Sorgfältig gepflanzte und gepflegte Bäume warfen Schatten über die Steinbänke und das Gras. Das Peristyle war rundum vom Haus umgeben und eigentlich so etwas wie ein innerer Hof. Doch in der schönen Jahreszeit war es auch ein nach oben völlig offener Wohnraum.

Markus Justinius blickte auf und beobachtete die näherkommende Priscilla. Sie konnte seine Freude in den warmen Augen erkennen. Kein Wort fiel, bis sie unmittelbar vor ihm stand. „Guten Tag", grüßte er sie formell. „Geht es dir gut?"

Sie antwortete genauso formell mit den Worten, die ihr von Kind an gelehrt worden waren: „Guten Tag, Großvater, mir geht es gut. Wie geht es dir?"

Er nickte. „Mir auch. Willst du da Platz nehmen?" Er wies auf eine andere Bank. Sie setzte sich steif. Daheim oder im Bad mochte sie sich manchmal noch wie ein Kind benehmen, aber nie in Gegenwart ihres Großvaters, der viel mehr von ihr erwartete als alle anderen.

„Hattest du einen angenehmen Tag, und ist dir etwas von Interesse im Bad begegnet?" erkundigte er sich.

Für einen Augenblick war sie versucht zu sagen: „Ich sah einen der jungen Männer aus der Synagoge." Doch sie unterdrückte die Worte. „Es war ein schöner Tag", murmelte sie. „Im Bad war es wie immer. Bei diesem Wetter mag ich das heiße Bad nicht. Wenn es nach mir ginge, würde ich erst im Herbst wieder in das Caldarium gehen."

„Wenn es nach dir ginge, würdest du wohl alle Ordnung durcheinander bringen", meinte Markus; doch da war kein Tadel in seiner Stimme.

„Im Bad ist mir ein Gedanke gekommen", sagte Priscilla. „Mir fiel auf, wie unterschiedlich wir auf etwas reagieren, das sich eigentlich nicht ändert. Ich meine das Caldarium zum Beispiel. Es hat immer die gleiche Temperatur; doch zuweilen kann es der schönste und zuweilen auch der schlimmste Teil des Bades sein. Es kommt darauf an, wie ich mich fühle. Und meine Gefühle wiederum werden beeinflußt von den Lebensbedingungen, zum Beispiel von so ganz alltäglichen Dingen wie dem Wetter."

Der Großvater nickte verständnisvoll. „Die meisten Menschen nehmen alle Dinge viel zu selbstverständlich", stimmte er zu. Man muß sich einen Sinn für das Erstaunliche, einen gewissen Sinn für die Ehrfurcht bewahren. Ich las heute morgen einige Worte von David, dem großen König Israels. Ich will sie dir vorlesen."

Er griff nach einer Rolle, die auf einem kleinen Tisch lag, suchte einige Augenblicke und sagte dann: „Hier ist es. Hör zu:

Seh' ich den Himmel, das Werk deiner Finger, Mond und Sterne, die Du befestigst:

Was ist der Mensch, daß Du an ihn denkst, des Menschen Kind, daß Du Dich seiner annimmst? Du hast ihn nur wenig geringer gemacht als Gott, hast ihn mit Herrlichkeit und Ehre gekrönt."

Der alte Mann blickte auf. „Es war Griechisch. Hast du es verstanden?"

„Nicht jedes Wort", gab sie zu. „Doch genug, um den Sinn mitzubekommen. Er sagt, daß kein Mensch richtig verstehen kann, warum und wie Gott bestimmte Dinge tut. Ist es so?"

„Nun, nicht ganz. Aber er staunt über die Wunder, die Gott tut, und die er nicht verstehen kann. Und das möchte ich auch immer können. Ich möchte das Leben immer mit den Augen eines Kindes betrachten können."

„Und Mutter möchte, daß ich erwachsen werde", bemerkte Priscilla.

„Erwachsen werden hat damit überhaupt nichts zu tun", erklärte Markus. „Ich bin ein alter Mann, kann aber immer noch staunen und mich wundern, ich kann in Ehrfurcht stehen vor den großen Werken Gottes."

Dena, schon etwas gebeugt und gebrechlich vor Alter, betrat jetzt das Peristyle mit einem Tablett in den Händen. Linia folgte ihr. Priscilla sah, daß ihre Großmutter den schweren Saftkrug trug, während Dena das leichtere Tablett hatte. *Weder sie noch Großvater haben vergessen was es heißt, ein Sklave zu sein,* dachte sie und sprang auf, um ihrer Großmutter den Krug aus den Händen zu nehmen. Sie stellte ihn auf den Tisch, wohin auch Dena ihr Tablett gebracht hatte. „Hmmm, Honigkuchen", sagte Priscilla anerkennend. „Ich bin am Verhungern."

Dena lächelte und verbarg dabei ihren zahnlosen Mund mit den Händen. „Ich hoffe, du wirst, wenn du einmal verheiratet bist, nahe genug wohnen, damit du uns jeden Tag besuchen kannst, sonst gibt es bei uns keinen Honigkuchen mehr." Solche Bemerkungen machte Dena schon seit Jahren. Doch diesmal erhaschte Priscilla den verstohlenen Blick, den ihre Großeltern wechselten.

„Das hoffe ich auch", sagte sie obenhin. „Ich würde wohl schon bald an Unterernährung sterben, wenn ich deinen Honigkuchen nicht mehr bekäme, Dena."

Dena lachte und ging wieder zur Küche. Markus sagte zu seiner Frau: „Willst du dich ein wenig zu uns setzen? Es ist auch für dich zu heiß, um etwas zu tun. Ruh dich etwas aus. Hast du drei Becher mitgebracht?"

Linia lächelte und setzte sich. „Ja, ich brachte drei Becher. Ich hoffe, ich störe nicht mitten in einer Lektion."

Der Saft war so kalt, daß an den Bechern außen Perlen erschienen, als Priscilla diese jetzt aus dem Krug füllte und ihren Großeltern je einen gefüllten Becher hinstellte und von dem Kuchen anbot. Beide lehnten den Kuchen ab, doch Priscilla nahm sich zwei Stücke. „Es gab noch keine Lektion", versicherte sie.

„Wir haben uns nur unterhalten. Die Lektion kommt vielleicht später noch."

„Na, heute vielleicht auch nicht", meinte Markus. „Ich habe etwas mit dir zu besprechen, das nichts mit Lektionen zu tun hat. Aber vielleicht ist jetzt die richtige Zeit dafür."

Priscilla nahm einen tiefen Schluck aus dem Becher. Sie fühlte sich etwas unbehaglich. „Wie du meinst", murmelte sie und griff nach einem Stück Kuchen. Instinktiv wußte sie, daß dies ein sehr wichtiger Augenblick für ihr Leben sein würde.

„Es geht um deine Heirat", begann Markus ohne Umschweife. „Du weißt, daß du schon seit einem Jahr alt genug bist. Da wird es langsam Zeit."

Priscilla legte den Kuchen beiseite und leckte den Honig von den Fingern. „Habt ihr schon jemand ausgewählt?" fragte sie vorsichtig. Wenn sie sich nicht zusammennahm, würde sie vielleicht zu weinen beginnen.

„Wir haben an eine Möglichkeit gedacht", nickte Markus. „Doch wir werden dich nicht zwingen, wenn du den jungen Mann nicht magst oder wenn du fühlst, du könntest keinen Hebräer heiraten."

Bei den letzten Worten sah Priscilla wieder den jungen Mann vor sich, der neben den Männern auf den Stufen zum Bad gestanden hatte. „Einen Hebräer? Würden seine Eltern denn einer Heirat mit einer Römerin zustimmen?"

Markus seufzte. „Bestenfalls einer halben Römerin, richtig betrachtet. Gewiß, deine Mutter ist eine echte Römerin, und auch dein Vater hat genug vom römischen Wesen angenommen. Aber wir? Ich bin ein Gallier, und deine Großmutter auch. Auch Aquilas Vater weiß, daß diese Dinge heute nicht mehr so sind wie früher. Aber er würde natürlich von vornherein nicht zustimmen, wenn du nicht eine Jahwe-Gläubige wärst."

„Sie sind also Hebräer, die fest an Jahwe glauben?" Sie merkte sich den Namen Aquila, doch ihre Frage klang genauso vorsichtig wie vorher.

„Streng gläubig. Sie sind vom Stamme Levi, dem Priesterstamm. Und außerdem hat der Junge ein gutes Handwerk. Er ist

Zeltmacher. Und die Villa seines Vaters ist ebenso groß wie die unsere. Du würdest also gut versorgt sein."

Doch Priscilla fragte sich innerlich: *Aber würde dieser Mann sich mit mir unterhalten? Würde er verstehen, worauf es mir ankommt und wie ich wirklich bin?*

Sie sagte nichts von diesen Dingen. Denn niemand wußte die Antwort darauf. Sie griff wieder nach dem Kuchen und biß ein Stück ab. "Erzähle mir mehr von ihm", sagte sie und bemerkte, wie sich ihre Großeltern entspannten. "Ich bin bereit, zuzuhören."

3. Kapitel

Nachdem ihr Großvater alles, was er über Aquila und dessen Familie wußte, erzählt hatte, sagte Priscilla nachdenklich: „Weißt du, ich habe nie groß an's Heiraten gedacht. Gewiß, die meisten Mädchen denken oft daran, und es sollte auch so sein. Seit ich zwölf Jahre alt bin, hat meine Mutter viel davon gesprochen. Doch ich habe mich meist mit anderen Dingen beschäftigt."

„Daran bin ich schuld", gab Markus zu. „Deine Großmutter hat mich oft ermahnt, ich würde deinen Kopf mit Dingen vollstopfen, die für Mädchen ganz unnütz seien."

„Das glaube ich nicht", widersprach Priscilla. „Wenn Gott mir einen Verstand gegeben hat, warum sollte ich ihn nicht gebrauchen? Einen so klugen Großvater zu haben, der mich soviel lehrt, ist ein Segen. Nur weil ich ein Mädchen bin . . ."

„Es ist keine Schande für ein Mädchen, wenn es intelligent ist", unterbrach Markus. „Wenigstens nicht in Rom. Und da du so wißbegierig warst, habe ich dir eben Unterricht gegeben."

Priscilla lächelte. „Es wäre sicherlich besser, wenn Julius so lerneifrig wäre."

„Sicherlich wäre das gut", nickte der Großvater. „Doch es hätte nicht bedeuten müssen, daß du ausgelassen worden wärst."

Priscilla wuße, daß Großvater sich viel Mühe gegeben hatte, aus seinen Söhnen und Enkeln Gelehrte zu machen. Doch sie hatten daran kein Interesse gehabt. Sie erwähnte es jedoch nicht, sondern fragte: „Was halten meine Eltern davon? Sind sie mit diesem Aquila einverstanden?"

„Sie meinen wie ich, er sei eine gute Partie. Die Frage ist, was du meinst. Könntest du den jungen Mann in Erwägung ziehen?"

„Wie kann ich das?" rief sie. „Wie soll ich ihn vor der Hochzeit wirklich kennenlernen?"

Jetzt mischte sich Linia ein. „Sicher kannst du es nicht wirklich wissen. Doch wenn er aus einer guten Familie kommt, wo die Männer ihre Frauen gut behandeln, ist das schon viel. Hat der Junge gesehen, daß seiner Mutter Achtung entgegengebracht wird, kann man annehmen, daß auch er zu dir gut sein wird. Und das ist sehr wichtig."

„Ist er ... intelligent?" fragte Priscilla zögernd.

„Hebräische Jungen sind gewöhnlich gut gebildet", versicherte der Großvater. „Er liest Griechisch und ist in der Bibel bewandert. Sie haben viele Schriftrollen daheim. Beantwortet das deine Frage?"

„Nicht ganz", meinte sie. „Aber eine bessere Antwort ist wohl nicht möglich." Sie fragte sich dabei, ob sie sich mit ihm so würde unterhalten können wie mit ihrem Großvater.

„Wann werdet ihr euch entscheiden?" fragte sie.

„Wann wirst du dich entscheiden?" erwiderte Markus behutsam.

Sie wiegte unsicher den Kopf. Da erschien Dena und bewahrte sie vor einer Antwort. „Ein Mann steht draußen und möchte dich sprechen, Herr", erklärte die Sklavin. „Er sagt, er heiße Josua und sei ein Zeltmacher." Ihrem Gesicht war anzusehen, daß sie gern bereit war, den Besucher wieder wegzuschicken. Was sollten sie mit Zelten?

Doch Markus lächelte. „O, Josua? Er ist, glaube ich, ein Onkel des jungen Mannes, von dem wir gerade gesprochen haben. Bitte ihn, hereinzukommen, Dena."

Priscilla fühlte, wie eine plötzliche und unbegründete Furcht sie packte. Sie hätte sich gern versteckt. Ihr Haar war nicht ordentlich, und ihre Hände klebten von Honigkuchen.

„Du kannst ihn gleich begrüßen", sagte Markus. „Es mag gut sein, wenn du ein Mitglied von Aquilas Familie kennenlernst."

„Aber ich bin nicht gut angezogen", protestierte Priscilla. „Er wird denken, ich sei unordentlich."

„Er wird dich charmant finden", erwiderte Markus, der die Angst seiner Enkelin nicht bemerkte.

Linia sagte mit überraschend fester Stimme: „Sie mag ihn kurz begrüßen, dann kann sie mit mir in einen anderen Raum gehen. Das wird besser sein."

Priscilla blickte ihre Großmutter dankbar an, als Dena jetzt einen kleinen, dunklen Mann hereinführte, der die weite, fließende Robe der meisten Hebräer trug.

Markus erhob sich höflich, und die beiden Männer ergriffen gegenseitig ihre Oberarme. „Ich fühle mich geehrt", sagte Markus.

„Störe ich auch nicht? Komme ich ungelegen?" Josuas Latein war korrekt, hatte aber einen starken Akzent.

„O nein, ich freue mich", versicherte Markus. „Dies ist meine Frau Linia, und hier meine Enkelin Priscilla." Und zu den Frauen gewandt: „Mein Freund Josua aus Pontus, einer römischen Provinz in der Nähe des Schwarzen Meeres."

Josua verbeugte sich lächelnd zuerst vor Linia und nickte dann auch Priscilla freundlich zu. Sie war sicher, er unterzog sie einer genauen Musterung und sah alles — auch ihr unordentliches Haar und die verklebten Hände und die zitternden Lippen.

„Dies ist das zweite Mal, daß ich dich heute sehe, Fräulein Priscilla", sagte Josua höflich. „Mein Neffe und ich standen auf den Stufen des Bades, als du vorübergingst."

Mein Neffe und ich? dachte sie. Der einzige junge Mann in der Gruppe war der hübsche Schwarzlockige gewesen. *Nun weiß ich wenigstens, wie er aussieht,* ging es ihr durch den Kopf. Ihr Herz pochte, doch sie nahm sich zusammen und begrüßte den Gast höflich. Doch da hörte sie schon ihre Großmutter sagen: „Sicher entschuldigt ihr uns, wenn wir euch allein lassen. Komm, Priscilla, dein Bruder wird jeden Augenblick kommen, um dich zu holen."

Dankbar verließ Priscilla mit ihrer Großmutter das Peristyle. *Jetzt, wo ich eine Vorstellung von ihm habe, ist es noch schlimmer. Als er nur ein Mann war, den ich nicht kannte, ging es noch,* dachte Priscilla.

Aquilas Augen strahlten. „Hat er sich positiv geäußert? Glaubt er, das Mädchen würde zustimmen?"

Josuas Stimme klang leicht amüsiert. „Rede doch nicht immer von dem Mädchen, sie hat doch einen Namen."

„Also gut: Priscilla", drängte Aquila. „Aber was hat er über sie gesagt?"

„Er sagt, er hat mit ihr darüber gesprochen, doch hat sie bis jetzt weder ja noch nein gesagt. Sie hatten gerade erst mit der Unterhaltung begonnen, als ich zu ihnen kam. Sie sah ein wenig ängstlich aus."

Aquila war beleidigt. „Ängstlich? Bin ich ein Monster?"

Josua meinte nachdenklich: „Wie kann sie das wissen? Sie ist erst fünfzehn Jahre alt. Gut, alt genug, um zu heiraten; aber auch noch jung genug, um ein wenig Furcht davor zu haben. Laß ihr etwas Zeit, damit sie nachdenken kann. Die Angelegenheit muß heute oder morgen noch nicht entschieden werden."

„Welche ernsten Angelegenheiten beschäftigen meinen Bruder und meinen Sohn denn, daß sie nicht bemerken, wenn ich eintrete?" Die Stimme gehörte Ruben, Aquilas Vater. Wie sein Sohn, war er dunkel, mit kräftigen, ausgeprägten Gesichtszügen. Doch es fehlte der Ausdruck von Humor, der bei seinem Sohn und seinem Bruder alles entspannte.

Aquila antwortete: „Ich komme, Vater. Ich sprach nur eine Minute mit dem Onkel."

Stirnrunzelnd meinte Ruben: „Ich habe dich geschickt, um die Ahle zu holen, die ich gestern abend mit heim nahm, um sie zu schärfen. Weil du nicht zurückkamst, mußte ich selbst noch gehen und deine Mutter allein in der Werkstatt lassen. Und nun schwatzt ihr beiden wie alte Frauen."

Josua grinste. „Sei nicht ärgerlich, Bruder. Der Junge kam ganz eifrig und suchte nach der Ahle. Ich habe ihn aufgehalten, als ich ihm erzählte, daß ich mit Markus Justinius gesprochen habe."

Ruben schien das nicht zu gefallen. „Ich weiß nicht, ob es richtig von dir war, mit ihm zu sprechen, denn ich tat dies ja schon. Ich möchte nicht, daß er glaubt, wir wollen uns ihm aufdrängen."

„Keine Angst", widersprach Josua. „Ich kenne Markus gut. Wir haben uns schon über viele Dinge unterhalten, vor allem über unseren Glauben. Als er begann, unsere Synagoge zu besuchen, haben wir beide vereinbart, gemeinsam die biblischen Schriftrollen zu studieren. Ich habe ihn nur darauf aufmerksam gemacht, daß mein Bruder sehr bescheiden ist; er würde sich nie mit dem wahren Wert seines Geschäftes oder dem Geschick seines Sohnes brüsten."

„Und was antwortete er?" Rubens Stimme klang fast uninteressiert.

Sie reden, als ginge es um etwas Nebensächliches, dachte Aquila und preßte auf dem Rücken die Hände zusammen, um sich zu beruhigen. *Dabei geht es doch um eine ganz wichtige Sache für mein Leben.*

Josua lächelte. „Diese Römer lassen ihren Mädchen viel Freiheit. Sie muß selbst entscheiden, sagt Markus. Wenn sie will, ist ihre Familie einverstanden."

„Aber wie kann sie sich entscheiden?" rief Aquila. „Sie hat ja noch nie mit mir gesprochen!"

„Ihre Familie kennt unsere Familie", erklärte Ruben streng. „Das muß für ein Mädchen genügen. Du hast ein gutes Handwerk erlernt und die Aussicht auf ein gutes Geschäft. Was kann sie noch mehr wünschen?"

„Ich sah sie", berichtete Josua. „Sie war bei ihrem Großvater, als ich zu ihm kam. Ich glaube, sie hat auch dich gestern nachmittag bemerkt, Aquila, als sie an uns vorüberging, obwohl sie nicht herzublicken schien."

„Ach, Blicke bedeuten gar nichts", murrte Ruben. „Sie sollte nur nach unserer Familie, nach Aquilas Beruf und nach seinem Glauben fragen. Außerdem ist sie noch ein Kind. Ihre Angehörigen sollten ihr sagen, was sie zu tun hat."

Josua legte die Hand auf seines Bruders Arm. „Ich sagte schon zu Aquila, wir müssen ihr Zeit lassen zum Nachdenken. Sie wird Aquila wiedersehen, in der Synagoge an den Sabbat ten, und vielleicht auch im Hof des Bades. Sie wird sicher erkennen, daß er ihrer wert ist.“

„Und wenn sie mich ablehnt?“ fragte Aquila mit heiserer Stimme.

„Dann ist sie ein dummes Kind“, sagte Josua. „Aber glaube mir, mein Junge, sie sah nicht wie ein dummes Kind aus. Verängstigt, ja, aber nicht dumm. Habe Vertrauen.“

„Und wenn sie nein sagt, gibt es genug andere Mädchen“, bemerkte Ruben. „Gute hebräische Mädchen von Pontus oder sogar von Israel. Ich habe dir versprochen, daß du heiraten wirst, ehe es kalt wird, und ich halte mein Wort.“

„Danke, Vater“, murmelte Aquila wenig überzeugt.

„Wie ist es nun, kommt ihr zwei jetzt wieder mit in die Werkstatt?“ fragte Ruben. „Wir können noch eine reichliche Stunde arbeiten, ehe Feierabend ist. Da ist ja meine Ahle. Also kommt!“

„Das hatten wir gerade vor“, stimmte Josua zu. „Vorwärts, Junge.“

Aquila folgte gehorsam den beiden Älteren, doch seine Gedanken waren aufrührerisch. *Zum ersten Mal kann ich unseren Erzvater Jakob verstehen, daß er bereit war, noch sieben Extra-Jahre um Rachel zu arbeiten. Er muß sie etwa so geliebt haben wie ich Priscilla. Und diese beiden alten Männer tun, als wäre gar nichts dabei,* dachte er empört.

Die beiden anderen Männer hatten sich schon einem neuen Thema zugewandt. Sie unterhielten sich eifrig über einige Neuankömmlinge in der hebräischen Gemeinde. Ihre Stimmen klangen mißbilligend. Aquila folgte ihnen noch enger.

„Ach was“, hörte er Ruben sagen, „schwärmerische oder fehlgeleitete Leute haben schon seit Jahrhunderten immer wieder behauptet, der Messias sei gekommen. Heute ist unser Volk zerstreut, und unser Heimatland wird von den Römern beherrscht. Wie sollte gerade in einer solchen Zeit der Messias kommen?“

„Ich weiß es auch nicht“, antwortete Josua. „Doch ihre Worte haben Überzeugungskraft. Du solltest sie dir wenigstens einmal anhören.“

„Ich habe im Augenblick genügend andere Probleme", meinte Ruben und deutete mit dem Daumen auf den folgenden Aquila. „Da will ich nicht auch noch in der Synagoge in einen Streit geraten, mit einem Teil meiner Freunde auf der einen und dem anderen Teil auf der anderen Seite. Ich halte mich raus."

Aquila rückte zu den beiden auf und fragte: „Dieser Messias — ist Er ein König, ein Kaiser oder was sonst? Ist Er in Israel?"

Josua schüttelte den Kopf. „Ich weiß auch nichts Genaues. Ich glaube, sie behaupten, der Messias sei schon gekommen, habe gelebt und sei gestorben."

„Da hast du es!" spottete Ruben. „Was für ein Messias ist Er wohl, wenn wir nie von Ihm hörten, während Er lebte? Halte dich da raus, Aquila. Du interessierst dich immer zu sehr für religiöse Dinge. Du weißt noch, wie abstoßend der Mithras-Gottesdienst in Pontus war, und doch mußtest du deine Nase hineinstecken. Wie froh waren wir nachher, hier in Rom eine solide Synagoge zu finden mit Männern, die das Gesetz lieben."

Aquila sah betreten aus. Sein Vater hatte recht. Er hatte immer noch Alpträume, wenn er an die blutigen Taufzeremonien dachte, von denen er durch untreue Anhänger Mithras erfuhr. Die jüdische Gemeinde in Rom war ihm da wie ein sicherer Hafen erschienen. Und doch war in seinem Herzen immer noch ein Fragen und Verlangen geblieben; er wußte nur nicht, wonach.

„Den meisten von uns", versuchte Josua zu vermitteln, „kann ein Blick auf andere Religionen nur helfen, uns um so fester an unsere eigene zu halten. Sorge dich nicht, Bruder, wenn Aquila den Leuten zuhört, die behaupten, der Messias sei gekommen, wird er bald herausfinden, ob sie falsch sind. Der Junge steht fest auf unserem Glauben."

Ruben schüttelte den Kopf. Doch Aquila stimmte Josua zu. Ihn würde nichts von dem wahren Gott Jahwe abbringen, über den man ihn von frühester Kindheit an belehrt hatte. Er blieb wieder einige Schritte zurück und beschäftigte sich neu mit seinen eigenen Problemen. *Vielleicht würde sich Priscilla in ein oder zwei Tagen entscheiden. Dann konnte ihre Verlobung bekanntgegeben werden und sie konnten einander offen in die*

*Augen sehen und miteinander sprechen. Vielleicht würde dann
im Oktober die Hochzeit sein können. Mitte Oktober wäre eine
gute Zeit, dann...*

„Aquila!" Die Stimme seines Vaters riß ihn aus den Träumen. „Bist du blind? Hier ist unsere Werkstatt, und du läufst einfach vorbei!"

„Es tut mir leid", murmelte er und kam sich wie ein verliebter Narr vor, obwohl er immer stolz darauf gewesen war, seine Gefühle unter Kontrolle halten zu können.

Zu seinem Glück ließ es der Vater bei einem ärgerlichen Kopfschütteln bewenden, ehe er an seine Arbeit ging. Doch Josua grinste ihn offen, aber warm an, um ihm ohne Worte zu zeigen: Ich verstehe dich, mein Junge, es ist ganz normal, in deiner Lage verträumt zu sein. Aquila grinste erleichtert zurück.

4. Kapitel

Obwohl viele der Geschäfte in der Nähe der Porta Capena sieben Tage in der Woche geöffnet hatten, war es Priscilla sehr lieb, daß ihr Vater nach seiner Bekehrung zum Jahwe-Glauben sich entschlossen hatte, am Sabbat das Geschäft und die Werkstatt zu schließen. Er verlor dadurch zwar ein wenig von seinem Umsatz, aber sein Glaube forderte das von ihm. Außerdem hatte der Großvater, Markus Justinius, ihn in dem Entschluß unterstützt; und seine Meinung wurde immer hoch geachtet.

Lucius Justinius hatte Priscilla einmal gesagt, er frage sich, ob es für ihren neuen Glauben genüge, wenn er das Geschäft am Sabbat geschlossen hielt, oder ob noch mehr erforderlich sei. Im ersten Eifer nach seiner Bekehrung hatte er überlegt, ob er sich auch beschneiden lassen sollte und ob jeder einzelne Buchstabe der vielen Gesetze Jahwes auch für ihn gültig sei; ja er wollte sogar nach Jerusalem reisen und dort im Tempel Opfer bringen. Doch dann hatten seine Überlegungen ihn davon abgehalten. Er meinte, diese Dinge würden wohl nur von den geborenen Hebräern gefordert, nicht aber von den Gläubigen aus anderen Völkern, die sich zu Jahwe bekehrten.

Priscilla hatte ihrem Vater zugestimmt, obwohl sie nicht ganz von dieser Argumentation überzeugt war. Doch die Tatsache, daß der Vater bestimmte, alle Mitglieder der Familie mußten am Sabbat den Gottesdienst in der Synagoge besuchen, hatte sie etwas getröstet. Die Unterweisungen in der Synagoge hatte sie aufgesaugt wie ein Schwamm. Und der lange ruhige Sabbatnachmittag war für sie immer etwas besonders Schönes. Da konnte sie sich ungestört in die Schriftrollen vertiefen. Ihr

Bruder Junius hingegen haßte diesen Nachmittag und war dann immer schlecht gelaunt. Auch für Flavia war die Ruhepause zu lang. Vor allem vermißte sie an diesem Tag ihr gewohntes Bad. Priscilla aber folgte ihres Vaters Anordnung von ganzem Herzen.

Doch nun war fast ein Monat vergangen seit Josuas Besuch im Hause des Großvaters, und an jedem Sabbat hatte sie eine Ausrede gefunden, um nicht mit in die Synagoge gehen zu müssen. Doch nun, am letzten Augusttag, hatte ihr Vater genug davon. „Du wirst heute in jedem Falle mit uns zur Synagoge gehen", erklärte er fest. „Es gibt jetzt keine Ausrede mehr. Was ist eigentlich los mit dir?"

„Ich möchte einfach daheim bleiben", beharrte sie dickköpfig. „Ich werde während der ganze Zeit das Gesetz studieren. Aber ich . . ."

„Kommt nicht in Frage", sagte Lucius. Da Flavia eben den Raum betrat, fragte er sie: „Was hat sie nur? Du bist verantwortlich dafür, daß sie gehorcht."

„Sie hat Angst, sie könnte den jungen Mann sehen", erklärte Flavia, „und könnte ihm zu nahe kommen."

„Sie darf in jedem Fall nicht mit ihm sprechen. Und außerdem sind die Frauen ja ein ganzes Stück von den Männern getrennt. Sie ist recht töricht."

„Sicher", nickte Flavia ruhig. „Sie ist sehr töricht. Wenn sie den jungen Mann nicht einige Male sieht, kann sie sich doch nicht entscheiden und wird so unentschlossen bleiben. Das habe ich ihr schon oft gesagt."

Sie sprechen über mich, als sei ich nicht anwesend, dachte Priscilla. Doch sie wußte, daß es ihre eigene Schuld war. Sie hatte sich verschlossen. Alle waren freundlich und geduldig gewesen. Niemand hatte zu einer schnellen Entscheidung gedrängt. Doch sie war immer unsicherer geworden.

„Wenn du ihn nicht willst, dann sage es", hatte die Mutter einige Male gemeint.

„Was hast du gegen ihn?" hatte Lucius ruhig und vernünftig gefragt.

Markus erklärte ihr: „Er kommt aus einer feinen Familie."

„Ich kenne seine Mutter", flüsterte Linia ihr zu, „sie ist eine glückliche Frau, das kann ich sagen."

Sie machten sich alle ihrer Unentschlossenheit wegen Sorge. Und außerdem war es ihre Pflicht zu heiraten, da hatte sie keine Wahl. Aber war Aquila der richtige Mann? Doch wenn nicht Aquila, wer dann? Sie war mit ihren Eltern einig: Es mußte ein Jahwe-Gläubiger sein. Und würde ein bekehrter Römer genau so fest im Glauben stehen wie ein geborener Hebräer?

„Genug jetzt!" sagte Flavia kurz. „Es wird Zeit. Prisca, hole deinen Pallas. Wir müssen gehen."

Als die Mutter ihren formalen Namen gebrauchte, wußte Priscilla, daß es ernst war. Sie beeilte sich, den dünnen Schal zu holen, den sie über dem Kopf trug. Sie war mit ihrer Dickköpfigkeit zu weit gegangen. Noch heute mußte sie ihrer Familie eine Antwort geben. Doch wie sollte diese lauten?

Ganz spontan begann sie innerlich zu beten. Obwohl sie im Gottesdienst immer leise in das gemeinsame Gebet mit einstimmte, war ihr das persönliche Gebet bisher fremd gewesen. Doch nun brauchte sie dringend Hilfe und flüsterte: „Bitte, Gott, zeige mir, was ich tun soll. Bitte, zeige es mir."

In der Synagoge begaben sich Lucius und Junius zu den Männern in der Mitte des Raumes. Es gab dort auch einige Bänke für die alten und angeseheneren Männer der Gemeinde. Die jüngeren Männer und Jungen setzten sich auf den Fußboden. Die Synagoge war einfach ein Haus, das ein reiches Glied der Gemeinde vermacht hatte, als er starb. Nur ein schlichter Altar, eine einfache blank polierte Truhe, in der sich die heiligen Schriftrollen befanden, und oben darauf ein siebenarmiger Zinnleuchter machten kenntlich, daß dieser Raum für Gottesdienste benutzt wurde.

Priscilla und Flavia begaben sich zu den Frauen in der äußersten Ecke des Raumes. Priscilla blickte sich kurz um und erhaschte einen Blick von ihrer Großmutter. Dann sah sie Marta, ihre beste Freundin. Auch Martas Familie waren Römer und hatten sich zum Jahwe-Glauben bekehrt. Doch obwohl Marta nichts von Priscillas Lerneifer hielt, waren die beiden Mädchen gute Freundinnen.

Der Rabbi erhob sich nun, und Stille breitete sich aus. Doch dann stimmten alle in die Worte des Rabbis ein, die wohl die ersten waren, die jedes Kind und jeder Neubekehrte der Jahwe-Gläubigen lernte: „Höre, Israel, der Herr, unser Gott, ist der einzige Gott!"

Priscilla konzentrierte sich nun auf die bekannten Worte, in denen soviel Gewißheit und Trost lag. Gewiß waren Großvater und Vater die ersten gewesen, die sich zu Jahwe bekehrt hatten. Aber auch sie hatte dann diesen Glauben von ganzem Herzen ergriffen. Leise, wie es sich für eine Frau schickte, flüsterte sie die Worte mit. *Ich war töricht, nicht zum Gottesdienst zu gehen, nur weil Aquila auch hierher kommt. Hier ist der richtige Platz für mich,* dachte sie.

Nun war es Zeit zur Verlesung des Wochenabschnitts aus der Thora und aus den Propheten. Das besorgte gewöhnlich einer der jüngeren Männer. Auch jetzt war Bewegung unter den Männern, als einer nach vorn ging. Priscilla hatte gewöhnlich nicht darauf geachtet, wer der Vorleser war, sondern hatte sich auf die Worte konzentriert, die gelesen wurden. Doch heute war es anders. Schon bei den ersten Worten wußte sie, daß es Aquila war, der las. Er hatte schon manchmal gelesen, und sie kannte seine Stimme. Ihr Herz begann heftiger zu klopfen.

Aquilas Stimme war zuerst ein wenig unsicher, doch nach und nach wurde sie fester, während er den Abschnitt aus dem Gesetz las. Priscilla hielt die Augen geschlossen, mußte aber immer wieder für kurze Augenblicke zu ihm hinschauen. Die Sonne schien durch eines der Fenster in den Raum, und einige Strahlen gingen ganz nahe an Aquilas Kopf vorbei. Nun war er mit der Lesung des Gesetzes zu Ende und griff zur Rolle des Propheten, die auf der Truhe lag. Gerade als er damit begann, waren die Sonnenstrahlen so weit gewandert, daß sie jetzt von hinten seinen Kopf einhüllten und es den Eindruck machte, als trüge er eine strahlende Krone. Priscilla mußte sich sehr zusammenreißen, denn ihr wäre fast ein Ausruf des Staunens entschlüpft, als sie das sah. Was Aquila nun las, war eine ihrer Lieblingsstellen.

Eine Stimme ruft: Bahnt für den Herrn einen Weg durch die Wüste! Baut in der Steppe eine ebene Bahn für unseren Gott!

Jedes Tal soll sich heben, jeder Berg und Hügel sich senken. Was krumm ist, soll gerade werden, und was hüglig ist, werde eben.

Dann offenbart sich die Herrlichkeit des Herrn, alle Sterblichen werden sie sehen.

Ja, der Mund des Herrn hat gesprochen.

Aquila hatte die Lesung beendet. Er legte die Rolle wieder auf die Truhe und blickte auf. Und in diesem Augenblick trafen sich ihre und seine Augen. Es war von beiden Seiten nicht absichtlich geschehen, das wußte Priscilla, und doch hatte es sich so begeben. Für einen kurzen Moment waren ihre Augen einander begegnet, dann ging er zu seinem Platz zurück. Priscilla schlug die Augen nieder.

Doch sie wußte nun, was sie zu tun hatte. Gott hatte es ihr gezeigt. Warum war an diesem Morgen gerade Aquila ausgewählt worden für die Lesung der Thora und der Propheten? Warum hatte die Sonne seinen Kopf mit einem so goldenen Schein umgeben? Warum waren sich ihre Augen unbeabsichtigt begegnet? Sie hatte das erste Mal in ihrem Leben persönlich zu Gott gebetet, und Er hatte ihr auf diese Weise geantwortet. Das war eine ganz neue Erfahrung für ihren Glauben. Sie war der Meinung gewesen, daß Gott Gebete früher auf solche Weise bei den alten Erzvätern beantwortet hatte, aber nicht bei ganz alltäglichen Menschen der heutigen Zeit. Doch nun wußte sie es besser, und das erfüllte ihr Herz mit tiefer Freude.

Außerdem war sie bereit, Gottes Willen zu tun und Aquila zu heiraten. *Ich will ihm eine gute Frau sein und mich so verhalten, wie Mutter und Großmutter es mir gesagt haben,* dachte sie. Priscilla fühlte, daß dieses Versprechen, was sie jetzt in ihrem Inneren Gott gegeben hatte, schon soviel galt wie einmal später das öffentliche an ihrem Hochzeitstag.

Sie wartete bis nach Sonnenuntergang, ehe sie den Eltern ihren Entschluß mitteilte. Während des Nachmittags saß sie still im Peristyle und las in einer Rolle. Es war die zweite Hälfte des Buches der Sprüche. Die letzten Verse schienen ihr jedes Mal eine passende Beschreibung ihrer Mutter und ihrer Großmutter zu sein. Heute war es das erste Mal, daß sie sich fragte, ob diese Worte auch auf sie selbst anwendbar wären?

> *Eine tüchtige Frau, wer findet sie?*
> *Sie übertrifft alle Perlen an Wert.*
> *Das Herz ihres Mannes vertraut auf sie,*
> *und es fehlt ihm nicht an Gewinn.*
> *Sie tut ihm Gutes und nichts Böses*
> *alle Tage ihres Lebens.*

Während Priscilla über diese Worte nachsann, wanderten ihre Gedanken unwillkürlich zu Aquila. Sie sah ihn wieder, wie er aus der Prophetenrolle las und der Schein der Sonne seinen Kopf umspielte. *Was er wohl jetzt tut? Ob er auch an mich denkt?* überlegte sie. Nie vorher waren ihr solche Gedanken gekommen. Aber vielleicht mußte ein Mädchen vor ihrer Hochzeit so fühlen? Ein wenig ängstlich, gewiß — aber auch ein wenig wißbegierig.

Wieder drängte sich ein spontanes Gebet in Priscillas Gedanken. *O bitte, Gott,* flehte sie innerlich, *mache ihn...mache ihn...*

Verwirrt hielt sie inne. Aquila war doch schon, was er war; und sie hatte sich entschlossen, ihn so zu heiraten. Sie hatte kein Recht Gott zu bitten, ihn zu verändern. Sie konnte Gott nur bitten, sie selbst zu verändern und sie so zu machen, wie sie sein sollte. *Bitte, mache eine gute Ehefrau aus mir,* beendete sie ihr Gebet.

Eine ganze Zeit hatte sie noch mit geschlossenen Augen nachdenklich gesessen. Als sie nun aufblickte, bemerkte sie, daß die Sonne untergegangen war. Der Sabbat war vorüber. Sie hörte die Stimme ihrer Mutter und andere Geräusche, die ihr zeigten, daß der Haushalt wieder zur normalen Tagesordnung übergegangen war. Als sie sich erhob, fühlte sie ihre Knie ein wenig zittern, als sie ins Atrium ging. „Vater!" rief sie, „Mutter, wo seid ihr? Ich möchte mit euch sprechen!"

Eilig betrat die Mutter den Raum. „Ist etwas nicht in Ordnung?" wollte sie wissen.

Lucius kam wenige Augenblicke später. Beide schauten nun fragend auf ihre Tochter. „Ich habe mich entschlossen", sagte sie. „Ich bin bereit, Aquila zu heiraten. Es tut mir leid, daß ich so lange gezögert habe."

Flavia strahlte. „Bist du dir wirklich sicher? Natürlich sehe ich es gern. Aber ich möchte, daß du dir wirklich sicher bist."

Priscilla nickte. „Ja, ich bin sicher." Mehr sagte sie nicht. Wie hätte sie auch erklären sollen, daß Gott zu ihr gesprochen hatte. Wer hätte es verstanden?

Lucius lächelte. „Wenn wir uns beeilen, kommen wir noch zu Großvaters Villa ehe es dunkel wird. Auch sie sollten die gute Neuigkeit hören."

„Ja", stimmte Priscilla zu, „kommt schnell. Aber erst..." Sie lief durch das Atrium und warf sich in die Arme ihrer Mutter. Zu ihrem Vater gewandt flüsterte sie: „Wenn meine Ehe nur so werden würde wie die eure."

„Das wird sie sicher", sagte Lucius herzlich. „Du brauchst nur immer an das Vorbild deiner Mutter zu denken, dann bist du eine perfekte Ehefrau."

Flavias Gesicht wurde ganz rot bei diesem Lob ihres Mannes. Priscilla sah es und war entschlossen, alles in ihrer Kraft Stehende zu tun, damit ihr dies gelingen würde.

5. Kapitel

In der Luft, die durch das offene Fenster in Priscillas kleines Schlafzimmer zog, lag schon der kühle Hauch des Herbstes. Sie erwachte davon und lächelte schlaftrunken. Doch dann wurde ihr plötzlich bewußt, was heute geschehen würde. Es war ihr Hochzeitstag.

Sie lag noch ein wenig still und dachte an den Tag, als Aquila mit seinem Vater und dem Onkel in ihr Haus gekommen war, um die Verlobung feierlich zu erklären. Wie ängstlich war sie bis zu dem Augenblick gewesen, als sie es wagte, Aquila anzuschauen und erkannte, daß er ebenso ängstlich war. Da stahl sich ein leichtes Lächeln auf ihre Lippen, und er lächelte zurück. In jenem Augenblick war er ihr wie ein Junge vorgekommen. Sie hatte begriffen, daß sie sich nicht mehr zu fürchten brauchte, denn sie sah Freundlichkeit und Humor in dem jungen Mann.

Aquilas Vater hatte sehr formal geklungen, als er die vorgeschriebenen Worte sprach — ein wenig abgeändert, damit sie auch für einen Jahwe-Gläubigen akzeptabel waren: „Versprichst du, meinem Sohn Aquila deine Tochter Priscilla zur Frau zu geben?"

Ihr Vater hatte, auch ein wenig abgeändert, nach altem römischen Brauch geantwortet: „Möge der allerhöchste Gott Seinen Segen geben. Ich verspreche es."

Ruben und Josua hatten gemeinsam geantwortet: „Möge der allerhöchste Gott Seinen Segen dazu geben."

Priscilla hatte sich gefragt, ob ihre römischen Freunde lächeln würden, wenn statt der vielen Götter Roms nur der Segen des einen einzigen Gottes erbeten wurde. Doch niemand schien etwas dabei zu finden. Alle hatten aufmerksam Aquila zugeschaut, der ein wenig verlegen ihre linke Hand ergriffen hatte und ihr einen schweren silbernen Ring auf den Mittelfinger schob.

Dann hatte sich die Stimmung entspannt, und Gespräche waren aufgekommen. Wein wurde gereicht und Hochzeitsgeschenke wurden versprochen. Seither hatten Priscilla und Aquila kaum Gelegenheit gehabt, ein Wort miteinander zu wechseln. Doch sie erinnerte sich immer noch daran, wie er ihre Hand ergriffen hatte, obwohl es nun mehrere Monate zurück lag.

Ihre Mutter betrat eilig das Zimmer. „Bist du wach?" fragte sie.

„Vollständig! Ich habe nur noch ein wenig gelegen und nachgedacht."

„Ich hoffe, es waren glückliche Gedanken", meinte Flavia ein wenig besorgt.

„Ich erinnerte mich an unseren Verlobungstag."

„Mit Bedauern?"

Priscilla setzte sich und lächelte. „Wenn ich dir sagte: Ich dachte mit Freuden daran zurück, würdest du das schamlos finden?"

Jetzt strahlte auch Flavia. „Ich würde meinen, du bist ein ganz normales und ein wenig verliebtes Mädchen. Ich habe dir gesagt, was die Pflichten einer Ehefrau sind. Wenn du nun findest, daß dich diese Pflichten froh machen, bin ich sehr glücklich."

Priscilla suchte nach der rechten Antwort. „Mutter", begann sie, „ich habe gesehen, wie dein Verhältnis zu Vater ist, deshalb bin ich überzeugt, daß rechte Liebe unter Eheleuten etwas Wunderbares ist. Wenn Gott uns dann noch Kinder schenkt, will ich zufrieden sein. Aber wenn Er es auch noch so führt, daß ich meinen Gatten von Herzen lieben lerne, dann . . ."

Priscilla Stimme zitterte.

„Dann hat Er dich überaus reich gesegnet", fuhr Flavia warm fort. „So wie mich in meiner Ehe. Doch jetzt stehe auf, es ist noch viel zu tun. Sobald es richtig hell ist, werden die Zeugen eintreffen, und dann dauert es nicht mehr lange, bis des Bräutigams Familie hier ist. Also beeile dich."

Priscilla erhob sich und umarmte impulsiv ihre Mutter. „Vielen Dank, daß du mir eine so gute Mutter warst", flüsterte sie.

„Doch ab jetzt werde ich mir keine Sorgen mehr machen", sagte Flavia mühsam mit erstickter Stimme. „Ich habe geträumt und gebetet, daß deine Ehe gut sein soll. Ab heute will ich zufrieden sein."

„Ich werde dich vermissen", sagte Priscilla.

Flavias Stimme wurde wieder nüchtern. „Unsinn", erklärte sie. „Wir werden uns fast jeden Tag im Bad sehen und am Sabbat in der Synagoge. Ab und zu werden wir zusammen essen. Du ziehst doch nicht weit fort und wirst in deiner neuen Familie auch nicht eingesperrt."

Während Priscilla in ihre Tunika schlüpfte, meinte sie: „Lebten wir noch in den alten Tagen in Israel, wäre ich fast eine Gefangene im Hause meines Gatten. Ich bin froh, daß diese Dinge sich etwas geändert haben." Nun mußte sie nur noch die *Tunika recta* überziehen, die das eigentliche Hochzeitskleid war. Gewebt aus einem einzigen Stück, fiel die schneeweiße Tunika von den Schultern bis zu ihren Füßen. Am Abend zuvor hatte sie dieses Kleidungsstück zum ersten Mal anprobiert und gefunden, daß ihr Sitz und der Wurf ihrer Falten makellos war.

Flavia nahm nun eine wollene Schärpe und legte sie um Priscillas schlanke Taille. Dann band sie damit den ungewohnten Herkules-Knoten, den nur der junge Ehegatte wieder aufknüpfen durfte. „Das hätten wir", meinte sie befriedigt, als ihr der Knoten richig gelungen war.

Priscilla befühlte den Knoten und überlegte dabei, wie Aquila sich beim Aufknüpfen desselben benehmen würde. „Bitte", betete sie innerlich zu Gott, „hilf, daß er dabei nicht lacht und sich nicht töricht benimmt."

„Nun komm", drängte Flavia, „setz dich endlich, damit ich dein Haar machen kann. Das Haar der Braut wurde vorn zweimal und am Hinterkopf viermal unterteilt. Die einzelnen Abschnitte wurden jeweils mit einem Haarband zusammengehalten. „Warum muß eine römische Braut eine solche Frisur tragen?" fragte Priscilla.

„Ich weiß es auch nicht. Es ist eine Sitte aus alter Zeit, deren Sinn wohl längst vergessen wurde. Ich habe bei meiner Hochzeit die gleiche Frage gestellt. Doch meine Mutter wußte es auch nicht mehr."

„Ich hoffe, es hat nichts mit dem römischen Götterglauben zu tun", sorgte sich Priscilla. „Wenn man, wie wir, den einzig wahren Gott gefunden hat, ist es doch manchmal etwas schwieriger mit all diesen Zeremonien. Als ich gestern abend zum letzten Mal das alte Haarband abnahm, war es ja genauso. Wir wollen doch nichts den alten Hausgöttern weihen mit diesen Sitten. Auf der anderen Seite kann ich aber zu meiner Hochzeit kein Kinderhaarband mehr tragen, und ohne eine gewisse Zeremonie legt man es eben nicht ab."

„Ich glaube, wir haben genau das Richtige getan", tröstete Flavia, „als du gestern abend beim Abnehmen des Bandes sagtest: »Mit der Hilfe des einzigen und allerhöchsten Gottes werde ich nun eine Frau.« Das war ein guter Ausweg."

Lächelnd meinte Priscilla: „Es ist nicht immer einfach, alte Traditionen dem neuen Glauben anzupassen."

„Das stimmt", nickte Flavia. „Aber wir müssen sie entweder so verändern, daß wir sie guten Gewissens beibehalten können, oder, wenn das nicht geht, müssen sie ganz wegfallen. Doch jetzt noch der Schleier, den an deinem Hochzeitstag erst der Bräutigam wieder anheben darf."

„Aber bekomme ich denn gar nichts zu essen?" fragte Priscilla sehnsüchtig. Flavia lachte. „Ich war so mit deinem Haar und dem Hochzeitskleid beschäftigt, daß ich dein Frühstück völlig vergaß. Natürlich mußt du etwas haben, denn es wird lange dauern, bis wir in das Haus des Bräutigams kommen. Bis dahin bist du am Ende verhungert. Bleib ruhig sitzen und bring dein Kleid nicht wieder in Unordnung, ich bringe dir etwas."

Während Priscilla wartete, betrachtete sie sich mit dem Schleier und mußte dabei kichern. „Du scheinst glücklich zu sein", ließ sich die Stimme von Linia Justinius von der Tür her vernehmen.

„Großmutter!" rief Priscilla und sprang auf. „Wie sehe ich aus?" Sie legte den Schleier über den Kopf zurück. „Du kannst mich doch noch ohne Schleier sehen, oder?"

„Du siehst großartig aus", meinte Linia und betrachtete die Braut von allen Seiten. Deine Mutter hat alles perfekt gemacht. Dein Bräutigam wird hingerissen sein."

Priscilla umarmte ihre Großmutter. Im gleichen Augenblick betrat Flavia mit dem Frühstück wieder den Raum. *Diese beiden Frauen haben auf ihre Weise genausoviel für mich getan wie mein Großvater,* dachte Priscilla voller Dankbarkeit. „Weißt du", sagte sie laut zu ihrer Mutter, „wenn nachher Aquila so tut, als müsse er mich aus deinen Armen reißen, stimmt das mehr, als er vielleicht annimmt. Euch beide verlassen zu müssen, macht mich ein wenig traurig."

Die beiden Älteren widersprachen nicht. Trauer und Freude zugleich lagen auf den drei Gesichtern, als sie sich jetzt gemeinsam umarmten.

„Bist du fertig?" Rubens Ruf kam unerwartet, und Aquila fuhr ein wenig zusammen. Er stand in dem Raum, den er von nun an mit Priscilla gemeinsam bewohnen sollte, und betrachtete die Hochzeitskautsch, die Markus Justinius ihm geschenkt hatte.

„Es ist eine recht römische Sache in einem hebräischen Haus", brummte Ruben, während er auf die Kautsch blickte. „Wird von uns erwartet, daß wir sie nach der Hochzeit in das Atrium stellen?"

Aquila lachte. „Wenn wir römisch genug sind, ein Atrium zu haben, so kann dort wohl auch eine römische Hochzeitskautsch stehen."

„Na ja", meinte Ruben, „solange wir uns von den römischen Tempeln und Göttern fernhalten, kann ein römisches Möbelstück uns wohl nicht schaden. Aber bist du nun fertig?"

Aquila betrachtete nochmals seine Toga. Obwohl sich sein Vater immer über so vieles Römische beklagte, trugen beide Männer die glatte weiße Toga des römischen Bürgers. Als Zeichen, daß Aquila der Bräutigam war, trug er einen Blütenkranz auf dem Kopf. Priscilla hatte die leuchtend roten Blumen eigenhändig gesammelt und gebunden und am Abend zuvor durch einen Sklaven zu ihm schicken lassen. „Ja, ich bin fertig", nickte er. „Ist die Familie schon beisammen?"

„Unsere Familie, unsere Freunde und auch eine Anzahl Kunden", erklärte Ruben. „Es ist ein ziemlicher Haufen. Ich hoffe, wir haben genug zu essen."

„Die Mutter und meine Tanten haben seit Wochen gekocht und gebacken", erinnerte Aquila. „Wir müßten mit dem, was sie zubereitet haben, halb Rom füttern können."

„Na, wir werden sehen", erklärte Ruben. „Komm jetzt. Es ist Zeit."

Nun ist es endlich soweit, dachte Aquila, während er seinem Vater die Stufen hinunter folgte, *in etwa einer Stunde wird Priscilla meine Frau sein.* Es war kein Wunder, daß ihm bei diesem Gedanken die Knie ein wenig zitterten.

Im Atrium waren mindestens 50 Männer versammelt. Da waren Verwandte, Mitglieder der Synagoge, Geschäftsfreunde und Jugendfreunde Aquilas. Als sie Aquila sahen, wurde er laut begrüßt. Von allen Seiten rief man ihm gute Wünsche zu. Mit fröhlichem Lächeln bedankte er sich.

Josua drängte sich durch die Menge und umarmte seinen Neffen mit warmem Lächeln. „Nun ist es endlich soweit", rief er. „Jetzt wirst du wenigstens bei deiner Arbeit nicht mehr träumen, sondern sie wieder ordentlich tun." Lautes Gelächter begleitete diese Worte.

„Dann wollen wir keine Zeit mehr verlieren", fuhr Josua fort. „Die Braut wird sonst ungeduldig."

Unter Scherzen und fröhlichen Reden drängten die Männer auf die Straße. Aquila hatten sie in ihre Mitte genommen. Er wurde gezogen und geschoben. Er bekam einen Lederbeutel mit getrockneten Rosinen und Nüssen gereicht und warf daraus immer wieder Hände voll unter die zuschauenden Leute. Die mitlaufenden Kinder sammelten sie eifrig ein.

Ein junger Mann drängte sich zu Aquila. „Du bist mir um einige Wochen zuvorgekommen", rief er. „Ich werde Marta heiraten, die beste Freundin deiner Braut. Hast du schon davon gehört?"

Es war einer der jungen Männer aus der Synagoge und Aquilas bester Freund. „Cordelius!" rief er, „nein, ich habe noch nichts davon gehört. Da können wir uns später ja oft besuchen. Unseren Frauen wird das gefallen."

„Außerdem erwarte ich dich als Gast bei meiner Hochzeit", erwiderte Cordelius, „und zwar mit gleicher Freude, wie ich mich heute bei deiner freue."

„Abgemacht", stimmte Aquila zu. „Ich wüßte nicht, was ich lieber täte."

Nun drängten wieder andere Freunde zu ihm und nahmen seine Aufmerksamkeit in Anspruch. Als er sich wenig später einmal umblickte, sah er Cordelius und Josua in eine Unterhaltung vertieft. Es schien um etwas Ernstes und Wichtiges zu gehen, das konnte man ihren Gesichtern ansehen. Als sie jetzt wieder etwas näher zu ihm heranrückten, bekam er mit, wie Cordelius sagte: „Wenn du mir nur einmal aufmerksam zuhören würdest, dann müßtest auch du erkennen, daß Jesus von Nazareth der verheißene Messias ist."

Tadelnd zupfte Aquila seinen Freund am Ärmel und meinte: „Hör auf! An meinem Hochzeitstag soll es keine religiösen Streitgespräche geben. Jetzt wollen wir keine langen Gesichter machen, sondern uns freuen."

Cordelius lachte. „Eines Tages, mein Freund, wenn ich dir von der Wahrheit erzähle, die ich erkannt habe, wirst auch du begreifen, was wirkliche Freude ist."

„Vielleicht", meinte Aquila zurückhaltend. „Doch heute geht es um andere Dinge. Und auch ihr beide sollt mithelfen meine Hochzeit zu feiern."

„Und wer könnte das besser als ich", rief Josua, „ein Mann von Alter und Weisheit, der die Freude einer untertänigen und gehorsamen Frau kennt."

Alle, die es mitgehört hatten, wollten sich ausschütten vor Lachen, da allgemein bekannt war, daß Josuas Frau eine ziemlich scharfe Zunge und ein hitziges Temperament besaß, so warmherzig und großzügig sie auf der anderen Seite auch war. Doch Josua war mit seiner Ehe völlig zufrieden, auch das wußten alle.

Unter Rufen und Lachen erreichten sie Lucius Justinius' Villa. Am Eingang standen Lucius und sein Vater Markus und streckten zum Willkommen ihre Hände aus. Aquila wurde auf die beiden zugeschoben. Doch ehe Verlegenheit in ihm aufsteigen konnte, wurde er von den beiden Männern umarmt. „Mein Sohn", sagte Lucius warm.

„Mein Enkelsohn", fügte Markus hinzu. „Wir geben dir das Kostbarste, das wir haben. Behüte sie freundlich und sorgsam."

Die Worte waren so leise gesprochen, daß niemand anders sie hörte. Aquila nickte. „Das werde ich", antwortete er ernst.

Nun ging es in das Haus hinein zum Atrium. Doch da sich hier auch noch die Verwandten und Freunde der Justinius-Familie hinzugesellten, war nicht für alle Raum darin. Aquila bemerkte, daß sich unmittelbar hinter ihm sein Vater, sein Lieblingsonkel Josua, Lucius, Markus und Cordelius befanden. *Genug Unterstützung für einen schüchternen Mann,* mußte Aquila unwillkürlich denken.

Der Vorhang, der vor der Tür hing, die in die inneren Räume des Hauses führte, wurde beiseitegezogen. Da stand die verschleierte Priscilla und blickte ihrem Bräutigam entgegen. Auf ihrem Kopf trug sie einen Blütenkranz aus gleichen Blumen wie Aquila. „Deine Braut", sagte Lucius.

Aquila trat auf Priscilla zu. Die eigentliche Hochzeitszeremonie würde kurz und einfach sein: Die beiden Brautleute reichten sich nun vor den Zeugen die Hände und traten gemeinsam vor einen kleinen Tisch, auf dem ein siebenarmiger Ölleuchter brannte. „Willst du meine Frau sein?" stellte Aquila die vorgeschriebene Frage so leise, daß nur die am nächsten Stehenden es verstanden.

Priscillas Antwort kam deutlich und ernst. Es waren die

zeremoniellen römischen Worte, die so alt waren, daß niemand mehr ihre genaue Bedeutung kannte. Doch sie gehörten zu jeder römischen Hochzeit: „Wann und wo du Gaius bist", antwortete Priscilla, „dann und dort bin ich Gaia."

Das waren alte Namen, und für Jahwe-Gläubige würde es vielleicht besser passen, wenn sie gesagt hätten *Adam* und *Eva* oder in modernerer Weise *Ehemann* und *Ehefrau,* dachte Aquila. Doch sie meinten alle dasselbe, und sie waren nun rechtmäßig vor Gott und vor diesen Zeugen hier Mann und Frau.

Jetzt trat plötzlich Flavia vor und umschlang mit ihren Armen Priscilla. Aquila tat so, als müsse er seine Braut aus den Armen ihrer Mutter reißen. Doch für einen Augenblick hielt Flavia ihre Tochter fest, dann löste sie ihren Griff, und Priscilla glitt leicht in Aquilas Arme. Rundum brachen alle in Freudenrufe und Glückwünsche aus, als Aquila seine Braut jetzt an sich zog.

6. Kapitel

Es war eine fröhliche Hochzeitsprozession, die sich einige Zeit später von Lucius' Villa aus in Bewegung setzte. Voran gingen Fackelträger und Musiker. Dann folgte Aquila mit seinem Vater, Onkel und den persönlichen Freunden. Priscilla ging zwischen zwei Jungen, die sie an den Händen führten. Hinter ihr ging ein dritter Junge, der einen Spinnrocken und eine Spindel trug, als Zeichen des häuslichen Ehelebens.

Trotz aller Freude hatte Priscilla den Spinnrocken und die Spindel mit ein wenig Abneigung betrachtet. Natürlich konnte sie spinnen und kannte sich in all den Dingen aus, die römische Hausfrauen taten, und im Laufe der Zeit würde sie wohl sogar Gefallen daran finden, dachte sie. Doch die Blumen, die Musik und die Fackeln waren im Augenblick anziehender als die Haushaltsgeräte.

In ihrem Gürtel steckten drei Münzen. Zur Hochzeit ihrer Mutter waren zwei Münzen als Opfer für die Hausgötter und die Götter im allgemeinen gebraucht worden. Doch so etwas war für einen Jahwe-Gläubigen unmöglich, davon war Priscilla überzeugt. Andererseits wußte sie, daß Flavia die alte Tradition der Münzen nicht missen mochte. So hatte Priscilla vorgeschlagen, eine der Münzen unterwegs einem Bettlerkind hinzuwerfen als Symbol der Barmherzigkeit. Die zweite Münze sollte der Rabbi erhalten als ein symbolisches Opfer für Gott. Die dritte Münze wollte sie am Eingang zur Villa seines Vaters Aquila als Symbol für die Mitgift überreichen. So geschah es auch. Als sie Aquila die dritte Münze überreichte, sagte sie: „Alles, was ich habe, bringe ich zu dir!"

Aquila stand einen Augenblick wie verzaubert. Er schien alles rundum vergessen zu haben, als er die Münze aus ihrer Hand nahm. Es gab auch keine Vorschrift, daß er jetzt irgendwelche Worte hätte antworten müssen. Priscilla erwartete, daß er sie ohne weitere Worte über die Türschwelle tragen würde. Doch er lehnte sich zu ihr und flüsterte: „Und alles, was ich bin, bringe ich dir."

Tief bewegt blickte sie ihn durch den Schleier an, als er sie jetzt auf seine Arme nahm und über die Schwelle ins Haus seines Vaters trug. Wieder begannen die Gäste scherzhafte Bemerkungen zu machen, wie leicht die Last doch sei, die Aquila zu tragen hatte, und ähnliches. Doch Aquila schien völlig auf seine Braut konzentriert, die er nun im Haus vorsichtig wieder absetzte.

Zum ersten Mal stand Priscilla in Rubens Haus. „Mein Herr", flüsterte sie Aquila zu, als er sie abgesetzt hatte.

Da Aquila jetzt, im Hause angekommen, auch ihren Schleier abnehmen durfte, tat er das schnell, ehe die Gäste ins Haus drängten, beugte sich dann zu ihr und küßte leicht ihr Lippen. „Meine Liebe", flüsterte er zurück.

Der Kuß kam ihr süßer vor, als sie erwartet hatte. Doch ehe sie Zeit fand, in Aquilas Augen zu schauen, drängten die Gäste herzu. Die Frauen aus Aquilas Familie kamen zu Priscilla, begrüßten sie und hießen sie willkommen. Die Männer zogen Aquila mit in das Peristyle, wo Tische aufgestellt waren und ein reichliches Festmahl bereitstand.

Der Rest des Tages ging unter im lärmenden und fröhlichen Trubel. Es gab keine Minute, in der Priscilla mit ihrem Gatten hätte allein sein können, und es gab auch kaum Gelegenheit, mit ihrer Schwiegermutter mehr als nur einige Worte zu wechseln. Doch für all das würde noch Zeit genug sein, sagte sie sich. Heute wurde gefeiert.

Während des späten Nachmittags saß Priscilla einmal müde auf einer Bank. Sie war dankbar, einige Augenblicke allein zu sein. Doch schon setzte sich Marta neben sie. „Ich hoffe, meine Hochzeit wird ebenso schön wie deine", sagte Marta. „Ist es nicht seltsam, daß wir so kurz nacheinander heiraten? Daran hätten wir wohl als Kinder nicht gedacht, wenn wir davon träumten, wie unser Leben einmal sein würde."

„Aber Oktober ist auch ein guter Monat", antwortete Priscilla. „Es ist nicht mehr so heiß, und der Herbst macht sich noch kaum bemerkbar. Wie ist es denn bei dir? Freust du dich über den Mann, den deine Eltern für dich ausgewählt haben? Ist Cordelius nett?"

Marta zuckte mit den Schultern. „Wie soll ich das wissen? Er ist auch ein Jahwe-Gläubiger und kommt treu in die Synagoge. Außerdem hat er einen guten Beruf. Sonst kann ich noch nichts sagen."

„So ging es mir auch", nickte Priscilla.

Marta meinte neugierig: „Aber du siehst so aus, als wüßtest du schon eine ganze Menge über deinen Mann. Sicher durftet auch ihr vorher nicht zusammen sein?"

„Natürlich nicht. Aber . . ." Sie zögerte, selbst zu ihrer besten Freundin konnte sie nicht von dem kurzen Kuß und den unerwarteten vertrauensvollen Worten sprechen.

„So sag es mir doch", drängte Marta. „Was hat er getan, das dich so froh aussehen läßt?"

„Sei nicht närrisch", erwiderte Priscilla. „Meine Mutter hat mich gelehrt, eine gute Ehefrau zu sein; und ich habe es mir fest vorgenommen. Das ist es."

„Es ist mehr als das", beharrte Marta, „darauf würde ich wetten."

„Welchen Beruf hat Cordelius?" lenkte Priscilla ab.

Marta lachte. „Also gut, ich werde nicht weiter bohren. Doch ich hoffe, an meinem Hochzeitstag auch so froh auszusehen wie du." Sie blickte verstohlen zu einer Männergruppe und wurde rot. „Er schaut zu mir her", flüsterte sie.

„Besser, als würde er anderen Mädchen nachblicken", antwortete Priscilla. „Welchen Beruf hat er denn?"

„Er ist Zeltmacher. Genau wie die Familie von Aquila. Hast du gewußt, daß Aquila und er enge Freunde sind? Wir werden uns oft sehen können. Das hat es mir leichter gemacht, dieser Ehe zuzustimmen."

Priscilla fühlte eine tiefe Zuneigung zu dem Mädchen neben ihr. Doch ehe sie etwas antworten konnte, kamen etliche Frauen auf sie zu, und es gab keine Möglichkeit mehr, intime Worte zu wechseln.

Es dauerte nun nicht mehr lange, da begannen die ersten Gäste zu gehen. Fast ehe sie es sich versah, saß Priscilla mit Ruben, Sarah und Aquila allein im Atrium. Sie wußte, daß die zwei Schwestern Aquilas, die noch im Hause wohnten, mit den Sklaven in der Küche arbeiteten, um alles wieder zu säubern. „Ich werde ihnen helfen", sagte sie schüchtern. „Es ist nicht recht, daß ich hier sitze, während Tenia und Doria arbeiten."

Freundlich antwortete Sarah: „Unsinn, du bist jetzt sicherlich ermüdet. Es wird noch genug Gelegenheit geben, dich im Haushalt zu betätigen. Für heute bist du der Ehrengast."

„Aber ein Ehrengast, der wahrscheinlich nicht gerade hiersitzen und uns alle unterhalten will", meinte Ruben steif. „Ich bin sicher, sie wünscht sich genauso sehr, meinen Sohn näher kennenzulernen, wie er sie. Es ist sehr verständlich und in Ordnung für euch beide, in euren eigenen Raum zu gehen und euch dort zu unterhalten, wenn ihr das möchtet."

Priscilla blickte schnell zu Aquila und sah die gleiche Mischung von Schüchternheit und Verlangen, die auch auf ihrem Gesicht zu sehen sein mußte. „Wenn du es gestattest, Vater", murmelte Aquila.

„Natürlich, sonst hätte ich es doch nicht vorgeschlagen", bestätigte Ruben.

Ihr Schwiegervater war ganz anders als ihr eigener Vater oder der Großvater, dachte Priscilla mit leichtem Bedauern. Ich werde mich an seine kurze, etwas barsche Art gewöhnen müssen. Ob sein Sohn genauso ist?

Aquila erhob sich. „Dann komm", sagte er zu Priscilla und trat ins Freie, um die Treppe zu ihrem eigenen Raum hinaufzugehen, die sich an der Außenwand des Hauses befand. Es war noch nicht ganz dunkel, doch Aquila nahm Priscillas Hand, damit sie auf der Treppe nicht strauchelte. Oben führte er sie einen Gang entlang, von dem aus man in das Peristyle hinunterblicken konnte, und schob dann einen schweren Ledervorhang beiseite, der vor einer Tür hing.

„Das ist unser Raum", sagte Aquila, als er die Tür geöffnet hatte. „Und dort steht die Hochzeitskautsch, die dein Großvater uns geschenkt hat. Hast du sie schon gesehen?"

„Nein, aber sie ist wunderschön." Im matten Schein der Öllampe betrachtete Priscilla voller Freude die schwere, schön geschnitzte Kautsch und die karmesinroten Kissen, die auf ihr lagen.

„Ja", nickte Aquila, „sie ist sehr schön. Fast schön genug für dich."

Sie lächelte, war sich dabei aber bewußt, wie heftig ihr Herz klopfte.

„Setz dich." Aquila schob sie sanft zur Kautsch. „Ich werde mich auf diesen Stuhl setzen, während wir uns unterhalten."

Als sich Priscilla in die weichen Kissen lehnte, wurde sie plötzlich von Müdigkeit so sehr gepackt, daß es scheinbar nichts mehr zu unterhalten gab. Jetzt hätte sie eigentlich entgegenkommend und anschmiegsam sein sollen, hatte ihre Mutter sie belehrt. Doch die Müdigkeit war größer als alle guten Ratschläge, die sie erhalten hatte.

Aquila schaute sie freundlich an. „Du bist so müde", flüsterte er. „Lege dich zurück und ruhe ein wenig aus. Ich werde hier sitzen bleiben und dich nicht stören."

Sie wollte protestieren. Doch sie sah, daß er es ganz aufrichtig meinte, deshalb erlaubte sie sich, ein wenig in die Kissen zurückzusinken. Natürlich wollte sie nicht einschlafen. Sie rechnete vielmehr damit, daß Aquila in wenigen Minuten zu ihr auf die Kautsch kommen würde. Doch er blieb ruhig auf dem Stuhl sitzen, und gegen ihren Willen begannen ihre Lider herunterzufallen. In ihren Träumen hörte sie wieder die Musik und sah die Fackelträger und all die fröhlichen Gäste.

Als sie erwachte, war es draußen völlig dunkel geworden. Nur die Öllampe gab noch einen schwachen Schein. Für einige Augenblicke wußte sie nicht, wo sie war. Dann bewegte sich Aquila, und ihr wurde sofort bewußt, wo sie sich befand. Sie richtete sich auf und sagte bekümmert: „Es tut mir leid. Ach, mein Herr, vergib mir, daß ich eingeschlafen bin. Bitte, vergib mir."

Aquila erhob sich, steif vom langen Sitzen auf dem Stuhl. „Es ist schon in Ordnung", sagte er, „du warst müde, und mir hat es Freude gemacht, dich während des Schlafens zu beobachten."

„Habe ich geschnarcht?" fragte sie erschrocken.

Jetzt mußte er lachen. „Du hast wie ein Engel geschlafen. Ich weiß nur nicht, wie du das geschafft hast, mit all den Bändern in den Haaren."

„Sie sind schon etwas zerknautscht", gab sie zu. „Ich werde sie abnehmen."

„Laß es mich tun", bat er.

„Sicher", antwortete sie und rückte etwas, damit er sich neben sie setzen konnte.

Seine Hände waren zart, als er die Bänder löste und ihr übers Haar strich. „Wenn du wüßtest", sagte er endlich, „wie lange ich mich danach gesehnt habe, dein Haar zu berühren. Es ist so schön und weich, wie ich es mir vorgestellt habe."

„Ich habe mich manchmal gefragt, ob du daran denkst", gestand sie.

„Hast du? Ich habe die ganze Zeit daran gedacht. Meine Verwandten haben mich deshalb schon seit Monaten geneckt und gesagt, ich sei vor Liebe krank."

Sie blickte ihn offen an. „Und bist du?" fragte sie.

„Ja", antwortete er einfach und beugte sich über ihre Lippen.

Seine Hände waren zart, als sie den Herkules-Knoten aufknüpften. Er tat es freundlich und ernst. *So ist mein Gebet erhört, und er findet es nicht lächerlich,* dachte Priscilla.

Sie fühlte, wie er sie mit seinen Armen umfing. Worte waren wohl nicht mehr nötig, dachte sie erstaunt. Nein, für diesen Augenblick brauchte es keine Worte mehr.

7. Kapitel

In der Morgenluft war ein Hauch von Frühling zu spüren. Aquila, der flotten Schrittes die Straße entlang ging, die von der Villa seines Vaters zur Werkstatt führte, atmete die milde Luft in tiefen Zügen ein. Im Winter war es morgens oft feucht, neblig und kalt, so daß der Weg zur Werkstatt recht unangenehm sein konnte. Doch der klare Morgenhimmel, der sich heute über den Hügeln Roms wölbte, versprach einen schönen Tag. Aquila war froh, daß er sich sehr früh aufgemacht hatte, so daß er allein ging und eine Unterhaltung mit seinem Vater vermeiden konnte.

Wie ein Junge schoß er einen auf der Straße liegenden Pinienzapfen mit dem Fuß davon, weil er vor Freude am liebsten gesprungen wäre und vor jedem Haus die unglaubliche Neuigkeit laut hinausgeschrien hätte: ,,Meine Frau ist schwanger!'' hätte er gern so laut wie möglich verkündigt. ,,Aus der großen Freude, die ich mit ihr gefunden habe, wird uns nun ein Kind geboren!''

Er lachte laut, als er sich vorstellte, was die anderen Leute wohl denken mochten, würde er diese Neuigkeit jetzt laut auf der Straße hinausschreien. Die meisten würden ihn wohl für ein wenig verrückt halten und fragen: ,,Was soll denn Besonderes an dieser Sache sein? Fast jede Frau kann schwanger werden und ein Kind bekommen.''

Aber Priscilla ist eben nicht ,,jede Frau'', dachte Aquila, *sondern sie ist freundlich und offen. Sie ist meine Frau.*

Sie wußten erst seit wenigen Wochen, daß Priscilla schwanger war. Doch der Gedanke daran ließ Aquilas Herz immer noch Freudensprünge machen. Es würde sicher ein Sohn werden; ein

Priester vom Stamme Levi. Und wenn es doch ein Mädchen werden sollte, dann würde sie sicher so warmherzig, schön und charmant werden wie Priscilla.

Ein Gruß, der ihm zugerufen wurde, riß ihn aus seinen Gedanken. Als er sich umdrehte, sah er Cordelius, der eilig näher kam. „Es wird Frühling", rief er ihm entgegen, sobald er nahe genug war. „Kannst du es riechen?"

„Zeit wird es ja", antwortete Cordelius. „Ich meine, es hat jetzt genug nasse und kalte Tage gegeben. Eine Woche Sonnenschein wäre gerade das Richtige für mich."

„Ich werde dich im Hochsommer wieder daran erinnern", grinste Aquila. „Obwohl ich zugeben muß, daß ich der gleichen Meinung bin."

„Ich wünschte, du würdest auch in einigen anderen Dingen mit mir übereinstimmen", sagte Cordelius ernsthaft. „So sehr ich dich auch bitte, du willst einfach nicht mitkommen zu den Versammlungen, wo von Jesus, dem Christus, gesprochen wird."

„Einmal war ich doch dort", verteidigte sich Aquila. „Ich habe auch schon viel über diese Sache gehört."

„Aber du glaubst nicht daran?"

„So würde ich es nicht ausdrücken", meinte Aquila vorsichtig. „Einige der Geschichten, die ich hörte, haben mich sehr bewegt; und zwar besonders deshalb, weil so überzeugend davon berichtet wurde. Nein, ich kann nicht sagen, daß ich nicht glaube."

„Was hält dich dann zurück?" Cordelius' Stimme war voller Eifer. „Die Verheißung der vergangenen Zeitalter ist in diesem Mann Jesus, dem Messias, erfüllt. Er hat den Tod überwunden! Viele Menschen haben Ihn nach Seinem Tod gesehen und mit Ihm gesprochen — ja manche aßen sogar mit Ihm. Die Bedeutung dieser Tatsache kann man doch gar nicht hoch genug bewerten."

"Aber mein Vater...", begann Aquila.

Doch Cordelius unterbrach ihn ungeduldig: „Ja, ich weiß alles über das traditionelle Denken und die konservative Einstel-

59

lung der Älteren, das mußt du mir nicht extra erklären. Doch mein eigener Vater beginnt langsam umzudenken. Langsam aber sicher beginnt er auch zu glauben was ich glaube."

„Und du glaubst wirklich?" fragte Aquila. „Ich meine, du würdest dein Leben dafür einsetzen?"

„Das würde ich", erklärte Cordelius fest.

„Aber du hast auch nur Geschichten darüber gehört", wandte Aquila ein.

„Nein, keine Geschichten, sondern Berichte — Zeugnisse; und zwar von Menschen, die persönlich mit den Jüngern Jesu gesprochen haben. Einer der Jünger Jesu, Petrus, ist ein persönlicher Freund von Phineas. Du kennst Phineas, der letzten Sommer von Jerusalem kam. Phineas und Petrus wohnten im gleichen Ort, und sie waren beide Fischer. Phineas ist natürlich jünger und hat Jesus nie persönlich gesprochen. Aber Petrus hat ihm viel von seinen Erlebnissen mit Jesus erzählt."

„Es ist also nur ein Bericht aus zweiter Hand", argumentierte Aquila.

„Und hast du etwa neben Moses auf dem Berg Sinai gestanden, als er die Gesetzestafeln empfing? Oder glaubst du einfach deshalb, weil du einen Bericht darüber aus zweiter Hand erhalten hast?"

Die Worte trafen Aquila so, daß er einige Augenblicke stehen blieb und vor sich auf die Erde starrte. Dann sagte er langsam: „Das ist wahr, von der Seite habe ich es noch nie gesehen."

„Dann kommst du also heute während der Mittagspause?" drängte Cordelius. „Komm mit mir und höre, was Phineas zu sagen hat."

„Es geht nicht", lehnte Aquila ab. „Ich gehe während der Siesta immer nach Hause."

„Deine hübsche kleine Frau hält dich immer noch so gefangen, was?" bemerkte Cordelius. „Hat sie dich denn so um ihren kleinen Finger gewickelt? Glaubst du, sie würde etwas dagegen haben, wenn du glaubst, daß Jesus der Messias ist?"

Aquila blickte seinen Freund erstaunt an. „Über solche Dinge würde ich mit ihr überhaupt nicht sprechen", protestierte er. „Man spricht nicht mit einer Frau über solche ernsten Sachen."

„Ich würde es sicherlich nicht tun", nickte Cordelius. „Aber du scheinst so von deiner Frau bezaubert zu sein, daß ich dachte, du teilst all deine Gedanken mit ihr."

Aquila ging weiter, und Cordelius hatte Mühe, neben ihm Schritt zu halten. „Frauen sind für unsere Bequemlichkeit und Freude da", sagte Aquila. „Wir lachen zusammen und sie..." Er zögerte, weil es ihm schwer wurde zu beschreiben, wie lieb und verständnisvoll Priscilla auf allen Gebieten war. „Wir werden bald ein Kind bekommen", erklärte er plötzlich. „Da möchte ich sie vor allen besonderen Aufregungen bewahren."

„Herzliche Glückwünsche." Warm und fest legte Cordelius seine Hand auf die Schulter seines Freundes. „Vielleicht ist da ja auch für mich bald Hoffnung, denn ihr habt ja nicht lange vor uns geheiratet."

„Sei nicht ungeduldig. Auch du wirst diese Freude noch erleben", tröstete Aquila.

Cordelius drängte weiter: „Das ist aber noch ein Grund mehr, mitzukommen und Phineas zuzuhören. Wenn du erst einen Sohn hast, solltest du ihn von früher Kindheit an darüber belehren, daß der Messias gekommen und für unsere Sünden gestorben ist."

Aquila wiederholte: „Aber mein Vater würde sehr ärgerlich und traurig darüber werden."

„Vielleicht", gab Cordelius zu. „Aber vielleicht würde auch er früher oder später die Wahrheit annehmen. Ich bin sicher, dein Onkel Josua glaubt an Jesus Christus; er ist nur vorsichtig, dies auch zu bekennen."

„Das ist verständlich, denn ein solcher Schritt könnte für seine Familie und für sein Geschäft große Schwierigkeiten bringen. Du weißt ja, daß dadurch sogar unsere Synagogen-Gemeinde zerrissen werden könnte."

„Jesus selbst ist immer zum Gottesdienst in die Synagoge gegangen."

Aquila schüttelte den Kopf. „Es wäre mir schrecklich, wenn

dadurch irgendwelche Schwierigkeiten kommen würden. Der Kaiser ist unserer Religion gegenüber bisher großzügig gewesen. Ich möchte nicht, daß er einen Grund bekommt, auf uns Hebräer ärgerlich zu sein."

Cordelius sah sich vorsichtig um und antwortete leise: „Der Kaiser Claudius ist vielleicht zu leicht beeinflußbar. Ich kann deshalb meinen Glauben nicht von seinen Launen und Meinungen abhängig machen lassen."

„Sei vorsichtig", warnte Aquila. „Du weißt, daß in Rom oftmals sogar die Steine Ohren haben, wenn etwas über den Kaiser gesagt wird."

„Na egal", erwiderte Cordelius. „Wirst du also kommen, um Phineas zu hören?"

„Nicht heute", lehnte Aquila ab. „Priscilla erwartet mich zur Siesta daheim. Aber vielleicht werde ich morgen kommen."

„Also gut, dann morgen — und nicht vielleicht! Ich erwarte dich. Hier mußt du allein weitergehen, ich bin bei meiner Werkstatt. Ich werde dich morgen mittag abholen und nehme an, daß dein Onkel Josua mit uns kommen wird. Bitte, mein Freund, es ist aus Liebe zu dir, daß ich dich dränge, die gute Nachricht von unserem Erlöser zu hören."

Cordelius' Stimme war so ernst, daß Aquila nicht ablehnen konnte. „Also gut", antwortete er, „du kannst mit mir rechnen. Ich werde morgen kommen."

Am folgenden Tag wandte sich Priscilla kurz vor der Mittagszeit an ihre Schwiegermutter: „Mutter, wäre es dir recht, wenn ich heute meine Großeltern besuche? Da mein Gatte zur Siesta nicht nach Hause kommt, dachte ich, es wäre eine gute Gelegenheit. Wenn es dir recht ist, komme ich direkt von meinen Großeltern zum Bad und treffe dich dort wieder."

Sarah saß an ihrem Webstuhl und blickte nun von ihrer Arbeit auf. Obwohl sie mehrere Sklaven im Haushalt hatten, hielt sie nichts von der Vorliebe der meisten römischen Frauen für Spiele und stundenlangen Klatsch. Sie war in ihrer Jugend zu fleißiger Arbeit erzogen worden; und daran hielt sie sich immer noch, obwohl sie es nicht mehr nötig hatte. „Warum kommt er heute nicht nach Hause?" fragte Sarah. „Woher will er denn ein Mittagessen nehmen?"

„Doria hat ihm Brot, Käse und etliche Früchte zurecht gemacht, die er mitgenommen hat. Ich weiß auch nicht genau, warum er heute nicht heimkommt. Er erwähnte, er sei mit Cordelius verabredet."

Sarah lächelte ihre Schwiegertochter an. „Es wird endlich Zeit, daß er auch wieder die Gesellschaft anderer Männer sucht. Er war ja in all diesen Monaten fast nur noch daheim."

Priscilla wurde rot, obwohl sie wußte, daß diese Feststellung kein Tadel war. Beide Eltern von Aquila hatten ihr deutlich genug zu verstehen gegeben, wie froh sie darüber waren, daß ihr Sohn an seiner Ehe soviel Freude hatte. Sie nickte deshalb tapfer und antwortete: „Ich auch. Ich habe mir schon Sorgen gemacht, die anderen würden ihn deshalb vielleicht necken. Es ist besser, wenn er ab und zu die Gesellschaft seiner Freunde sucht."

Sarah nickte: „Ab und zu schon, aber auch nicht jeden Tag. Ein Mann kann in seinem eigenen Heim auch ein Fremder werden."

„Ich weiß, bei Martas Vater ist es ungefähr so. Aber ich glaube nicht, daß Aquila . . ."

„Sicher, ganz gewiß nicht während dieser Zeit", stimmte Sarah zu, während sie wieder zu weben begann. „Ich habe noch nie einen Mann gesehen, der bei dem Gedanken, Vater zu werden, so voller Freude war."

„Ich weiß", nickte Priscilla. „Aber dürfte ich heute meine Großeltern besuchen?"

„Natürlich. Du solltest gehen, so oft es möglich ist, denn deine Großeltern sind auch nicht mehr jung."

Das stimmte. Erst in der letzten Zeit, seit sie nicht mehr so oft in die Villa ihres Großvaters gehen konnte, war ihr das klar geworden. „Ich habe ihnen noch gar nichts von dem Kind gesagt", gestand Priscilla. „Meine Eltern habe ich gebeten, ihnen noch nichts zu sagen. Heute will ich sie damit überraschen."

„Großartig. Geh nur bald, damit dir bei ihnen genug Zeit bleibt. Sage Teris, er soll dich begleiten. Er kann die Aufträge, die ich ihm gab, erledigen, während du bei deinen Großeltern bist, und dich später wieder abholen und zum Bad bringen."

„Aber wer wird mit dir gehen?"

„Ich nehme Tenia und Doria mit. Es schickt sich einfach nicht für dich, allein zu gehen."

„Danke, Mutter." Priscilla hauchte ihr einen leichten Kuß auf die Wange. „Du bist so gut zu mir."

„Warum auch nicht", erklärte Sarah. „Du bist ein gutes Mädchen."

Priscilla ging zur Küche und sagte Teris Bescheid. Wenige Minuten später war sie schnellen Schrittes auf dem Weg zur Villa ihrer Großeltern. Teris folgte zwei Schritte hinter ihr. Sie würde die ganze Mittagszeit mit Markus und Linia verbringen können. Darauf freute sie sich.

Es wird schön sein, wieder einmal mit Großvater eine ernste Unterhaltung zu führen, dachte sie. *Ich bin sehr gern mit Aquila zusammen. Aber wir teilen nur die süßen Dinge der Ehe miteinander. Auf eine Unterhaltung über ernste und tiefe Dinge hat er sich mit mir noch nicht eingelassen.* Sie war nicht enttäuscht darüber, denn sie hatte es kaum anders erwartet. Für Aquila war sie eben eine Frau, die mit ihm lachte und Freude an der gegenseitigen Liebe fand.

Der Weg zur Villa der Großeltern war nicht weit. Am Eingang sagte sie Teris noch, wann er wieder zurück sein sollte und sandte ihn dann, die aufgetragenen Besorgungen zu erledigen. Dann betrat sie das Haus.

Linia mußte gehört haben, wie sie mit Teris sprach, denn sie stand schon in der Tür des Atriums. „Meine Liebe", rief sie, „das ist aber eine Überraschung! Und so früh schon? Noch vor der Siesta!"

„Mein Gatte kommt heute über mittag nicht heim, deshalb ergab sich die Gelegenheit." Priscilla umarmte ihre Großmutter. „Ist bei euch alles in Ordnung?"

„Sicher. Doch dein Großvater ist schon den ganzen Morgen

ein wenig nervös. Er vermißt dich eben sehr und wird sich freuen, wenn er dich sieht."

„Ich freue mich auch, bei euch zu sein", antwortete Priscilla. „Wo finde ich ihn? In seinem Arbeitszimmer? Komm mit, ich möchte mit euch beiden reden."

Die beiden gingen durchs Atrium zum Arbeitszimmer des Hausherrn. Da wurde der Vorhang beiseite geschoben, und Markus stand auf der Schwelle. Sein Gesicht strahlte vor Freude. „Willkommen, meine Liebe. Komm herein und setz dich hier auf die Kautsch."

Priscilla zog ihre Großmutter hinter sich her. „Ich möchte mit euch beiden reden", erklärte sie. „Ich habe eine Neuigkeit für euch. Ich bin schwanger und werde ein Kind haben. Zwar erst zu Anfang des Winters, oder vielleicht im späten Herbst. Aber ich wollte, daß ihr es wißt."

„Der Herr sei gepriesen für Seine Segnungen, die Er uns gibt!" rief Markus.

„O meine Liebe", freute sich Linia, „fühlst du dich gut? Ist auch alles in Ordnung?"

„Mir geht es gut", beruhigte Priscilla sie. „Morgens bin ich manchmal ein wenig schwach. Doch damit war zu rechnen. Mein Gatte ist sehr verständnisvoll und besteht darauf, daß ich sehr viel liege."

„Und was sagt seine Mutter dazu, wenn er dich so verwöhnt?" fragte Markus lächelnd.

„Vielleicht sagt sie: Unsinn, jede Frau muß damit fertigwerden."

Priscilla lachte. „Meine Schwiegermutter ist gut zu mir. Wenn sie so etwas denkt, sagt sie es jedenfalls nicht."

„Sehr schön", bemerkte Linia. „Du hast uns mit deiner Neuigkeit eine große Freude gemacht. Doch nun werde ich uns etwas zu essen machen. Ich wollte es gerade tun, als du eintrafst."

„Ich helfe dir", sagte Priscilla.

„Nein, du unterhältst dich mit deinem Großvater. Ich werde nicht lange brauchen."

Nachdem Linia den Raum verlassen hatte, sahen sich Markus und Priscilla lächelnd an. „Du siehst glücklich aus", meinte er.

„Ich bin glücklich. Darüber, daß ich hier bei euch sein kann, daß ich ein Kind bekommen werde und daß mein Gatte so gut zu mir ist."

Markus' Gesicht wurde ernst. „Was deinen Gatten angeht, habe ich gehört, daß sein bester Freund einer von denen ist, die da glauben, der Messias sei gekommen. Hat Aquila mit dir darüber gesprochen?"

Sie schüttelte den Kopf. „Mein Gatte ist gut zu mir, aber er würde mit mir nie über so ernste Dinge sprechen. Wie die meisten Männer, glaubt auch er, in den Köpfen der Frauen sei kein Platz für so tiefsinnige Dinge wie die Religion."

„Dann ist er ein Narr", sagte Markus ärgerlich. „Doch ich habe gehört, Aquila habe Cordelius zu einer dieser Versammlungen begleitet. Was würdest du tun, wenn Aquila einer von ihnen würde?"

Sie zuckte mit den Achseln. „Was mein Gatte glaubt oder nicht, betrifft mich nicht, solange er mit mir nicht darüber spricht."

„Diese Leute fordern die Wassertaufe", fuhr Markus fort. „Und zwar fordern sie die Wassertaufe von jedem Neubekehrten und von seiner Familie. Das würde bedeuten, auch du müßtest dich dieser Handlung unterwerfen."

Auf ihrer Stirn erschienen Falten. „Nein", erklärte sie. „Nein, Großvater, das würde ich nicht tun; es sei denn, ich verstehe und glaube selbst, worum es da geht. Eine solche Sache werde ich nicht mitmachen, als hätte ich selbst keinen Verstand. Ich bin bis jetzt eine gute und gehorsame Frau gewesen. Aber es gibt Grenzen für das, wozu ich bereit bin."

8. Kapitel

Aquila saß ruhig und reserviert unter den Männern, die gekommen waren, um Phineas zuzuhören. Einige der Zuhörer waren eifrig und aufmerksam; andere, wie Aquila, zurückhaltend und nicht überzeugt; und manche waren ärgerlich und kritisch. Während der Wochen, die Aquila nun schon diese Versammlungen besuchte, wurde er durch die wachsende Meinungsverschiedenheit immer mehr bekümmert. Er sah in der zunehmenden Feindschaft ein Problem, das auch in seiner Familie ausbrechen konnte, wenn er oder sein Onkel Josua die Entscheidung treffen würden, sich taufen zu lassen und ihren Glauben zu bezeugen, wie es Phineas von den Neubekehrten verlangte.

Und doch konnte Aquila nicht fernbleiben. Weder sein Verlangen, mit Priscilla zu sein, noch seine Sorge um die Reaktion seines Vaters konnten ihn von den Versammlungen zurückhalten. Phineas Berichte von dem jungen Galiläer, der von römischen Soldaten getötet worden war, hatten Aquilas Gedanken und sein Herz gepackt.

Phineas berichtete gerade wieder einmal von der Kreuzigung. Aquila, dem der Anblick von gequälten Menschen, die an Kreuzen hingen, nicht fremd war, war von Mitleid ergriffen, während Phineas erzählte. „Und dann blickte Er vom Kreuz herab und sagte: »Vater, vergib ihnen, denn sie wissen nicht, was sie tun.»" Phineas' Stimme bebte vor Erregung. „So hat Er geliebt! Kannst du dich einfach von einer solchen Liebe abwenden?"

Aquila hatte nicht beabsichtigt, etwas zu sagen. Von Anfang an hatte er sein Schweigen bewahrt, das ihm wie ein Schild dienen sollte gegen die immer stärker werdenden Gegensätze unter den Zuhörern. Doch heute platzten die Worte gegen seinen Willen aus ihm heraus: „Hat Er nicht nur von den Männern gesprochen, die Ihn kreuzigten? Was hat diese Liebe denn mit uns zu tun?"

Phineas blickte ihn mit warmem Lächeln an. „Aber Er ist heute noch genauso lebendig wie damals. In der Liebe, die Er denen zuwandt, die Ihn quälten, können wir die Liebe Gottes erkennen. Und die gleiche Liebe hat Er auch heute noch für uns."

Verlegen blickte Aquila zu Boden, doch die Worte trafen ihn. Ganz gleich, wie oft Phineas Jesu Auferstehung erwähnte, der Gedanke war für ihn immer noch ungeheuerlich. Es war nicht leicht, sich einen Menschen vorzustellen, der den Tod besiegte. Der Gedanke war weder logisch noch vernünftig. Doch Phineas sprach davon mit einer Überzeugung, die nicht zu erschüttern war.

Aquila dachte nach über die Worte von Liebe und Vergebung. Jemand, der während eines so schrecklichen Sterbens so reden konnte, war kein gewöhnlicher Mann. Der Zenturio, von dem Phineas sprach, hatte wohl recht, als er sagte: „Wahrlich, dieser Mann ist Gottes Sohn gewesen." Doch schon immer, in vergangenen Jahrhunderten, hatten sich viele Menschen als Kinder Gottes betrachtet. Also mußte das nicht unbedingt bedeuten, daß Jesus der Messias war, der Gesalbte Israels.

Oder etwa doch? Aquila kamen die bekannten Worte des Propheten Jesaja in den Sinn, die er schon als Kind gelernt hatte. So viele davon paßten so genau zu dem, was Phineas berichtete, daß es nahezu unmöglich schien, sie zu bezweifeln.

Eine zornige Stimme wurde laut. Aquila erkannte bekümmert, daß es sein Vater war, der sich zu den Zuhörern gesellt hatte und nun erregt protestierte. „Das ist Gotteslästerung!" rief Ruben. „Viele von uns sind treue Jahwe-Gläubige. Wir bauen auf den jahrhundertealten Glauben unserer Väter. Sollen wir uns nun von Erzählungen über einen Mann gefangen nehmen lassen, den wir nie gesehen haben?" Die an Phineas gerichteten Worte durchschnitten die Luft wie ein Schwert.

„Aber ich bin Männern begegnet, die Ihn kannten und mit Ihm lebten. Ich habe Petrus immer wieder viele Stunden zugehört. Und niemand kannte Jesus besser als Petrus. Ich habe am Stadttor gestanden und zugesehen, wie Stephanus zu Tode gesteinigt wurde und sah die Herrlichkeit auf seinem Gesicht, als er den Herrn erblickte, ehe er starb. Ich sage euch: Ich weiß es!" Phineas hatte mit ruhiger Stimme gesprochen, aber genauso nachdrücklich wie Ruben.

„Du übst einen üblen Einfluß auf unsere jungen Männer aus", empörte sich Ruben. „Man sollte dich aus der Stadt jagen."

Josua fragte begütigend: „Und seit wann, mein Bruder, ist es unter uns üblich, jemand wegzuschicken, ehe wir ihn angehört haben? Noch nie war es auch nur für zwei Jahwe-Gläubige nötig, in allen Dingen, außer dem Gesetz, übereinzustimmen. Und Phineas bestreitet das Gesetz nicht."

Phineas erklärte: „Jesus bestand darauf, Er sei nicht gekommen, das Gesetz aufzuheben, sondern es zu erfüllen."

„Dann hätte Er im Haus Seines Vaters bleiben, auf die Ältesten hören und keine Probleme machen sollen", sagte Ruben zornig. Er wandte sich zum Gehen. Dabei blieben seine Augen an Aquila hängen. „Komm", forderte er, „es gibt noch Arbeit."

Wie ein gescholtenes Kind stand Aquila auf und folgte seinem Vater. Cordelius flüsterte ihm zu: „Dein Vater kann über deinen Leib bestimmen, aber nicht über deine Seele. Das muß zwischen dir und Gott ausgemacht werden. Also fürchte dich nicht." Aquila schüttelte den Kopf, sagte aber nichts. Doch er hielt die Worte in seinem Herzen fest. Sicher würde er eine Gelegenheit finden, mit seinem Onkel Josua darüber zu reden.

„Dir ist sicherlich klar", sagte Ruben plötzlich, „daß dein Freund Phineas verrückt ist. Und außerdem ist er ein Unruhestifter. Wenn deshalb Streit unter uns Hebräern ausbricht, könnten wir dadurch in große Schwierigkeiten kommen. Der Kaiser Claudius toleriert uns noch. Aber was wird er tun, wenn er hört, daß wir uns bekämpfen? Vielleicht verbietet er uns, zum Gottesdienst zusammenzukommen."

„Ach, das glaube ich nicht", begann Aquila.

Doch sein Vater unterbrach ihn: „Du bist ein naiver Junge. Was weißt du schon von den römischen Kaisern und ihren Verordnungen? Du denkst nur an Liebe und diese törichte Ansicht, der Messias sei gekommen."

Ich weiß sehr viel, wollte Aquila sagen, doch die Jahre der Disziplin ließen ihn schweigen. Vielleicht fand er bald eine Gelegenheit mit Josua zu reden. In der Zwischenzeit wollte er sich mit Priscillas Liebe und Fröhlichkeit trösten.

Während Priscilla das Abendessen vorbereitete, spürte sie, daß mit Aquila irgend etwas nicht stimmte. Und was immer es auch war, Ruben war zornig darüber. Sarah war freundlich wie immer, doch Ruben war schweigsam und mürrisch. Und wenn er doch etwas sagte, dann mit großer Strenge.

Wenn das doch anders wäre, dachte Priscilla empört und setzte den Teller mit dem Brot so hart auf den Tisch, daß er fast zerbrochen wäre. *Eigentlich könnte ich von Aquila erwarten, daß er mit mir über das, was ihn bekümmert, spricht. Warum ist sein Vater zornig? Doch nein, Frauen geht das, was in den Köpfen ihrer Männer vorgeht, nichts an. Frauen haben nur lieb und zurückhaltend zu sein und dafür zu sorgen, daß ihre Männer gute Laune haben. Ist das nicht töricht!*

Ärgerlich stellte sie das Geschirr auf den Tisch. *Aber es ist nicht gut für das Kind, wenn ich zornig bin. Alle Frauen sagen das. Doch ich ärgere mich nun einmal über dieses Benehmen,* dachte sie.

Die Stimmen der Männer, die von der Arbeit zurückkehrten, trieben sie zur Eile an. Die Stimmen wurden lauter, während sie den Topf mit der gut riechenden Linsensuppe auf den Tisch stellte. Sie hörte, wie Ruben zornig die ruhigen Antworten, die Aquila gab, überschrie. Zuerst hatte sie nicht verstehen können, worum es ging. Doch nun hörte sie Ruben schreien: „Ich sage dir, du wirst nicht wieder dorthin gehen. Ich verbiete es!"

Aquilas Antwort war leiser, doch in dem Tonfall hörte sie Hartnäckigkeit. Aquilas Entschlossenheit kam ihr plötzlich stärker vor als der Zorn seines Vaters. War Aquila fähig, wirklich zornig oder dickköpfig zu sein? fragte sie sich. Würde er die Feindschaft seines Vaters riskieren, wenn es sich nicht um eine Sache handelte, bei der es um Leben oder Tod ging? Sie wußte es nicht. Was wußte sie wirklich von dem Mann, mit dem sie das Bett und ihr Leben teilte? Eigentlich kannte sie nur sein Äußeres und seine Liebe, die er ihr entgegenbrachte. Wer er wirklich war, wußte sie bisher noch nicht.

Die Stimmen wurden wieder leiser. Doch sie spürte, welche Spannung im Haus herrschte. Warum war Ruben zornig? Dann fiel ihr ein, was ihr Großvater ihr gesagt hatte: ,,Ich hörte, daß Aquila mit Cordelius zu diesen Versammlungen geht." Das war es! Aquila ging zu den Jahwe-Gläubigen, die über den Messias, oder über den falschen Messias, redeten. Und Ruben war darüber zornig. Sie jedenfalls konnte daran nichts ändern.

Die beiden Männer betraten den Raum. Wären sie allein gewesen, hätte Aquila sie mit einem Kuß begrüßt, doch in Gegenwart seines Vaters hielt er sich zurück. Priscilla war dafür dankbar.

,,Ist das Essen fertig?" selten sprach Aquila so kurz zu ihr.

Doch sie war klug genug, es zu überhören. ,,Ja, mein Herr, es ist alles fertig. Eßt, ehe alles wieder kalt wird."

Ruben sagte kein Wort, sondern setzte sich einfach, sprach das Tischgebet und reichte ihr seine Schüssel. Sie füllte diese und auch die Aquilas und verließ dann wortlos den Raum. Im Peristyle setzte sie sich und wartete. Wenn die Männer zu Ende gegessen hatten, würde sie Sarah und die Mädchen rufen, und sie würden gemeinsam essen.

Aquila kam zeitig in ihren Raum. Doch sie war noch vorher nach oben gegangen. Sie saß schweigend in einer Ecke. Der unterdrückte Zorn, der die ganze Zeit zwischen den Männern war, hatte ihr Herz schwer gemacht. Als Aquila nun den Raum betrat, stand sie sofort auf und zwang sich zu einem Lächeln. ,,Bist du müde, mein Herr?" fragte sie.

Er nahm sie in die Arme. „Nenne mich in unserem Raum nicht »mein Herr«", war alles, was er sagte. Doch für eine lange Zeit hielt er sie so fest. „Ja, ich bin müde", gab er endlich zu. „Es war ein langer und schwerer Tag."

Wie? hätte sie gern gefragt. *Auf welche Weise. Sage mir, was der Grund des Streites zwischen dir und deinem Vater ist?* Doch natürlich sagte sie nichts, sondern hielt ihn nur genauso umschlungen wie er sie.

„Du bist so klein und doch so stark", murmelte er. „Es gelingt dir, mein Herz wieder froher zu machen." Er versuchte zu lachen, als er es sagte. Doch es klang kläglich.

„Wenn mir das gelingt", antwortete sie, „kann ich nur stolz sein, wenn du in deiner Müdigkeit zu mir kommst."

„Erzähle mir, wie es dir heute gegangen ist", lenkte er ab.

„Ich hatte einen guten Tag", antwortete sie. Von der leichten Schwäche am Vormittag sagte sie nichts. Aquila hatte seine eigenen Probleme, mit denen er fertig werden mußte. „Ich habe meine Großeltern besucht."

„Das freut mich. Hast du ihnen von dem Kind erzählt?"

„Sie sind ganz glücklich darüber. Meine Großmutter klatschte vor Freude in die Hände. Urgroßmütter sind selten, weißt du?"

„Und dein Großvater?"

Sie war nicht sicher, ob es ihn wirklich interessierte. Doch ihre Stimme würde ihn beruhigen. Deshalb erzählte sie: „Ich habe meinen Großvater noch nie so aufgeregt gesehen. Mit mir war er immer sehr streng. Doch ich glaube, das Baby wird er sehr verwöhnen."

„Worüber unterhaltet ihr euch die ganze Zeit, dein Großvater und du?" Diese Frage hatte Aquila noch nie gestellt.

„Wir reden über viele Dinge", antwortete sie langsam. „Er erzählt aus seiner Jugend, wie es in Gallien gewesen ist. Dort würde ich nicht so ungewöhnlich aussehen, meint er, denn dort haben viele Leute blaue Augen und blondes Haar."

Gewöhnlich verteidigte er ihre Haarfarbe sehr schnell, wenn sie das einmal erwähnte. „Du bist genau richtig", sagte er dann voller Eifer. „Wer würde sich ein Mädchen mit schwarzem Haar und schwarzen Augen wünschen, wenn er dich haben könnte?" Doch heute sagte er nichts. Sie spürte, daß er nicht einmal richtig zuhörte.

Da kann man nichts machen, dachte sie. *Aber wir lieben uns trotzdem.* Sie schmiegte sich noch enger an ihn und suchte mit ihren Lippen seinen Mund. Sie spürte, wie er sich nun doch von den Problemen das Tages ab- und ihr zuwandte. Am nächsten Tag, so beschloß sie, würde sie versuchen, im Bad mit Marta zu sprechen. Sie wollte herausfinden, was Marta über diese Versammlungen wußte, zu denen Aquila in letzter Zeit ging.

9. Kapitel

„Ich weiß nicht viel von den Versammlungen", erklärte Marta. „Cordelius geht regelmäßig dahin, das stimmt, aber ich sehr selten."

„Aber mein Großvater sagt, daß bei den Bekehrten gewöhnlich auch die Familien getauft werden." Priscilla hatte sich in ein Tuch gehüllt und trocknete sich damit ab. Sie war froh, für heute dem kalten Wasser des Frigidariums entkommen zu können; an Vorfrühlingstagen, wenn es draußen noch feucht und recht kühl war, machte es keinen Spaß. Priscilla überlegte sorgfältig, ehe sie weitersprach. „Und soviel ich weiß, ist Cordelius ein Bekehrter, und du doch dann sicherlich auch."

Marta blickte sich vorsichtig um. „Es ist nicht klug, so laut über diese Dinge zu sprechen", flüsterte sie. „Es gibt eine Anzahl Leute, die sich über diese neuen Lehren sehr ärgern."

Doch Priscilla gab nicht nach. „Aber bist du auch getauft worden?" fragte sie.

Marta nickte. „Natürlich. Mein Herr hatte sich schon bekehrt und war getauft, ehe wir heirateten. Er hat mich dann gleich unterwiesen, worum es sich dabei handelt, und sobald es nach unserer Hochzeit eine Möglichkeit gab, wurde ich auch getauft."

„Aber glaubst du auch, was dort gesagt wird?" bohrte Priscilla weiter.

„Sicher, ich glaube schon", antwortete Marta zögernd. „Natürlich nicht so fest wie mein Mann. Ich habe ja alles noch nicht so gut verstanden wie er. Cordelius hat mir gesagt, es würde genügen wenn ich glaube, daß dieser Jesus unser Messias und Erlöser ist. Im übrigen ist dies wohl mehr eine Sache für Männer. Ich rede sonst auch nicht darüber, eben weil ich nicht viel davon verstanden habe. Und außerdem will ich meine Eltern nicht verärgern, die anderer Meinung sind. Ich denke einfach nicht darüber nach."

Aber ich würde darüber nachdenken wollen, überlegte Priscilla. *Ich würde genau verstehen wollen, warum ich mich taufen lassen soll. So sehr ich Aquila auch liebe, dies ist eine Sache, die ich selbst entscheiden muß.*

Marta versuchte das Thema zu wechseln. Eifrig fragte sie: „Mein Gatte hat mir erzählt, du wirst ein Kind haben. Warum hast du mir nichts davon gesagt?"

Priscilla war erstaunt. „Wieso weiß dein Mann das?"

Marta kicherte. „Mein Gatte sagt, Aquila prahle überall damit herum, und zwar in einer Weise, als sei er der einzige Mann, der so etwas fertigbrächte."

Nun mußte auch Priscilla lachen. „Ich habe dir noch nichts gesagt, weil wir erst seit kurzem darüber sicher sind. Auch meinen Großeltern habe ich es erst gestern erzählt."

„Ich beneide dich", gestand Marta. „Ich wünschte, ich wäre auch schwanger."

„Das kommt sicher noch", tröstete Priscilla. „Habe nur Geduld."

Diese Art von Unterhaltung liebt Marta viel mehr, stellte Priscilla im stillen fest. Da ist sie voller Eifer. Wenn es aber um ernstere Dinge geht, hat sie kaum Interesse. Marta war eine Jahwe-Gläubige, weil ihre Eltern es vorher schon gewesen waren. Nun war sie eine Nachfolgerin dieses Jesus geworden, weil ihr Mann es war. Es ist natürlich viel einfacher, dachte Priscilla. Aber ich könnte es nicht so machen.

Aquila saß unter den Männern, die dem zuhörten, was Phineas berichtete und lehrte. Wie üblich, wenn er von diesem Jesus von Nazareth hörte, fühlte er, daß sein Herz davon gepackt wurde. Bis jetzt war er aus Respekt vor seinem Vater auf diese Gefühle noch nicht eingegangen. Erst gestern abend war Ruben wieder sehr zornig gewesen dieserhalb. *Es wäre nun leicht,* überlegte Aquila, *aus Trotz zu Phineas zu gehen und um die Taufe zu bitten. Aber dies ist nicht der richtige Grund, um sich taufen zu lassen.* Das war ihm von Anfang an klar gewesen.

Doch wenn er nicht aus Trotz zu Jesus kommen konnte, war es auch nicht möglich, sich aus Respekt vor seinem Vater von Ihm fernzuhalten. Jesus erwartete von allen, die an Ihn als den langerwarteten Messias und Erlöser glaubten, eine völlige Übergabe des Lebens. *Und ich glaube schon eine ganze Zeit an Ihn,* mußte Aquila sich eingestehen. Was Phineas erzählt, ist wohl die Wahrheit, die ich mein ganzes Leben gesucht habe. Deshalb habe ich mich mit den Mithras-Anhängern eingelassen und auch oft so viele Fragen über die Götter Roms gestellt. Aber jetzt habe ich die Wahrheit gefunden.

Diese Gedanken erfüllten Aquila mit einer tiefen Ruhe. Bisher hatte ihn die Achtung vor seinem Vater noch gehindert, sich offen zu seinem Glauben zu bekennen. Aber unter Phineas' Worten erfüllte ihn plötzlich eine große innere Gewißheit. Der Zorn seines Vaters störte ihn nicht mehr. Es würde ihm nichts ausmachen, wenn die ganze Welt zornig wäre. Er hatte Frieden gefunden in Jesus, der sein Erlöser war. Da ließ sich der Zorn der anderen getrost ertragen.

Aquila hob die Hand. Ohne sich um die anderen Zuhörer zu kümmern, rief er: ,,Ich möchte getauft werden!"

Phineas' Gesicht strahlte. ,,Ehre sei Gott!" rief er und schüttelte Aquilas Hand. Auch Cordelius tauchte neben ihm auf und legte den Arm um Aquilas Schulter. Noch andere Männer drängten sich zu ihm und gaben ihrer Freude Ausdruck. Dann drehte er sich um und blickte seinen Onkel Josua an, auf dessen Gesicht eine seltsame Mischung von Anerkennung und Sorge zu lesen war.

,,Dein Vater wird sehr zornig sein", sagte Josua nachdenklich.

,,Mein Vater ist schon zornig", erwiderte Aquila. ,,Doch ich muß es einfach tun. Ich kann meine Überzeugung nicht länger aus Angst vor meines Vaters Zorn verbergen."

„Ich muß allein mit dir reden", drängte Josua. „Kommst du mit mir?" Die beiden erhoben sich.

Phineas hielt sie auf. „Am Tag nach dem Sabbath werden wir frühmorgens eine Taufe am üblichen Platz am Fluß haben. Wirst du dann kommen? Du mit deiner Familie?"

Meine Familie? dachte Aquila. *Ich habe keine Familie, nur Priscilla. Aber wir werden uns zusammen taufen lassen.*

Phineas drängte: „Zögere nicht, mein Freund. Ist erst die Entscheidung getroffen, muß die Tat folgen."

Aquila nickte. „Einverstanden. Wir werden dort sein, meine Frau und ich. Doch ich möchte gern noch allein mit dir sprechen. Wird das möglich sein?"

„Zu jeder Zeit stehe ich dir zur Verfügung."

„Jetzt nicht." Aquila sah zu Josua. „Ich muß jetzt mit meinem Onkel gehen. Vielleicht heute am späten Nachmittag. Ich komme dann zu dir."

„In Ordnung", stimmte Phineas zu und schüttelte nochmals Aquilas Hand. „Er ist auferstanden und Er ist Herr", sagte er warm. „Gottes Segen ruht auf dir, weil du zum Glauben gekommen bist."

Aquila nickte schweigend und folgte dann seinem Onkel.

„Segen oder Fluch", meinte Josua, „dein Vater wird es jedenfalls nie akzeptieren. Was glaubst du, weshalb ich mich bisher noch nicht habe taufen lassen?"

„Du glaubst?" fragte Aquila.

„Ich glaube", nickte Josua ernst. „Ich tanze oder singe nicht in meinem Glauben, aber ich kann mich auch nicht von Jesus abwenden, sondern bin wirklich von Ihm ergriffen. Ich bin aber nicht sicher, ob ich den Mut habe, das auch deinem Vater zu sagen. Mit meinem älteren Bruder war noch nie gut Kirschen essen."

„Aber wenn wir glauben, erwartet Jesus, daß wir zuerst Ihm treu sind", argumentierte Aquila. „Wenn Er der Messias ist, müssen wir auch bereit sein für Ihn zu sterben."

„Und bist du es?" fragte Josua.

„Ja", nickte Aquila, zuerst zögernd, dann aber fester: „Ja, ich bin bereit für Ihn zu sterben."

„Und deine Frau?" wollte Josua wissen.

„Priscilla?" meinte Aquila kopfschüttelnd. „Sie ist meine Frau und völlig gehorsam. Sie wird natürlich tun, was ich ihr sage."

Josua schüttelte den Kopf. „Ich weiß nicht recht. Kara jedenfalls wird sehr laut schreien und jammern. Sie wird darauf hinweisen, daß mein Bruder mich dann vielleicht nicht mehr für sich arbeiten läßt. Sie wird ihre Freundschaft mit deiner Mutter nicht in Gefahr bringen wollen. Jedenfalls wird sie eine Menge Lärm machen. Und ich kann es nicht ertragen, wenn sie weint."

„Würdest du es wagen, deine Erlösung auf's Spiel zu setzen, nur des Lärms einer Frau wegen?" fragte Aquila staunend.

Josua nickte. „So wie du bisher deine riskiert hast, um deines Vaters Zorn willen. Deine Furcht, das Haus verlassen zu müssen, ist so groß wie meine."

Aquila wurde rot. „Mein Vater kann sein Geschäft ohne uns nicht weiterführen", sagte er. „Er hat sonst niemand ausgebildet, der weiß, wie man Häute bearbeitet und schneidet und Zelte näht. Ganz gleich, wie zornig er ist, er wird uns nicht entlassen, sonst müßte er sein Geschäft schließen."

„Vielleicht gibt er uns weiter Arbeit und Brot, aber er wird nicht mehr mit uns reden", überlegte Josua.

Aquila nickte besorgt. Das war natürlich möglich, wie er seinen Vater kannte. „Wir können gewiß für ihn beten", meinte Josua, „aber wir haben keine Garantie, daß Gott ihn verändern kann."

„Wir werden darüber noch nachdenken und sprechen müssen", bestätigte Aquila. „Wenn du aber meinst, es ist besser, noch nichts zu sagen, warten wir noch einige Tage. Ich kann in der Zwischenzeit schon mit Priscilla darüber reden."

„Es wird besser sein wir warten, bis Gott uns zeigt, wie wir vorgehen sollen", bestätigte Josua. „Doch jetzt müssen wir uns beeilen, damit wir rechtzeitig in der Werkstatt zurück sind. Wir sollten Ruben nicht auch noch mit Unpünktlichkeit verärgern."

Aquila nickte. Die Worte seines Onkels hatten seinen Eifer ein wenig gedämpft. Aber er war trotzdem fest entschlossen, sich taufen zu lassen. Nur wollte er den rechten Zeitpunkt abwarten, um mit seinem Vater darüber zu reden und sich von Gott die nötige Weisheit dazu schenken lassen."

Später am selben Nachmittag hörte Priscilla plötzlich laute Stimmen an der Tür zum Atrium. Auch ihr Name wurde erwähnt. Ihr war, als griffe eine kalte Hand nach ihrem Herzen. Irgend etwas war nicht in Ordnung. Schon die ganze Zeit hatte sie eine innere Unruhe verspürt, diese aber auf Gefühle, die mit der Schwangerschaft zusammenhingen, geschoben. Als sie jetzt ins Atrium trat, eilte Sarah mit ausgebreiteten Armen auf sie zu und zog sie an sich. Dann erblickte Priscilla auch die alte Dena, die Sklavin ihrer Großeltern, die weinend im Atrium stand. „Was ist geschehen?" fragte Priscilla.

„Vergiß nicht das kommende Kind", sagte Sarah mahnend. „Gib dir um des Kindes willen Mühe, nicht zu sehr zu erschrecken."

„Aber was ist denn?" rief Priscilla. „Ist etwas mit Großvater? Bitte, Dena, sage mir, daß es Großvater gut geht!"

Dena schüttelte den Kopf. Unter fortwährendem Schluchzen brachte sie endlich mühsam heraus: „Er ist tot."

Priscilla war, als bräche die Welt zusammen. Wände und Decke des Atriums verschwammen vor ihren Augen. Sie hörte Klagen und Stöhnen und brauchte einige Augenblicke, bis sie sich bewußt wurde, daß sie selbst es war, die so jammerte.

Sarah führte sie zu einer Kautsch und drückte sie sanft in die Kissen. „Du solltest es ihr vorsichtiger gesagt haben", tadelte sie Dena."

„Sie hatte sich doch auch nicht unter Kontrolle", versuchte Priscilla die alte Sklavin zu verteidigen. Dann rief sie wieder: „Ach, nicht Großvater! Bitte, Gott, nicht er!"

„Er ist ohne Schmerzen gestorben", versuchte Sarah zu trösten.

„Eben sprach er noch zu deiner Großmutter, und im nächsten Augenblick war er tot."

Doch als Priscilla das Wort *Großmutter* hörte, erhob sie sich. „Meine Großmutter!" rief sie. „Ich muß zu ihr gehen. Sie wird mich brauchen!"

„Deine Eltern sind schon bei ihr", hat die Sklavin gesagt. „Du solltest dich jetzt ausruhen."

Priscilla schüttelte den Kopf. „Nein. Bitte, laß mich gehen. Ich möchte jetzt bei ihr sein."

„Also gut, ich werde Teris sagen, er soll dich begleiten", nickte Sarah. „Du kannst doch nicht allein mit dieser alten Frau gehen."

Während Sarah zur Küche ging, um Teris zu holen, wandte sich Priscilla an Dena und sagte: „Vielen Dank, Dena, daß du gleich gekommen bist."

Die alte Frau nickte. „Man wollte es dir eigentlich noch nicht sagen, sondern dich deiner Schwangerschaft wegen schonen", murmelte sie schluchzend. „Da bin ich einfach losgelaufen."

Sarah kehrte mit Teris zurück, der Priscilla voll Mitleid betrachtete. „Hier", sagte Sarah und reichte Priscilla einen weißen Umhang. „Lege das über den Kopf und die Schultern und verhülle damit auch dein Gesicht. Weiß ist die richtige Farbe für eine Trauernde. Soll ich dich begleiten?"

Priscilla legte den Umhang über ihr Haar, umarmte ihre Schwiegermutter und schluchzte: „Du bist so gut zu mir, aber würdest du es verstehen, wenn ich jetzt allein gehen möchte? Teris wird gut achtgeben. Und ich . . ., ich möchte jetzt mit meiner Großmutter und meinen Eltern allein sein. Kannst du das verstehen?"

Sarah strich ihr beruhigend über den Kopf. „Sicher kann ich das. Ich werde auch schnellstens deinen Gatten benachrichtigen. Mache dir bitte über nichts weiter Sorgen."

Nochmals umarmte Priscilla ihre Schwiegermutter. „Vielen Dank", flüsterte sie. „Aber beunruhige meinen Herrn nicht unnötig. Wenn er am Abend heimkommt, ist es noch früh genug, daß er es erfährt. In der Zwischenzeit werde ich meine Großmutter trösten so gut ich kann. Vielleicht wird mein Herr gestatten, daß ich über Nacht bei ihr bleibe. Sie mag es nötig haben."

„Bleibe, solange du gebraucht wirst", antwortete Sarah. „Entscheide es selbst. Ich werde schon mit deinem Gatten darüber reden. Nur denke daran, daß du schwanger bist und nichts tun solltest, was dem Kind schaden könnte."

Priscilla begann von neuem zu weinen. „Großvater war so glücklich, als ich ihm von dem Kind erzählte", schluchzte sie.

„Dann tröste dich selbst auch damit", versuchte Sarah sie zu ermutigen. „Sei dankbar, daß du ihm dies noch vor seinem Tod berichten konntest."

Priscilla nickte, doch Trost war ihr das nicht. Wer konnte wohl auch verstehen, daß der Tod ihres Großvaters der schlimmste Schlag war, der sie treffen konnte. Denn niemand hatte sie so gut verstanden wie Markus Justinius. *Ich kann es einfach nicht ertragen,* dachte sie, als sie sich mit Dena auf den Weg machte. Teris folgte den beiden Frauen auf ihrem traurigen Weg. Sarah blickte ihnen nach, solange sie noch zu sehen waren.

10. Kapitel

Großvater ist tot! Diese Worte bohrten sich jeden Morgen, wenn Priscilla erwachte, immer zuerst in ihre Gedanken. Die Beerdigung war vor fünf Tagen gewesen, und heute war Sabbath, doch ihr Kummer war noch genauso groß wie in dem Augenblick, als Dena gekommen war und die schreckliche Nachricht verkündigt hatte.

Priscilla sehnte sich nach ihrer Großmutter und ihren Eltern. Doch die eigentliche Wurzel ihres Leides war der Verlust, den sie selbst erlitten hatte. Immer wieder tauchten in ihren Gedanken Fragen auf, die nur ihr Großvater hätte beantworten können. Sie wußte niemand anders, mit dem sie hätte darüber sprechen können. Ihr war, als habe sie ein fremdes Land betreten, in dem niemand die gleiche Sprache sprach wie sie.

Aquila bewegte sich neben ihr. Schnell drehte sie den Kopf weg, damit er ihre Tränen nicht sah. Sie hatte ihren Kummer so sehr verborgen wie sie konnte, obwohl es ihr unmöglich gewesen war, in ihrer üblichen Weise zu lachen und fröhlich zu sein. Mehrere Tage war sie bei ihrer Großmutter geblieben — ein Vorrecht, das sie kaum zu hoffen gewagt hatte. Als sie zurückkehrte, hatte Aquila sie mit Freundlichkeit und Verständnis begrüßt. Sie hatte seine Zurückhaltung sehr zu schätzen gewußt.

Nun machte sie Anstalten aufzustehen, doch da griff Aquilas Hand nach ihr. Ihr Herz sank. Sie war sicher, daß sie sich im Augenblick der Freude ihrer Liebe nicht so hingeben konnte wie früher; doch sich ihm zu entziehen würde bedeuten, das Versprechen, das sie am Tage ihrer Hochzeit gegeben hatte, zu verleugnen.

„Priscilla", begann Aquila zögernd, „ich muß mit dir reden. Ich habe um deines Kummers willen so lange gewartet wie möglich, doch heute muß es sein. Willst du mir zuhören?"

Sie wischte die Tränen ab und wandte sich ihrem Gatten zu. Eine Unterhaltung schien erträglich zu sein. „Ja", sagte sie und blickte ihn an.

Sein Gesichtsausdruck war freundlich, als er ihr den Rest der Tränen abwischte. „Ich möchte dich nicht noch mehr belasten", sagte er zögernd, „denn ich kann mir vorstellen, wie du innerlich fühlst. Doch ich kann nicht mehr länger warten. Morgen früh soll ich getauft werden auf meinen Glauben, daß Jesus von Nazareth der verheißene Messias und unser Erlöser ist. Ich werde damit einer von denen, die man die „Nachfolger des Weges" nennt. Dabei sollte meine Familie auch mit getauft werden. Im Augenblick bist nur du meine Familie. Du sollst dich also darauf vorbereiten und mit mir morgen früh zum Fluß gehen. Deshalb will ich es dir erklären."

Sie fühlte, wie sie sich versteifte. „Ich verstehe dich nicht", sagte sie.

„Hast du noch nichts von dem neuen Glauben gehört, der sich auch in der Gemeinde unserer Synagoge ausbreitet? Ich dachte, du wüßtest davon."

„Ein wenig habe ich darüber gehört", antwortete sie ungeduldig. „Großvater hat kurz mit mir davon gesprochen. Ich weiß, daß Cordelius und Marta zu dieser neuen Bewegung gehören. Doch ich weiß ganz gewiß nicht genug, um mich selbst dort taufen zu lassen."

Aquila war schockiert. „Du brauchst auch nicht mehr zu wissen", erklärte er. „Ich bin dein Gatte und verstehe, worum es geht. Das genügt doch."

Priscilla blickte ihren Gatten fest an. In gewisser Weise war der Mann neben ihr immer noch ein Fremder, obwohl sie jede Kleinigkeit in seinem Gesicht kannte. „Du verstehst mich nicht", begann sie endlich. „Ich kann so etwas nicht einfach aus blindem Gehorsam tun. Ich kann mich einer solchen Sache wie dieser Taufe nicht unterziehen, wenn ich dabei nicht verstehe, worum es geht."

„Aber Frauen denken gewöhnlich nicht über solche Dinge nach", begann Aquila.

„Vielleicht nicht alle Frauen", erwiderte Priscilla und mußte dabei an Marta denken. „Doch ich bin nicht irgendeine Frau. Ich bin eben ich. Mein Großvater hat..." Sie kam nicht weiter, weil die Tränen sie wieder überwältigten. Sie schämte sich. Hatte sie nicht versprochen, eine gute Ehefrau zu sein? Und nun kam ihre alte Hartnäckigkeit wieder zutage.

Aquila zog sie tröstend an sich. „Ich hätte dich nicht so bald mit diesem Thema belästigt", murmelte er, „aber morgen ist nun einmal der Tag, an dem die Taufe sein soll."

Sie bemühte sich um Fassung. „Aber ich kann einfach nicht", sagte sie endlich, „ehe ich nicht mehr weiß über diesen Jesus. Ich muß erst verstehen, warum diese Taufe notwendig ist. Es tut mir leid, mein Herr, ich würde in anderen Sachen, die weniger wichtig sind, nie ungehorsam sein. Doch mein Großvater hat mir gesagt, daß auch ich einen Verstand und ein Herz habe und daß mein Glaube von innen, aus meiner Seele, kommen muß und nicht von außen bestimmt werden kann. Sein Glaube, so sagte er immer, könne in mir keinen Glauben erzeugen, sondern ich müsse selbst Glauben fassen können. Es tut mir leid, mein Herr."

Aquila war verunsichert und ein wenig verärgert. „Mir ist nie der Gedanke gekommen, daß du meine Entscheidung infrage stellen könntest", murmelte er.

„Ich stelle sie nicht für dich infrage, mein Herr, sondern nur für mich."

„Aber du bist meine Frau", widersprach er.

„Ja, mein Herr, und dafür bin ich dankbar. Aber eben deine Frau, nicht nur ein Anhang deines eigenen Lebens."

Die beiden blickten sich an. Priscilla entschlossen, und Aquila etwas verwirrt. „Ich könnte dich zwingen", sagte er endlich.

„Ja, mein Herr." Ihre Stimme hatte einen sarkastischen Ton. „Du könntest mich schlagen."

Sein Gesicht verfinsterte sich, und sie erkannte, daß er zum ersten Mal wirklich zornig war. „Ich habe es Phineas versprochen", erklärte er. „Ich würde wie ein Narr dastehen."

„Es gibt sicher noch eine andere Gelegenheit, mein Herr. Wenn es verschoben werden könnte, hätte ich die Möglichkeit zu lernen, worum es geht."

„Aber zu den Versammlungen während der Mittagszeit kommen keine Frauen."

„Aber du könntest mir alles erklären, mein Herr, und mich zu anderen Versammlungen mitnehmen, zu denen auch Frauen kommen."

„Du sollst mich in unserem eigenen Raum nicht *mein Herr* nennen", grollte er und fuhr dann zögernd fort: „Ich kann dich einfach nicht verstehen." Dem Tonfall seiner Worte war anzuhören, wie es in ihm arbeitete.

„Ich weiß", nickte sie. „Vielleicht habe ich dich ja ein wenig hintergangen, weil ich dir bisher nie meine harte Seite gezeigt habe."

„Und jetzt?"

Sie wählte ihre Worte sorgfältig. „Nun, wir unterhalten uns doch jetzt über mein Seelenheil, nicht wahr? Und neben deinem Seelenheil ist das für mich die wichtigste Sache in meiner Welt."

„Von der Seite habe ich es noch nicht betrachtet", gab Aquila zu. Er schwieg eine ganze Weile, ehe er sagte: „Weißt du was? Ich werde Phineas heute zum Gottesdienst in der Synagoge fragen, ob ich nicht an einem anderen Tag getauft werden kann. Vielleicht in einigen Wochen. Aber er wird sich dann vielleicht über mich wundern."

Ihr war klar, welch großes Entgegenkommen das war. „Sage ihm nicht, ich sei dickköpfig", bat sie. „Sondern sage ihm, es sei meines Großvaters wegen; was ja auf eine Weise auch stimmt. Und es sei auch wegen des kommenden Kindes. Er wird dann denken, Frauen seien eben töricht und schwach und wird nicht dir die Schuld geben."

„Und wenn er bereit ist die Taufe zu verschieben?" fragte Aquila. „Wenn ich dir alles erkläre, was ich über Jesus weiß und du in anderen Versammlungen selbst mehr davon hörst und dann doch nicht glauben kannst? Was dann?"

„Dann, mein Herr", sagte sie entschlossen, „wirst du dich vielleicht von mir scheiden lassen müssen."

Aquilas Gesichtsausdruck hätte sie fast veranlaßt, sich zu entschuldigen. Ihre Offenheit, mit der sie ihren Standpunkt verteidigt hatte, verdichtete sich jetzt zur Hartnäckigkeit. „Dann soll es so sein", antwortete Aquila kurz und verließ das Bett.

Sie begriff, daß sie zu weit gegangen war und spürte, wie Befürchtungen ihr Herz ergriffen. Schnell sagte sie: „Aber ich bitte dich, daß du dir alle Mühe gibst mich zu belehren, ehe es soweit kommt."

„Aber wirst du zuhören?"

„Mit offenen Sinnen und offenem Herzen", versprach sie fest.

Schon saß er wieder neben ihr. „Ich hätte nicht so ärgerlich werden sollen", lenkte er ein. „Jesus hat immer von Liebe und Geduld gesprochen und davon, man solle die andere Wange auch noch hinhalten."

„Die andere Wange auch hinhalten?" fragte sie erstaunt.

„Es wird eine ziemliche Aufgabe werden, dich zu belehren", sagte er beruhigend. „Ich werde dafür um viel Weisheit beten müssen. Aber wenn Jesus mir dabei hilft..."

„Du sagtest, Er sei gestorben", unterbrach sie ihn. „Wie kann Er dir dann helfen?"

Aquila antwortete leise: „Aber Er ist nicht mehr tot. Er ist von den Toten auferstanden."

„Mache dich nicht lustig über mich", meinte sie ärgerlich. „Niemand stirbt und lebt nachher wieder. Glaubst du, ich weiß nicht was tot sein bedeutet? Ich habe es an dem erstarrten Körper meines Großvaters gesehen."

Plötzlich hörten sie Rubens Stimme laut durch das Haus schallen. „Ich kann dir jetzt nichts weiter erklären", sagte Aquila hastig. „Mein Vater wird ärgerlich, wenn ich zu spät zum Frühstück komme. Wir müssen uns fertig machen, um zur Synagoge zu gehen. Später unterhalten wir uns."

Sie konnte nur nicken, weil es in ihren Gedanken zu sehr durcheinander ging. Entweder erzählte Aquila Dummheiten, oder es gab hier eine Wahrheit zu entdecken, die einfach zu wunderbar war, um sie gleich begreifen zu können.

„Noch etwas", sagte Aquila warnend. „Sage niemand im Hause etwas von unserem Gespräch. Mein Vater weiß, daß ich zu diesen Versammlungen war und ist zornig darüber. Er hat mir verboten, je wieder hinzugehen."

„Verboten, und trotzdem gehst du?" staunte Priscilla. „Gegen deines Vaters Willen?"

„Die Hingabe, die Jesus fordert, ist größer als der Gehorsam dem irdischen Vater gegenüber", sagte Aquila ernst.

Die Worte packten Priscillas Herz. Wenn soviel gefordert wurde, war es vielleicht das, wonach auch sie schon lange suchte. Doch sie sagte nur nüchtern: „Komm, wir wollen deinen Vater nicht warten lassen."

Die Gelegenheit, um sich weiter zu unterhalten, kam für Aquila und Priscilla nicht so bald. Noch ehe der Sabbath vorüber war erfuhren sie, daß Linia durch den Kummer um ihren verstorbenen Gatten sehr krank geworden war. Priscilla sollte für sie sorgen, da Flavia selbst noch unter Erschöpfung litt.

Priscilla wurde hin und her gerissen. Sie war dankbar, daß ihre Großmutter nach ihr fragte. Auf der anderen Seite bereute sie es, daß sie nun Aquila nicht zuhören konnte. Sie wußte, daß die Taufe um einige Wochen verschoben worden war, doch sonst wußte sie noch nichts weiter. Aber vielleicht konnte Aquila sie im Hause ihrer Großeltern besuchen. Linia war so schwach, daß sie früh zu Bett gehen würde. Da hatten sie sicherlich Gelegenheit, sich ungestört zu unterhalten.

Am dritten Tag stand Aquila plötzlich an der Haustür. „Willst du mich wieder nach Hause holen, mein Herr?" fragte sie. Gern hätte sie sich jetzt in seine Arme geworfen, doch ihr unüberlegtes Wort von der Scheidung stand zwischen ihnen.

„Nein", antwortete er. „Ich bin gekommen, um zu fragen, ob deine Großmutter mich aufnehmen würde?"

Sie stand wie versteinert. „Dich aufnehmen?"

„Mein Vater hat mich aufgefordert das Haus zu verlassen", erklärte er tonlos.

Erst jetzt bemerkte sie, daß er immer noch auf der Schwelle stand. Mit einer Handbewegung lud sie ihn ein und schloß die Tür hinter ihm. „Warum, mein Herr", fragte sie, „ist es des neuen Glaubens wegen?"

„Natürlich, nichts anderes könnte mich mit meinem Vater entzweien. Er will einfach nicht zuhören zu allem, was gesagt und erklärt wird. Er sagt nur immer wieder, ich sei ein Abtrünniger und Gotteslästerer und müsse aus dem Haus."

„Aber was sagt deine Mutter dazu?"

„Meine Mutter ist eine gehorsame Frau, deshalb sagt sie nichts", antwortete Aquila. Priscilla anschauend, fügte er hinzu: „Aber sie wird dich vermissen, denn sie hat dich sehr lieb gewonnen."

„Aber du bist doch noch gar nicht getauft", wandte Priscilla ein.

„Vater weiß, daß ich die Absicht habe. Und ich werde es tun."

Mit mir oder ohne mich, dachte Priscilla und zog ihn in das Atrium. „Setz dich ein wenig. Ich werde gleich mit Großmutter reden. Sie ist sicher einverstanden. Aber ich muß es ihr erst sagen."

Aquila machte einen so bestürzten Eindruck, daß sie nicht anders konnte, als ihn in die Arme zu schließen. „Sorge dich nicht, mein Lieber", flüsterte sie. „Es wird schon alles gut werden."

Er stöhnte und zog sie noch fester an sich. „Alles schien so wunderbar zu sein, seit wir geheiratet haben", seufzte er. „Ich dachte, mein Leben sei nun einfach perfekt. Du und das Kind, das wir erwarten. Und nun scheint alles zu zerfallen."

„Ist dieser Jesus das wert, den du erwählt hast?" fragte sie.

Aquila schwieg einige Augenblicke. Doch als er antwortete, klang seine Stimme wieder fest: „Ja, Er ist es wert!"

Wieder wurde sie von seiner Überzeugung beeindruckt und meinte: „Dann mußt du mir alles erzählen, was du über Ihn weißt. Doch jetzt will ich erst mit Großmutter reden."

Linia Justinius öffnete ihre Villa und ihr Herz den beiden Vertriebenen. „Jetzt weiß ich wenigstens wieder warum ich lebe", versicherte sie Priscilla. „Aquila kann der Hausherr sein, und ich werde für das kommende Kind leben."

Da sie noch sehr schwach war, zog sie sich während der nächsten Wochen immer gleich nach dem Abendessen in ihr Zimmer zurück. So hatten Aquila und Priscilla reichlich Zeit, allein im Atrium zu sitzen und sich zu unterhalten. Aquila erzählte immer wieder von Jesus. Jedes Mal betonte er dabei eine andere Seite Seiner Lehren. Auch Phineas wurde mehrere Male zu Versammlungen im Haus eingeladen, bei denen Priscilla aufmerksam zuhörte. Anschließend hatte sie immer viele Fragen, die Aquila beantworten mußte.

„Mir scheint, Jesus hatte ungewöhnlichen Respekt vor Frauen?" fragte Priscilla einmal. „Er heilte sie und sprach mit ihnen; und Frauen waren die ersten, die von dem leeren Grab berichteten."

„Ich glaube schon", antwortete Aquila. „Doch das ist nicht besonders wichtig. Worauf es wirklich ankommt ist, daß Er für uns starb und von den Toten auferstand. Und so können auch wir mit Ihm nach dem ewigen Leben Ausschau halten."

Sie nickte. „Das habe ich sehr wohl verstanden. Zu denken, ich könnte Großvater wiedersehen . . ." Ihre Stimme versagte einen Augenblick. Doch dann fuhr sie fort: „Sage nicht, er sei nie getauft worden. Hätte er mehr davon gewußt, würde er sicher geglaubt haben."

„Wahrscheinlich hätte er geglaubt", stimmte Aquila zu. „Er hat mir oft Fragen gestellt und war nie ablehnend."

Priscilla überlegte: *Wenn alles, was sie von Aquila und anderen mittlerweile gehört hatte, der Wahrheit entsprach, und daran zweifelte sie nicht mehr, dann war Jesus die Antwort auf all die Fragen, die bisher für sie immer offen geblieben waren und die auch ihr Großvater nicht hatte beantworten können.* Sie wandte sich Aquila zu. „Ich bin bereit, mein Herr", sagte sie. „Wenn du dich taufen läßt, dann gehe ich mit dir, denn Jesus ist auch mein Erlöser und Herr."

Aquila strahlte. „Also haben meine kümmerlichen Versuche, dich zu unterrichten, doch etwas bewirkt."

So kümmerlich waren sie gar nicht, dachte sie. *Aquila hat einiges von der Begabung meines Großvaters, andere Menschen in der rechten Weise zu belehren.* Laut sagte sie: „Hätte ich gewußt wie weise du bist, wäre mir kaum eingefallen, deinem Entschluß zu widerstreben."

Aquila antwortete: „Und mir ist mittlerweile klar geworden, daß man niemand befehlen kann, an Jesus zu glauben und Ihm zu folgen. Das muß jeder Mensch für sich allein entscheiden."

Sie schauten sich lächelnd an und waren beide dankbar für das gegenseitige Verständnis.

11. Kapitel

Aquila saß still und aufmerksam in der Synagoge. Die Sabbathgottesdienste waren für ihn immer Höhepunkte der Woche. Und das sollte so bleiben. Phineas hatte versichert, Jesus sei jeden Sabbath in die Synagoge gegangen und sei gekommen, das Gesetz zu erfüllen, nicht um es aufzuheben. Aquila wollte ein treuer Jahwe-Gläubiger bleiben, so aufrichtig, wie er wünschte ein Nachfolger Jesu zu sein.

Doch er begann zu befürchten, daß dies vielleicht nicht möglich sein würde. Zu deutlich war zu sehen, daß alle, die glaubten was Phineas sagte, auf der einen Seite beisammen saßen, während die anderen, Ruben unter ihnen, sich bewußt ein wenig von ihnen entfernt hielten. Es gab keine Begrüßung zwischen den beiden Gruppen, keine Gespräche und keine Wärme.

Es sollte nicht so sein, dachte Aquila bekümmert. *Wir sollten uns so sehr lieben, daß wir in der Lage sind, Meinungsverschiedenheiten zu ertragen.* Er blickte zu seinem Vater in der Hoffnung, der ältere Mann würde einmal zu ihm schauen. Doch Ruben würdigte ihn keines Blickes. Gewiß, Aquila durfte noch immer für seinen Vater arbeiten. Da hatte sich seine Voraussage bewahrheitet, weil er ihn für sein Geschäft brauchte. Doch er sprach kein Wort mit seinem Sohn. Für notwendige Dinge mußte Onkel Josua der Überbringer sein.

„Wenn ich mich eines Tages für den Galiläer entscheiden sollte", hatte Josua geflüstert, „dann muß dein Vater extra einen Jungen einstellen, der uns seine Aufträge und Wünsche mitteilt."

Obwohl Aquila über die Worte gelacht hatte, bekümmerte ihn doch die Haltung seines Vaters immer aufs neue. Sein Blick ging von Ruben zu seinem Onkel Josua, der stets versuchte, in der Mitte zwischen den beiden Gruppen zu sitzen. *Das wird er nicht für immer können,* dachte Aquila verständnisvoll. *Er wird sich für die eine oder andere Seite entscheiden müssen.*

Die Zeit für das Lesen der Bibelstellen war gekommen. Cordelius erhob sich und ging nach vorn. Doch da erhob sich Ruben und sagte: „Ich weigere mich zuzuhören, wenn ein Irrlehrer aus den Heiligen Schriften liest."

Cordelius' Vater begann: „Mein Sohn glaubt fest an die Gesetze und Propheten. Er ist..."

Doch Ruben unterbrach ihn. „Hast du einmal den Dingen zugehört, die dein Sohn glaubt? Hast du gehört, was man dort sagt? Sie behaupten, dieser Jesus von Nazareth — ein gewöhnlicher Krimineller, wenn man nach der Art seines Todes urteilen soll —, dieser Jesus sei der Sohn Gottes." Sein Tonfall war bei den letzten Worten so verachtungsvoll, als spräche er ein gemeines Schimpfwort aus.

Unter den Männern, bei denen Cordelius gesessen hatte, wurden Proteste laut. Doch Ruben fuhr unbeeindruckt fort: „Dies ist ein Ort, an dem jene zum Gottesdienst zusammenkommen, die dem Gesetz folgen. Und wir sagen: Dieser Jesus ist ein Betrüger und Gotteslästerer. Alle, die uns nicht zustimmen, sollten uns jetzt verlassen." Rubens Stimme klang so entschlossen und voller Autorität, daß niemand antwortete.

Als erster erhob sich Aquila und ging dem Ausgang zu. Er blickte zu Priscilla hin, die sich ebenfalls sofort erhob. Kurz schaute sie besorgt zu Sarah und Flavia und folgte dann ihrem Gatten. Einer nach dem anderen der Freunde von Cordelius und Phineas folgten. „Wir können uns in meinem Haus versammeln und unseren Sabbathgottesdienst halten. Wenn wir zehn Männer sind, wird es reichen. Sind wir zehn?" erklärte Phineas draußen.

Aquila zählte schnell. Da waren nur neun Männer. Gerade wollte er Phineas die Zahl nennen, als plötzlich noch sein Onkel Josua aus der Tür trat. „Gehst du mit uns?" fragte Phineas.

Obwohl er bekümmert dreinblickte, nickte er und sagte fest: „Ich gehe mit euch." Er schaute zur Tür zurück. Aquila wußte, sein Onkel wartete auf seine Frau. Würde sie kommen? Und wenn nicht, was würde Josua tun?

Doch Kara kam. Ihre Augen blitzten ärgerlich, als sie Josua anfuhr: „Was hast du dir eigentlich dabei gedacht?"

Die Kummerfalten glätteten sich in seinem Gesicht. Erleichtert sagte er: „Ich werde es dir noch rechtzeitig erklären." Dann machte sich die Gruppe auf den Weg.

Die zehn Männer gingen mit ihren Frauen und Kindern schweigend zu Phineas' Haus. Dort begannen sie von neuem mit dem Lesen der heiligen Schriften. Anschließend trat Stille ein. Dies war nun eigentlich die Zeit, da der Rabbi begann, vor der versammelten Gemeinde die verlesenen Schriftworte auszulegen. Doch da war kein Rabbi anwesend. Nach einigen Augenblicken erhob sich Phineas und sagte: „Jesus ist auferstanden!"

„Er ist wahrhaftig auferstanden!" antworteten die Versammelten.

Sofort war alle Verlegenheit und Ungewißheit verschwunden. Die Anwesenden lauschten aufmerksam auf das, was Phineas ihnen berichtete.

„Es ging ja noch ganz friedlich ab", meinte Aquila, als er am Abend mit Priscilla allein war. „Da war kein zorniges Gezanke und auch keine Schlägerei."

„Am Sabbath würden sie sich doch nicht so benehmen", wunderte sich Priscilla.

„Sie haben es nicht getan. Aber sie haben ihre Söhne und ihre Freunde ohne einen Segen oder ein Lächeln weggeschickt", sagte Aquila traurig.

„Vielleicht werden sie uns eines Tages verstehen und erkennen, daß der Messias wirklich gekommen ist, wie Jesaja es vorausgesagt hat. Darauf können wir hoffen", ermutigte Priscilla ihn.

Aquila konnte sich immer noch nicht so recht daran gewöhnen, daß er in der Lage war, sich mit seiner Frau über Dinge zu unterhalten, über die sonst nur die Männer sprachen. Doch als er aufsah, lächelte sie ihn amüsiert an, so daß er ahnte: sie hatte seine Gedanken erraten. Er ergriff ihre Hände und sagte: „Du bist so lieb und so schön. Aber wie kann eine so schöne Frau gleichzeitig so klug sein?"

Sie schmiegte sich in seine Arme, und er gab ihr einen langen Kuß. Nach einiger Zeit rückte er wieder ein Stück ab und sagte: „Wir müssen uns auf die Taufe vorbereiten, und zwar mit Gebet und Enthaltsamkeit. Bist du bereit dazu?"

Sie nickte schweigend. Er fühlte: Sie waren sich so völlig einig, daß Worte nicht nötig waren. Aquila überlegte, daß Priscilla wohl von einer Sache zu überzeugen war, wenn man sie richtig erklärte, daß sie sich aber zu so wichtigen Dingen nicht zwingen ließ. Seine Mutter war da anders, sie überließ Ruben das Denken und gehorchte. *Vielleicht waren aber die Frauen in ihrem Wesen genauso verschieden wie es die Männer sind,* überlegte er. Dieser Gedanke war neu für ihn, und er würde noch darüber nachsinnen müssen. Doch für jetzt war es Zeit zum Gebet.

„Komm", sagte er. Ohne ein weiteres Wort folgte Priscilla ihm in ihr Schlafzimmer. Dort knieten sie gemeinsam nieder und erhoben ihre Herzen zu Gott.

Der nächste Morgen war wolkig und etwas kühl. Doch Priscilla war voller Eifer, so daß sie davon kaum etwas spürte. Sie hatte Aquila gegenüber nicht erwähnt, wie sehr sie nun von Jesus ergriffen war. Aus ihrem anfänglichen leichten Interesse war eine solide Überzeugung geworden, die ihr Herz erfüllte. *Für mich gibt es keine Frage,* dachte sie. *Er ist der wahre Sohn Gottes und der Messias, sonst hätte Er nicht die Menschen so heilen können wie Er es getan hat, Er hätte auch nicht so reden können wie Er es tat. Wie hätte Er sonst von den Toten auferstehen können? Und daran besteht keinerlei Zweifel, denn so viele haben Ihn nach Seiner Auferstehung gesehen. Es ist ganz gewiß: Er ist mein Erlöser und mein Herr. An Ihn zu glauben ist leichter als zu zweifeln.*

Diese Gedanken und andere gingen ihr durch den Kopf, als

sie am Flußufer stand und darauf wartete, untergetaucht zu werden. Phineas hatte eine Stelle gewählt, wo das Ufer ein wenig ausgebuchtet war, so daß das Wasser hier nicht so rasch floß. Es war Frühling; neues Gras wuchs schon am Ufer und Blumen blühten. Doch Priscilla bemerkte davon nichts, sondern konzentrierte sich ganz auf die Taufe.

Aquila stieg als erster Täufling ins Wasser. Priscillas Augen füllten sich mit Tränen, als sie zusah. *Meine Liebe hatte er von Anfang an,* dachte sie, *aber in letzter Zeit hat er auch meinen Respekt gewonnen. Er ist nicht nur ein freundlicher, liebenswerter Junge, sondern er ist ein Mann mit Mut, der weiß was er will. Ich bin stolz darauf, seine Frau zu sein.*

Phineas betete mit Aquila und taufte ihn dann, indem er ihn völlig unter Wasser drückte. Als Aquila wieder auftauchte, stand er triefend naß, aber mit geschlossenen Augen, und betete.

Helfer führten ihn heraus und ergriffen dann Priscilla bei den Armen und geleiteten sie vorsichtig in das Wasser. Sie fühlte, wie Phineas ihr eine Hand auf den Kopf legte und die Worte sprach — die Worte vom Begräbnis der alten Sünde und der Geburt einer neuen Hoffnung —, und dann schlug das Wasser über ihrem Kopf zusammen.

Sie nahm zunächst nichts anderes wahr als eine tiefe Freude, die ihr Herz erfüllte. Dann fand sie sich völlig durchnäßt am Ufer stehen. Marta hüllte sie in einen warmen wollenen Umhang und versuchte, sie ein wenig abzutrocknen. „Du darfst dich nicht erkälten", flüsterte sie eifrig. „Und laß dich nicht zu sehr von Gefühlen überwältigen. Religiöser Eifer ist für Männer gut, aber Frauen haben sich mit wichtigeren Dingen zu beschäftigen. Du mußt an dein Kind denken."

Priscilla nickte. Sie wußte, in gewissem Sinne hatte Marta recht. Frauen mußten mit beiden Beinen auf der Erde stehen; sie hatten Mahlzeiten zu kochen und für Kinder zu sorgen. Nur die Männer konnten nach den Sternen greifen. Doch zur gleichen Zeit fragte sie sich, ob in Aquilas Herzen die gleiche Freude brannte wie in dem ihren. Natürlich war das kein Thema, das sie mit Marta besprechen konnte. Aber auch die Meinung ihrer Freundin konnte sie nicht teilen.

Sicher ist das Baby wichtig, dachte Priscilla. *Es ist ja schon ein Teil meines Lebens geworden. Aber was eben gerade geschah, ist sicherlich genauso wichtig.* Sie bedankte sich für Martas Hilfe und lächelte ihr freundlich zu. Dann suchten ihre Augen die von Aquila. Auch er schaute sie jetzt lächelnd an, und beide empfanden: Was wir jetzt gemeinsam getan haben, bindet uns noch enger zusammen als bisher. Wir werden diesen Augenblick unser Leben lang nicht vergessen.

Einige Wochen später ging Priscilla über den Markt. Dena folgte ihr und musterte aufmerksam das ausliegende Obst und Gemüse. Es war noch nicht die rechte Zeit für frisch Gewachsenes. Nur hier und da sah man ganz wenig von frühen Sorten. Sonst wurden nur Früchte und Gemüse von der letzten Ernte angeboten. Als sie von einem Tisch aufschaute, auf dem frühe Zwiebeln und Bohnen vom letzten Jahr lagen, blickte sie direkt in Sarahs Augen.

„Mutter!" entfuhr es ihr überrascht.

Sarahs Augen füllten sich sofort mit Tränen. Unwillkürlich betrachtete sie Priscillas Leib, der langsam etwas dicker wurde. „Mutter, wie geht es dir?" fragte Priscilla bittend.

Doch Sarah schüttelte nur den Kopf, während ihr die Tränen über das Gesicht liefen. Sie wandte sich zum Gehen. Doch Priscilla sagte schnell: „Nein, gehe nicht so fort. Hör zu: Du kannst deinem Gatten gehorsam sein und brauchst nicht mit mir zu reden. Doch mein Mann hat mir nicht verboten mit dir zu sprechen. Ich werde dir also von deinem Sohn erzählen und von dem Baby, und du hörst zu."

Sarah stand schweigend und lauschte, während die Tränen unaufhaltsam weiter strömten. Priscilla sah die ängstlichen Gesichter von Doria und Tenia, die hinter ihrer Mutter standen. Doch sie erzählte eifrig weiter: „Deinem Sohn geht es gut", berichtete sie. „Meine Großmutter hat ihm die Führung der Geschäfte des Haushalts übertragen. Und er erledigt sie sehr gut. Die Ablehnung seines Vaters bekümmert ihn natürlich, genau wie mich. Doch sonst geht es ihm gut, und dem Kind auch."

Sarah streckte langsam ihre Hand aus, zog sie aber schnell wieder zurück.

„Wenn er geboren wird", fuhr Priscilla fort, „werde ich ihm von seiner Großmutter und von ihrer Güte und Freundlichkeit erzählen. Ganz bestimmt." Sie hätte gern noch mehr erzählt und wünschte sich sehr, Sarah würde Mut fassen und mit ihr sprechen. Doch sie merkte bald, daß sie es ihrer Schwiegermutter nur noch schwerer machte. Impulsiv lehnte sie sich vor und küßte Sarah auf die Wange.

„Eines Tages", sagte Priscilla eifrig, „werden wir wieder wie früher freundlich miteinander reden können. Ich fühle es."

Sarah lächelte nicht. Doch der Blick, den sie Priscilla noch schenkte, war voller Hoffnung. Dann wandte sie sich ab und ging mit den beiden Mädchen davon. Dena blickte ihr verständnislos nach.

„Ich weiß, wie seltsam dir das vorkommen muß", sagte Priscilla, „da du ja weißt, wie gut sie zu mir war, als du an jenem Tag kamst, um mir zu berichten, daß Großvater gestorben war. Doch so schlimm kann es Menschen gehen, wenn sie unter ungerechten Anordnungen zu leiden haben."

Mehrere Stunden später stand sie tief erschrocken vor Aquila und mußte an die Worte denken, die sie zu Sarah gesagt hatte: „So schlimm kann es Menschen gehen, wenn sie unter ungerechten Anordnungen zu leiden haben." Doch sie hatte nur von der zerstörten Gemeinschaft innerhalb einer Familie gesprochen. Was Aquila gerade erzählte, würde für Hunderte von Menschen, vielleicht für Tausende, eine Tragödie bedeuten. Gewiß hatte er sich geirrt.

„Bist du sicher?" forschte sie entsetzt. „Bist du ganz sicher?"

„Die kaiserliche Verordnung hing direkt neben unserem Geschäft. Hunderte davon hängen überall in der Stadt. Jeder, der lesen kann, weiß was die Verordnung sagt. Und eines kann man von uns Hebräern sicherlich sagen: Wir können fast alle lesen." Aquilas Stimme klang sehr bitter.

„Aber wir sollen Rom verlassen", weinte sie und sah dabei den Kummer auf dem Gesicht ihrer Großmutter. „Für wie lange?"

„So lange wie der Kaiser Claudius bestimmt. Es könnte auch für immer sein."

„Alle Jahwe-Gläubigen?" fragte sie schluchzend.

„Wahrscheinlich nicht, sondern nur die hebräischen Jahwe-Gläubigen."

„Aber warum? Warum?"

„Die Verordnung sagt, weil wir untereinander streiten und Unruhe machen."

Zornig fragte sie: „Wer hat uns wohl bespitzelt und dem Kaiser davon berichtet?"

Aquila zuckte niedergeschlagen mit den Schultern. „Irgend jemand kann es gewesen sein. Unser Streit ist ja nicht verborgen geblieben. Auch war unsere Synagogen-Gemeinde nicht die einzige, die durch den neuen Glauben auseinander fiel. Überall in Rom ist das geschehen. Und daraus ist viel Streit und Unruhe entstanden."

„Das bedeutet, ich muß meine Eltern verlassen und meine Großmutter." Priscilla rannte zu Linia und zog sie an sich. „Das bedeutet es doch?"

„Ja, und noch mehr als das", antwortete Aquila. Seine Stimme hatte noch nie so bitter geklungen. „Es bedeutet, daß wir mit meiner Familie reisen müssen. Hebräer reisen traditionell im Familienverband. Und ich weiß noch nicht, was schwerer sein wird: Eltern zu verlassen, die dich lieben, oder mit einem Vater zu reisen, der dich haßt?"

12. Kapitel

Die Sommersonne brannte erbarmungslos auf die Kolonne von Menschen herab, die über die Via Appia zogen, die von Capua herunter zu der am Mittelmeer liegenden Hafenstadt Tarentum führte. Es war eine gute, mit großen Steinen gepflasterte Straße, auf der immer viel Betrieb herrschte. Kaufleute, Pilger, Soldaten, Reisende, Diebe und — Vertriebene gingen, ritten oder fuhren hier. Claudius und andere römische Kaiser vor ihm hatten oft schon ganze Menschengruppen aus ihren Städten in andere Länder verbannt. Deshalb wurde auch die große Schar Hebräer nicht sonderlich beachtet, die hier reiste. Die meisten zu Fuß, etliche, Alte und Schwache, fuhren auf Wagen. Es hatte unter den Hebräern Roms doch recht viel Geld gegeben, und nur wenig davon war beschlagnahmt worden.

Priscilla ging lustlos und schwer neben Marta. In der Kühle des Morgens hatten sie sich noch eifrig unterhalten über ihre kommenden Kinder, denn auch Marta war mittlerweile schwanger. Doch je höher die Sonne stieg, um so schweigsamer waren sie geworden. Im Laufe des Tages würden sie auch ein Stück fahren, wenn sie zu müde wurden. Doch das Schütteln der Wagen auf den Pflastersteinen war fast genauso schlimm wie das Gehen.

Priscilla wunderte sich über Marta. Das Mädchen hatte ihr offen zugegeben, daß sie keinesfalls soviel Eifer für die Lehren von Phineas empfand wie sie selbst. Und doch war sie mit Cordelius ohne große Klagen auf diese tragische Reise gegangen. Dabei wären weder sie noch Cordelius verpflichtet gewesen, ihre Heimat zu verlassen. Doch Cordelius hatte sich entschlossen, bei seinen Freunden zu bleiben, mit denen er den neuen Glauben teilte; und Marta war bereitwillig mit ihm gegangen.

Leider war das bei Priscillas Eltern nicht so gewesen. Ihr Vater hatte sich nie wirklich für den neuen Glauben erwärmt. Er hatte ihn zwar nicht so bekämpft wie Ruben, hatte aber auch kein großes Interesse dafür gezeigt. Deshalb hätte er es für töricht angesehen, dieserhalb Rom zu verlassen. *Ich weiß, daß er vernünftig gehandelt hat, aber es bekümmert mich trotzdem,* dachte Priscilla. Sie wußte noch nicht, wie sie es ohne ihre Mutter und ihre Großmutter aushalten sollte.

Marta sagte plötzlich: „Ich hätte viel mehr studieren sollen, wie du es tatest. Ich hätte Geschichte und Sprachen lernen sollen, und auch wie man ordentlich schreibt."

Priscilla fragte erstaunt: „Wie kommst du gerade jetzt darauf?"

Marta erklärte: „Ich dachte gerade, daß ich nichts über das Land weiß, durch das wir ziehen. Und ich kenne auch die griechische Sprache nicht. Wie werde ich mich in Athen mit den Menschen dort unterhalten können? Ich weiß noch nicht einmal, ob ich einen halbwegs vernünftigen Brief an meine Eltern schreiben kann, um ihnen mitzuteilen, wie es uns geht. Ich komme mir so dumm vor."

Priscilla lächelte. „Ich habe über vieles nachgedacht seit wir unterwegs sind, aber ganz gewiß noch nicht darüber. Und doch verstehe ich dich. Ich habe schon einen Brief nach Hause geschrieben. Mein Gatte hat ihn einem Kaufmann mitgegeben, der nordwärts reiste."

„Natürlich hat nicht jeder einen Großvater gehabt wie du", verteidigte Marta sich selbst.

„Das stimmt", nickte Priscilla und dachte betrübt an Markus. „Die wenigstens hatten das Vorrecht."

„Wohnt deine Großmutter jetzt allein in ihrer Villa?"

„Natürlich nicht. Sie und Dena sind in das Haus meines Vaters gezogen. Es war nicht leicht für sie. Aber . . ."

„Hat sie die Villa verkauft?"

Priscilla war dankbar für die Unterhaltung und antwortete:

„Nein, sie hat sie verpachtet. Sie hofft, Aquila und ich werden wieder nach Rom zurückkehren. Dann sollen wir darin wohnen können."

Marta lachte bitter. „Das scheint mir sehr unwahrscheinlich. Wenn wir in Athen sind und unsere Männer erst ihre Werkstatt aufgebaut haben, wird es bald Zeit, daß unsere Kinder geboren werden. Du weißt, dann sitzt man schnell fest wo man ist."

„Ich weiß", nickte Priscilla. „Aber Aquila und ich werden eines Tages wieder nach Rom zurückkehren, da bin ich sicher." Sie wurde dabei richtig eifrig.

„Auf der einen Seite kannst du dich für etwas richtig begeistern", meinte Marta, „und auf der anderen Seite nimmst du alles so schwer."

„Das mag stimmen", lachte Priscilla und stieß plötzlich einen kurzen Wehlaut aus.

„Was ist?" forschte Marta besorgt.

„Ein plötzlicher Schmerz", sagte Priscilla, blieb stehen und legte die Hand auf ihren Leib. „Mich durchfuhr ein plötzlicher Schmerz."

„Du solltest ausruhen. Soll ich einen der Wagen anhalten?"

„Nein, das Schütteln kann ich auch nicht vertragen. Ich werde mich kurz hinsetzen." Der Schmerz war verschwunden, aber Priscilla fühlte sich unwohl.

„Auf dem Stein dort kannst du gut sitzen", sagte Marta. „Ich werde inzwischen Aquila suchen und ihm Bescheid sagen."

„Nein, nicht Aquila. Männer sollten nicht . . ."

Marta unterbrach sie: „Mach dich nicht lächerlich. Du hast einfach Schmerzen, weil du zuviel gelaufen bist. Mit deinem Baby hat das nichts zu tun. Warte hier."

Nach wenigen Minuten war Aquila neben ihr und blickte sie besorgt an. „Was hast du?" fragte er. „Ist alles in Ordnung?"

„Ich denke schon", nickte Priscilla. „Es war Martas Idee, dich zu rufen. Ich fühlte einen plötzlichen Schmerz. Aber er ist wieder vorbei."

Er hockte sich neben sie. „Ist es das Baby?" fragte er ängstlich.

„Ich glaube nicht. Ich . . ." Doch da war der Schmerz wieder und erstickte ihre Worte.

Aquila sagte nichts, sondern legte nur den Arm tröstend um ihre Schulter. „Ich werde jemand finden, der hilft", sagte er endlich."

„Du mußt weitergehen", forderte Priscilla Marta auf. „Wir sind nahe der Hafenstadt Tarentum, und das Schiff wartet. Die Männer sprachen heute morgen davon. Wenn wir nicht morgen gegen abend dort sind, wird das Schiff ohne uns nach Athen segeln. Du mußt gehen."

Marta sah bekümmert aus. „Ich kann dich nicht einfach hier lassen", protestierte sie.

„Mach dir keine Sorgen, es wird sich schon jemand um mich kümmern." Doch sie wußte, daß Ruben weder seiner Frau noch den Töchtern erlauben würde bei ihr zu bleiben. Nichts, was geschehen war, hatte ihn gegenüber seinem Sohn sanfter gestimmt. Sarah und Priscilla konnten ihre Liebe nur durch Blicke ausdrücken, wenn sie einander begegneten. Das war alles.

Wer wohl würde seine Reise um Aquilas Frau willen unterbrechen? Gab es jemand? Als hätten sie die in Gedanken gestellte Frage gehört, tauchten Josua und Kara plötzlich neben ihr auf. „Was ist mit dir?" Josuas Stimme klang warm und besorgt.

„Ich weiß nicht", stöhnte Priscilla, weil der Schmerz sie wieder packte. „Ich weiß es nicht."

Kara blickte das Mädchen aufmerksam an und stellte ihr dann ruhig einige Fragen. Als sie die Antworten hörte, sagte sie: „Das mag ernst sein."

Sie wandte sich an Aquila: „Suche deinen Vater. Sie sind nur ein kurzes Stück vor uns. Sage ihm, du brauchst etliches von den Vorräten auf dem Wagen. Wir brauchen ein Zelt, einige Felle für ein Bett, einige Gefäße und etwas Salz. Beeile dich."

Aquila lief schnell davon, um seinen Vater zu finden.

„Sie muß abgeschirmt sein können", sagte Kara zu Josua. „Dort kommen die Wagen schon. Wenn du den deines Bruders erkennst, halte ihn an und nimm herunter was wir brauchen. Warte nicht erst auf seine Zustimmung."

„Aber..." begann Josua.

„Diskutiere nicht, sondern tue was ich sage!"

Priscilla war erstaunt. Sie hatte nie Gelegenheit gehabt, Kara richtig kennenzulernen. Die wenigen Male, die sie sich kurz trafen, hatten bei Priscilla den Eindruck hinterlassen, Kara sei grob und hart. Doch obwohl sie zu Josua in einer Weise sprach, wie es sich nur wenige Frauen mit ihren Männern erlaubt hätten, waren ihre Hände auf Priscillas Stirn kühl, sanft und freundlich.

Die nächste Stunde ging unter in einer Woge von Schmerz und Durcheinander. Priscilla wußte, Aquila war zurückgekommen. Sein Gesicht war weiß vor Zorn. Sie verstand nicht alles, was er seinem Onkel sagte, bekam aber mit, daß Ruben zugestimmt hatte, von den Vorräten auf dem Wagen zu nehmen was nötig war. Doch er hatte Sarah nicht erlaubt, zu ihrer Schwiegertochter zu gehen und zu helfen, obwohl sie darum gebettelt und geweint hatte.

Eine Anzahl der Vertriebenen hielten an und fragten, ob sie helfen könnten. Doch als sie hörten, daß sie dadurch vielleicht das Schiff versäumen würden, entschuldigten sie sich und zogen weiter. Nur Kara und Josua blieben und ließen sich von Aquilas und Priscillas Drängen, an ihre eigenen Pläne zu denken, nicht beeindrucken. „Hilf mir lieber beim Aufstellen des Zeltes", sagte Josua. „Vielleicht ist es nötig, daß die Frauen darin Schutz finden und den Blicken anderer Menschen entzogen sind."

Kara saß neben Priscilla, die schon eine ganze Zeit im Gras lag. „Weine nicht", sagte sie und wischte Priscillas Tränen ab. „Der Schmerz geht vielleicht wieder vorüber, und auch mit dem Kind wird dann noch alles gut."

Doch Priscillas Tränen flossen weiter. Sie weinte um ihren Großvater und weil sie ihre Familie hatte verlassen müssen. Sie weinte, weil Marta und die anderen am nächsten Tag mit dem Schiff abfahren würden und sie nicht wußte, was mit ihr und Aquila noch geschehen würde. Sie weinte, weil sie vielleicht ihr Kind verlieren würde. „O Gott, bitte, bitte", flüsterte sie, als eine neue Schmerzwelle sie ergriff.

„Das Zelt ist fertig", verkündete Josua. „Komm, es mag darin zwar warm sein, aber andererseits bist du vor den Blicken anderer geschützt. Wir haben versucht, es etwas in den Schatten zu stellen."

„Kannst du gehen?" fragte Aquila besorgt.

„Sicher kann sie gehen", sagte Kara. „Ich sagte ihr nur, sie soll liegen, damit das Kind nicht zu schnell kommt. Aber da die Schmerzen nicht nachlassen, müssen wir wohl damit rechnen." Freundlich wandte sie sich an Priscilla: „Komm, meine Liebe, nimm meinen Arm und lehne dich auf mich. Im Zelt haben die Männer ein besseres Lager gemacht."

Von Kara geführt, ging Priscilla in das Zelt und verbrachte dort die nächsten Stunden unter Schmerzen und Verzweiflung. Was beabsichtigte Gott damit? Hatte sie nicht schon genug gelitten? Die Stunden vergingen, und draußen wurde es stiller. „Wird es dunkel?" fragte sie endlich.

„Ja", antwortete Kara. „Doch dein Mann hat an alles gedacht, als er Vorräte vom Wagen nahm, sogar an eine Lampe." Sie mußte lachen. „Wer hätte wohl gedacht, daß dieser sanfte Junge so energisch werden könnte und alles nimmt, was du unter Umständen brauchen könntest, ohne sich dabei vor dem Zorn seines Vaters zu fürchten.

„Er hätte es nicht tun sollen", flüsterte Priscilla.

„Unsinn, natürlich sollte er. Er hätte den ganzen Wagen behalten sollen."

Priscilla ergriff Karas Hände. „Ich fürchte mich", sagte sie. „Ich weiß, ich werde das Kind verlieren."

„Ja, vielleicht." Karas Stimme war ruhig. „Frauen verlieren ab und zu ihre Kinder. Manchmal schon vor der Zeit, manchmal bei der Geburt, und manchmal auch erst, wenn sie schon herangewachsen sind. Und jedes Mal bricht uns Frauen das Herz."

„Ich dachte, wenn wir Jesus angenommen haben, wird er uns bewahren. Ich..." Wieder hielt sie stöhnend inne, weil der Schmerz sie packte.

Kara überlegte lange und sprach dann sehr langsam. „Ich weiß nicht soviel über Jesus wie du und die Männer, aber ich versuche zu lernen. Doch auch Er hat viele Schmerzen und viel Kummer ertragen, oder? Er wurde doch verachtet, geschlagen und gekreuzigt; und etwas Schlimmeres gibt es nicht als das. Er hat uns doch auch nicht versprochen, es würde immer leicht sein. Er hat nur gesagt, Er würde immer mit uns sein. So ist es doch?"

Priscilla erkannte die Wahrheit in Karas Worten und wunderte sich, daß diese einfache Frau das so ausdrücken konnte. Doch wieder packte sie der Schmerz, und diesmal schlimmer als je zuvor. „O, bitte!" schrie sie. Und dann war alles vorüber. Das Kind, voller Blut und viel zu klein, um leben zu können, war geboren worden. Es war tot. Kara wickelte es in ein Tuch und trug es hinaus, damit die Männer es beerdigen konnten. „Ein Junge", sagte sie. „Es wäre ein Junge gewesen."

Obwohl ich die Schmerzen ertragen mußte, ist mir nichts geblieben, dachte Priscilla. Kein Kind, und keine Hoffnung für die Zukunft. Ihre Vergangenheit hatte man ihr genommen, und nun schien auch ihre Zukunft zerstört zu sein. Aquila fragte von draußen: „Darf ich hineinkommen?"

„Ich glaube nicht, daß es sich schickt", stammelte Priscilla.

„Unsinn", erklärte Aquila und trat ein. „Du bist meine Frau, du hast leiden müssen, und du brauchst mich jetzt."

Er kniete neben ihr, und sie weinten beide. Bis jetzt hatte Priscilla nur an ihre Not gedacht. Doch nun wurde ihr klar, daß auch Aquila einen Sohn verloren hatte. Sie schlang den Arm um ihn, und er zog sie an sich. „Ach, mein Lieber, natürlich brauche ich dich", flüsterte sie. „Ich brauche dich mehr, als ich je zuvor jemand gebraucht habe." O ja, sie brauchten sich gegenseitig, denn sie hatten beide keine Eltern und Geschwister mehr, sondern nur noch einander. Ja, und Josua und Kara, dachte Priscilla dankbar.

Als sie sich wieder gefangen hatte, sagte sie: „Wir werden noch andere Kinder haben, Gott wird uns welche schenken. Und außerdem haben wir Kara und Josua und sind deshalb nicht völlig ohne Familie. Es wird gehen, Gott wird uns helfen."

„Doch das Schiff nach Athen erreichen wir nicht mehr", sagte Aquila. „Kara meint, du mußt erst einige Tage ruhen. Zum Glück haben wir das Zelt, so daß wir doch ein wenig für uns leben können. Doch ich weiß nicht, wie wir nach Athen kommen sollen."

Ihr war, als würden ihr die Worte gegeben, als sie jetzt sagte: „Dann gehen wir eben nicht nach Athen, sondern an einen anderen Ort. Wir werden ein Schiff finden und zurecht kommen."

Er schaute sie voller Liebe an. „Du bist so klein, und doch so stark und klug", staunte er. „Und ich liebe dich", fügte er leise hinzu.

Ihre Augen füllten sich mit Tränen. „Auch ich liebe dich, mein Herr", flüsterte sie.

Ihre Hände fanden sich. Sie waren jung, verängstigt und arm. Doch ihre vereinten Hände gaben ihnen mehr Kraft, als sie geglaubt hatten. *Wir sind doch nicht allein,* dachte Priscilla, als sie sich an Karas Worte erinnerte.

13. Kapitel

Aquila stand am Pier im Hafen von Tarentum und blickte sich mit Abscheu um. Während der Jahre in Rom hatte er vergessen, wie schmutzig es in einem Hafen war und wie es dort roch. Nun sah und roch er es wieder, sah die Ratten überall herumrennen und im Unrat wühlen. Er hörte die Flüche der Seeleute und das Klatschen der Peitsche und erinnerte sich an die schreckliche Überfahrt von Pontus nach Rom. Doch damals hatte sein Vater ihn vor all diesen Schrecken beschützt.

Wie sollte er nur Priscilla hierher bringen? Der Gedanke daran bedrückte ihn. Sie war zu jung und zu zart für diese Umgebung, und nach allem, was sie in letzter Zeit hatte ertragen müssen. Gut, auch er hatte die Eltern, sein Zuhause und seinen Sohn verloren. Doch er war ein Mann; und Männer waren geschaffen, um solche Dinge zu ertragen. Aber Priscilla?

Er riß sich von diesen Gedanken los und konzentrierte sich auf das, was ihn nach Tarentum gebracht hatte. Gestern hatte er sich noch mit Josua unterhalten, und dieser hatte gesagt: ,,Es ist besser, du gehst. Du kannst schneller laufen als ich und wirst außerdem nicht so schnell müde. Die Jugend hat eben auch ihre Vorzüge."

,,Aber ich mag hier nicht weggehen und . . ."

,,Sie wird sich noch erholen", sagte Josua. ,,Und niemand wird ihr etwas tun solange ich hier bin. Außerdem würde niemand wagen es mit Kara aufzunehmen. Sie kann mit der Peitsche ihrer Zunge eine ganze Armee umlegen."

Aquila mußte grinsen. Josuas Humor hatte ihnen schon viel geholfen. Rubens Schläue und Stärke konnte sich mit Josuas

Verschmitztheit und Humor nicht messen, dachte Aquila. Doch dann hatte er nachdenklich gemeint: „Es mag für längere Zeit kein Schiff mehr nach Athen gehen, so daß wir die anderen vielleicht nicht mehr erreichen."

„Dann werden wir eben an einen anderen Ort gehen", hatte Josua schlicht festgestellt. „Wir vier sind eine komplette Familie. Du und ich verstehen genug vom Zeltmachen, um ein Geschäft zu eröffnen."

„Aber wir haben nicht genug Werkzeuge und auch kein Material."

„Meinst du?" Josua lächelte schlau. „Als wir von dem Wagen nahmen, was wir brauchten, habe ich darauf geachtet, daß auch meine und deine Werkzeuge dabei waren. Wir nahmen auch genug Häute und anderes Material für das Zelt und das Lager deiner Frau, um daraus später einige kleine Zelte herzustellen. Vom Verkaufserlös können wir neue Häute und Wolle kaufen. Die Frauen können gutes, festes Tuch weben. Du wirst sehen, wir werden klar kommen."

„Dann soll ich für uns einfach Plätze auf einem Schiff besorgen, das irgendwo hingeht?"

„Nicht irgendwo", meinte Josua nachdenklich. „Es wäre gut, nach Macedonien zu gehen oder nach Achaia. Phineas sagte, daß es dort mehr Nachfolger Jesu gibt als irgendwo anders. Versuche ein Schiff nach einer dieser beiden Provinzen zu finden. Später können wir dann immer noch nach Athen gehen und vielleicht deinen Vater finden."

Aquila legte seinem Onkel die Hand auf die Schulter und sagte mit tränenerstickter Stimme: „Du weißt gar nicht, wie dankbar wir dir und Kara sind, daß ihr bei uns geblieben seid. Was hätten wir wohl ohne euch getan?"

Josua lächelte. „Mein Sohn ist gestorben, und du und ich haben den gleichen Glauben. Ich hätte dich nicht allein lassen können. Und außerdem hätte Kara es nicht erlaubt."

„Ob es nun dein Entschluß war oder der deiner Frau, Priscilla und ich sind dir jedenfalls sehr dankbar."

„Schon gut", hatte Josua geantwortet. „Sieh nur zu, daß du

nach Tarentum kommst und für uns Plätze auf einem Schiff findest, das nach Macedonien oder Achaia geht. Wir können keine Zeit mehr versäumen. Priscilla geht es wieder besser, und der Sommer wird bald vergehen. Doch nur im Sommer und im Frühherbst kann man sicher zur See fahren. Also beeile dich."

„Ich weiß", nickte Aquila. „Zum Glück habe ich das Geld für unsere Überfahrt noch. Ich trage es in einem Beutel auf der Haut. Du hast deines auch?"

Josua nickte. „Ja, gewiß. Doch in einem Beutel, den Kara auf ihrer Haut trägt. Doch mache in Tarentum keine Anzahlung an einen Fremden. Sage ihnen, du wirst den vollen Fahrpreis zahlen, wenn du mit deiner Familie an Bord kommst."

„Ganz zeitig morgen früh mache ich mich auf den Weg", erklärte Aquila. „In zwei oder drei Tagen sollte ich zurück sein können. Vielleicht kannst du in der Zwischenzeit eine Möglichkeit finden, daß Priscilla mit einem Wagen reisen kann."

„Das hatte ich mir auch schon vorgenommen", bestätigte Josua. „Es wird alles bereit sein, wenn du zurückkehrst."

Er mußte an Priscilla denken. „Ich werde für dich beten", hatte sie versprochen. „Ich werde beten, daß der Geist Jesu und die Gnade Gottes dich geleiten mögen." Die Erinnerung an diese Worte ermutigten ihn, so daß seine Furcht verschwand. Er begann sich aufmerksam umzusehen.

Ein Mann fiel ihm auf, der langsam am Pier entlang ging und dabei immer näher kam. Er war groß und unheimlich dürr und trug nur einen schmutzigen Lendenschurz. Doch sein Gesichtsausdruck war anders als jener der üblichen Hafenarbeiter. Da waren nicht Gewalttätigkeit und Härte, die Aquila bei den meisten Seeleuten vermutete, sondern auf seinem Gesicht lagen Ruhe und Freundlichkeit. Als er nahe genug war, lächelte er Aquila durch seinen struppigen blonden Bart freundlich zu, so daß es diesem warm ums Herz wurde.

Der Fremde blieb stehen. „Kann ich dir helfen? Suchst du etwas oder jemand? Ich gehöre zur Besatzung der *Guten Wind*. Mein Name ist Rufus." Aquila lächelte ebenfalls. „Ich bin Aquila von . . ." Fast hätte er Rom gesagt, hielt das Wort aber im letzten Augenblick zurück und ergänzte statt dessen: „Pontus."

„Das ist aber ein weiter Weg", bemerkte Rufus.

„Ich möchte eine Überfahrt auf einem Schiff finden", erklärte Aquila.

„Und wohin?"

„Ich wollte eigentlich nach Athen", antwortete Aquila. „Doch wir haben uns verspätet. Meine Frau wurde krank."

Mitleid erschien in den blauen Augen des Fremden. Die beiden Männer setzten sich auf die Pier und ließen ihre Beine über dem Wasser baumeln.

„Ich wünschte, unser Ziel wäre Athen. Aber wir fahren nur bis Korinth."

Aquila wurde eifrig. „Aber Korinth liegt in Macedonien, ja?"

„Nicht ganz, sondern in Achaia, südlich von Macedonien auf der Landzunge, die ins Meer hinausragt. Doch du wirst von da aus Athen viel besser erreichen als von hier; entweder auf dem Landweg oder zur See."

Aquila staunte über das Wissen des Fremden. Er sah wie ein einfacher Arbeiter aus und sprach doch wie ein Gebildeter. „Ist euer Schiff auch seetüchtig?" fragte er.

„Meistens schon", lächelte Rufus. „Doch gerade jetzt wird ein kleiner Schaden repariert, der entstand, als wir ein wenig an der Landebrücke angeeckt sind."

„Wie klein ist der Schaden?"

„Wirklich gering", versicherte Rufus. „Wir werden in ein oder zwei Tagen auslaufen können. Hast du es sehr eilig?"

Während er sprach, hatte er scheinbar beiläufig begonnen, mit einem Finger im Sand zu malen. Er zeichnete immer wieder seltsame Linien, wischte sie aus und begann aufs neue. Zuerst achtete Aquila nicht darauf. Doch dann bemerkte er, was Rufus da immer wieder zeichnete, und sein Herz klopfte schneller. Es war der einfache Umriß eines Fisches.

Aquila erinnerte sich an das, was Phineas ihnen gesagt hatte: In letzter Zeit hatten die Nachfolger Jesu begonnen, sich gegenseitig an diesem Zeichen zu erkennen. Aber konnte dieser schmutzige Seemann in dem alten Lendentuch ein Gläubiger sein? Wie zufällig, begann nun auch Aquila den Sand neben sich zu glätten und zeichnete dann vorsichtig die Form eines Fisches hinein.

Rufus hatte ihn verstohlen aus den Augenwinkeln beobachtet. Jetzt strahlte sein Gesicht. „Du bist also auch ein Nachfolger Jesu? Und ein Hebräer? Ich wette, du bist einer der Vertriebenen aus Rom?"

„Ja", gab Aquila zu und fragte sich, ob er jetzt töricht gehandelt hatte.

„Er ist auferstanden!" sagte Rufus freudig.

„Er ist wahrhaftig auferstanden!" antwortete Aquila froh. Die beiden Männer schüttelten sich die Hände.

Nach der Freude des gegenseitigen Erkennens fragte Rufus: „Geht es nur um deine Frau und dich, die eine Überfahrt suchen?"

„Nein, mein Onkel und seine Frau sind auch noch mit uns. Doch wir haben Geld, um die Überfahrt zu bezahlen. Ich habe es allerdings nicht bei mir", fügte er hinzu.

Rufus lächelte wieder. „Du hast recht, wenn du nicht jedem gleich vertraust", nickte er. „Wann könntet ihr für die Überfahrt bereit sein?"

„Habt ihr auch genug Raum für vier Passagiere auf eurem Schiff?" forschte Aquila.

Nun lachte Rufus laut. „Ich mag ja wie ein Landstreicher aussehen, aber man kann die Hitze ja nur auf diese Weise aushalten und wird außerdem von den Dieben nicht belästigt. Niemand versucht einen Mann zu bestehlen, der so aussieht wie ich. Doch der Kapitän der *Guten Wind* ist mein Bruder, und ich bin der Steuermann. Wir haben Raum genug. Und du wirst mit deiner Familie bei uns sicher sein."

„Glaubt dein Bruder auch an Jesus?" fragte Aquila.

Rufus nickte. „Er glaubt ebenfalls. Wir haben beide in der Hafenstadt Cäsarea in Palästina die gute Botschaft gehört und uns zu Jesus bekehrt. Könntet ihr übermorgen auf dem Schiff sein?"

Aquila zögerte. „Wenn ich ein Pferd mieten kann, bin ich noch heute abend bei meiner Familie. Dann könnten wir übermorgen gegen Mittag hier sein, wenn es meinem Onkel gelungen ist, einen Wagen zu mieten. Meine Frau hat . . ., nun sie hat gerade ein Kind verloren. Es wurde zu früh geboren."

Voll Mitgefühl sagte Rufus: „Mag Gott dir noch andere Söhne schenken. Und übermorgen mittag wäre in Ordnung. Solltet ihr dann doch Verspätung haben, so mache dir keine Sorgen, wir könnten notfalls auch noch einen Tag länger warten."

Aquila erhob sich. „Dann werde ich mich beeilen."

„Warte", hielt Rufus ihn auf. „Du solltest meinen Bruder und das Schiff kennenlernen. Was würde dein Onkel sagen, wenn du ihm berichtest, du hättest nur mit einem Seemann auf dem Pier gesprochen?"

Rufus führte Aquila zu dem kleinen Schiff, wo er genauso warm von Rufus' Bruder Trolas begrüßt wurde. Außerdem konnte Trolas Aquila auch sagen, wo in Tarentum ein Pferd zu mieten war.

Aquila saß ziemlich unbeholfen auf dem Pferd. Man hatte ihm versichert, es sei sehr ruhig und gehorsam. Da er früher auch schon einige Male geritten war, hatte er keine Angst. Sie konnten ihre Sachen auch auf das Pferd laden, überlegte er, sollte Josua keinen Wagen gefunden habe. Unterwegs mußte er daran denken, auf welch wunderbare Weise Gott ihn geführt hatte, daß er gerade von einem Menschen angesprochen wurde, der ebenfalls an Jesus glaubte und dessen Schiff in wenigen Tagen nach Korinth fuhr. Tiefe Freude und Dankbarkeit erfüllten sein Herz. Gott war mit ihnen und würde auch weiter alle Wege ebnen, davon war er überzeugt.

Als er sich dem Zelt näherte, sah er voll Staunen, daß ein stabil aussehender Wagen daneben stand. Ein kräftiger Bauer saß neben Josua im Gras. Die beiden unterhielten sich eifrig. „Hallo, Neffe", rief Josua, „du kommst gerade rechtzeitig zurück. Unser Freund hier wollte bis Sonnenaufgang warten, aber länger nicht."

Priscilla und Kara kamen hinter dem Zelt hervor. Alle blickten ihn erwartungsvoll an. „Es ist alles vorbereitet", verkündete er. „Wir haben Plätze auf einem Schiff nach Korinth. Wenn wir dann immer noch nach Athen wollen, findet sich später sicher eine Gelegenheit."

„Aber die Überfahrt nach Korinth ist sicher?" fragte Josua.

„Ganz sicher", antwortete er, während er vorsichtig vom Pferd stieg. „Unser Schiff heißt *Guten Wind*. Wir wollen hoffen, daß wir auch auf der Überfahrt guten Wind haben."

„Dann wollen wir bald schlafen gehen", meinte Josua, „damit wir morgen sehr früh aufstehen, alles zusammenpacken und auf dem Wagen verladen und das Schiff rechtzeitig erreichen können."

Als Aquila noch ein wenig allein mit Priscilla zusammen stand, sagte er: „Sieh, meine Kleine, der Herr hat deine Gebete erhört und mir wunderbar geholfen. Denk nur, der Kapitän und der Steuermann des Schiffes glauben auch an Jesus. Ich glaube, der Herr wird uns auch weiterhin bewahren und alles gut hinausführen."

Sie lächelte. „Ich freue mich, daß wir nach Korinth fahren. Du hast deine Aufgaben großartig ausgeführt, mein Herr."

Aquila hatte während der letzten Wochen, die voller Verluste und Kummer gewesen waren, nicht mehr gehofft, noch einmal wirklich glücklich sein zu können. Doch nun, als er seine lächelnde Frau im letzten Licht des vergehenden Tages betrachtete, erkannte er, daß dies nicht stimmte. Der Herr Jesus würde ihnen gemeinsam noch ein erfülltes Leben schenken, davon war er jetzt überzeugt. Es war gut, einen solchen Herrn, der versprochen hatte, immer bei ihnen zu sein, gefunden zu haben.

Teil II

KORINTH

14. Kapitel

Priscilla war völlig erschöpft, als der Wagen Tarentum erreichte. Obwohl Aquila ihr offen den Schmutz und Gestank des Hafens beschrieben hatte, war sie schockiert von dem, was sie sah. Sie stand mit Kara auf dem Pier, während die Männer den Wagen entluden, und dachte voll Sehnsucht an den sauberen Hof und Garten rund um Großmutters Villa und an den weiten Blick über die Hügel Roms. Würde sie je etwas ähnliches wiedersehen, oder von nun an nur noch schmutzige Häfen, fremde Städte mit noch fremderen Menschen?

Rufus zum Beispiel, der mit ihrem Gatten sprach, hatte sie sich ganz anders vorgestellt. Aquila hatte so begeistert von ihm gesprochen, daß sie einen eleganten und kultivierten Mann erwartet hatte. Statt dessen sah sie einen dürren, schmutzigen Arbeiter in einem alten Lendenschurz. Trolas machte einen etwas besseren Eindruck. Sie konnte nur hoffen, daß ihre wenig anziehende Erscheinung nicht auch ein Hinweis auf ihre seemännischen Fähigkeiten war.

Aquila kam zu ihr gelaufen. ,,Gute Nachricht!'' rief er. ,,Rufus sagt, der Etesien-Wind hat zu wehen begonnen. Wir können also sofort auslaufen. Ich werde noch den Bauern bezahlen, dann bringe ich dich an Bord der *Guten Wind.''*

Priscilla wollte bemerken, das einzig Gute an dem Schiff sei sein Name. Doch sie unterdrückte die Worte und ermahnte sich selbst, nicht etwa eine fortwährend jammernde und sich beklagende Frau zu werden.

Kara war nicht so zurückhaltend. Sie betrachtete entsetzt das kleine Schiff und ihre Umgebung und rief: ,,Das ist ja ein

Schweinestall. Und was noch schlimmer ist: Ich werde ganz sicher von der ersten bis zur letzten Minute seekrank sein."

„Ich vielleicht auch", stimmte Priscilla zu. „Ich bin noch nie auf einem Schiff gefahren, habe aber gehört, wie schlimm es sein kann. Und so, wie ich mich in letzter Zeit gefühlt habe... Wie wird es uns gehen?" fragte sie verzagt.

„Nun ja, wir werden wahrscheinlich nicht unbedingt sterben", antwortete Kara. „Ich bedaure mich auch schon. Aber hier kommt dein Mann. Ich hoffe, er hat dem Bauern nicht zuviel bezahlt."

„Nur, was die Fahrt wert war", stellte Priscilla fest. „Du weißt doch, daß wir nie rechtzeitig angekommen wären, hätten wir nicht den Wagen gefunden."

„Ja, ja, ich weiß", brummte Kara. „Gehen wir jetzt auf das Schiff?"

„Ja, mein Gatte sagt, das Schiff wird sofort auslaufen. Ich weiß nicht, ob ich mich darüber freuen oder weinen soll", gab Priscilla zu.

Aquila kam jetzt zu ihnen. Doch ehe er sie erreichte, rief ihn einer der Männer an, so daß er bei ihm stehen blieb. Diese Gelegenheit nutzte Kara und erklärte in ernstem Ton: „Ich möchte noch folgendes sagen, ehe wir abfahren: Ich weiß nicht so viel wie unsere Männer oder auch du. Doch wenn ich etwas glaube, dann tue ich es von ganzem Herzen. Ich bin nicht eine Nachfolgerin Jesu geworden, weil mein Gatte das von mir gefordert hätte. Ich habe aufmerksam zugehört, was über Jesus gesagt wurde, und ich weiß, daß es wahr ist. Er ist der Herr und Erlöser!"

Priscilla staunte und freute sich gleichzeitig. Sie hätte nie erwartet, daß Kara so etwas sagen würde.

Kara fuhr fort: „Wenn Er also wirklich der große und ewige Herr ist und wir uns entschlossen haben Ihm zu folgen, dann sind wir auch unter Seiner Obhut und in Seiner Hand geborgen. Klingt das nicht vernünftig?"

Priscilla nickte, schwieg aber weiter, weil sie Kara nicht unterbrechen wollte, sondern gespannt war, was diese noch sagen würde.

„Also können wir Ihm auch vertrauen. Wir dürfen glauben, daß Er unsere Männer aus einem ganz bestimmten Grund zu diesem Schiff geführt hat. Wir kennen vielleicht den Grund noch nicht, und auch die Reise und das Ziel mag uns nicht gefallen, aber wir dürfen Ihm vertrauen", beendete sie ihre Rede.

Priscilla konnte nur noch flüstern: „Danke dir, Kara, ich hatte diese Worte wirklich dringend nötig", dann trat Aquila zu ihnen.

„Kommt", sagte er, „die Männer sind fertig und wollen ablegen. Sieh, dort an jener Seite des Schiffes haben sie an Deck so etwas wie ein Zelt für euch gebaut. Rufus sagt, daß ihr beiden Frauen dort wohnen könnt. Es sei denn, natürlich, ein Sturm kommt und ihr müßt unter Deck gehen."

Priscilla meinte: „Wenn wir in der frischen Luft sein können, wird es für uns besser sein."

„Josua und ich sind ganz nahe bei euch", tröstete Aquila. „Ihr braucht also keine Angst zu haben."

Priscilla faßte Kara am Arm und half der älteren Frau an Deck zu kommen. Unmittelbar danach hörte sie laute Kommandos. Das Schiff legte vom Pier ab und suchte sich vorsichtig seinen Weg durch die anderen im Hafen liegenden Schiffe auf das offene Meer. Priscilla beobachtete, wie das Land langsam hinter ihnen zurück blieb. *Wir werden wiederkommen. Ganz gleich, was geschieht, eines Tages werden wir wieder in Rom sein,* dachte sie.

Karas Voraussage, sie würde seekrank werden, traf nur zu bald ein.

Priscilla gab ihr soviel Hilfe und Trost wie nur möglich. Erstaunt stellte sie fest, daß sie selbst nicht seekrank wurde. Der frische Etesien-Wind, der begonnen hatte, als sie Tarentum verließen, wurde noch etwas stärker und blies beständig. Wenn Kara in dem provisorischen Zelt schlief, ging Priscilla manchmal hinaus auf das offene Deck und setzte sich in den Schatten. Sie wäre sicher unruhiger gewesen, gestand sie sich, hätte sie sich nicht immer noch so müde und schwach gefühlt. So war sie für diese Ruhepausen dankbar.

Manchmal dachte sie über die leidvollen Erfahrungen der letzten Zeit nach, und das Herz wurde ihr schwer. Doch manchmal war sie in der Lage, den Kummer beiseite zu schieben und sich auf die Segnungen Gottes zu konzentrieren. Zuerst dachte sie dann immer an Aquila, welch ein liebevoller und doch auch starker und zuverlässiger Ehemann er geworden war. Doch da gab es auch noch andere Segnungen. Kara und Josua zum Beispiel, und die Tatsache, daß sie wieder gesund war. Oft fielen ihr auch die Stunden ein, die sie mit Großvater verbracht hatte und was sie da lernen durfte. Sie dachte dabei nicht nur an solche Dinge wie Griechisch oder Geschichte, sondern auch an manches Gedicht, das sie bei ihm gelernt hatte. In den letzten Jahren hatte er darauf bestanden, daß sie Stücke aus den heiligen Schriften der Jahwe-Gläubigen auswendig lernte. Sie hatten sich gemeinsam an den majestätischen und großartigen Rhythmen der Lieder des Königs David erfreut. Großvater hatte manchmal gesagt, niemand habe je den Lobpreis Gottes in schönere Worte gefaßt.

Eines Morgens saß sie wieder auf Deck und dachte über einen Abschnitt aus den heiligen Schriften nach. Sie war froh, daß es gelungen war, die Schriftrollen ihres Großvaters aus Rom mitzunehmen. Aquila hatte trotz der Aufregungen nicht vergessen, sie mit den anderen Dingen vom Wagen seines Vaters zu nehmen. Nun lagen sie sorgfältig verpackt bei ihren anderen Habseligkeiten und warteten auf die Gelegenheit, wenn sie wieder daraus lesen durfte. In der Zwischenzeit dachte sie an die auswendig gelernten Worte. Einen Abschnitt, der ihr in den Sinn kam, sagte sie leise vor sich hin:

,,Ich will den Herrn loben allezeit;
Sein Lob soll immerdar in meinem Munde sein.
Meine Seele soll sich rühmen des Herrn,
daß es die Elenden hören und sich freuen.
Preiset mit mir den Herrn,
und laßt uns miteinander Seinen Namen erhöhen.''

Großvater und sie hatten diese Worte immer gemeinsam gesprochen. Manche Teile der Anbetung sollten immer gemeinsam stattfinden, dachte sie. Das war sicherlich kein neuer Gedanke, sondern einer der Gründe, weshalb sich Menschen zu gemeinsamer Anbetung zusammenfanden. Da hörte sie ein leises Geräusch. Als sie sich umdrehte, sah sie Aquila lächelnd hinter ihr stehen.

„Guten Morgen", sagte er. „Geht es dir gut? Hast du schon etwas gegessen? Josua und ich haben einigen Seeleuten zugeschaut, die Fische fingen. Deshalb komme ich so spät zu dir."

Sie lächelte ebenfalls. „Mir geht es gut. Ich hatte Brot und Wasser. Der armen Kara ist es unmöglich, etwas zu essen. Sie tut mir so leid. Ich esse immer, wenn sie es nicht sieht, damit es sie nicht noch mehr bekümmert."

Er setzte sich neben sie. Sein Gesicht war von Sonne und Wind gerötet, doch seine Augen blickten klar und warm. Man sah ihm an, wie er sich freute, sie zu sehen.

„Kann man die Fische essen?" fragte sie.

„Natürlich, zur nächsten Mahlzeit wird es frischen Fisch geben."

Für einige Minuten saßen sie nur froh nebeneinander und wunderten sich, wie man über so eine alltägliche Kleinigkeit wie frischen Fisch glücklich sein konnte. Dann fragte Aquila: „Du machst einen so bewegten Eindruck, worüber hast du nachgedacht, ehe ich kam?"

„Ich habe leise für mich einige Zeilen aus den heiligen Schriften aufgesagt, die ich bei meinem Großvater einmal gelernt habe."

Sie erwähnte nur selten etwas von den Studien mit ihrem Großvater und erwartete für einige Augenblicke, Aquila würde sagen: *Wieso sollte eine Frau das tun?* Doch der Gedanke schien ihm nicht zu kommen. Er fragte vielmehr: „Welche Zeilen waren es denn?"

„Aus einem Lied des Königs David", antwortete sie und begann nochmals sie aufzusagen, diesmal aber etwas lauter.

Er blickte sie nicht an, stimmte aber in die Worte mit ein, so daß ihre Stimmen im Gleichklang in der frischen Morgenluft die Herrlichkeit und Größe Gottes priesen. Danach saßen sie wieder einige Augenblicke schweigend, bis Aquila endlich sagte: „Ich habe gute Neuigkeit. Ich hoffe wenigstens, du freust dich darüber. Trolas sagt, da wir die ganze Zeit so guten Wind hatten, werden wir früher in Korinth sein als erwartet; wahrscheinlich schon morgen."

„Morgen schon?" fragte sie überrascht. „So bald?"

„Ich dachte, es würde dich freuen, das Schiff verlassen zu können."

„Das tue ich, ganz besonders um Karas willen. Doch andererseits habe ich auch ein wenig Angst. Ich war noch nie in einem fremden Land und weiß gar nicht, wie ich mich da benehmen soll."

„Das verstehe ich", nickte er. „Mir ging es genauso, als ich von Pontus nach Rom kam. Doch das geht bald vorüber."

Zweifelnd schüttelte sie den Kopf und fragte: „Aber was werden wir tun, wenn wir das Schiff verlassen haben?"

„Rufus sagt, es gäbe eine nicht zu kleine Gruppe von Jesusnachfolgern in Korinth. Vielleicht fünfzig oder mehr. Er schlägt vor, wir sollen zunächst sie aufsuchen, um mit ihnen bekannt zu werden. Dann werden wir, Josua und ich, versuchen, eine Zeltmacherwerkstatt aufzubauen. Rufus meint, in Korinth gäbe es noch keine. Aber er kann sich da natürlich auch irren."

„Du achtest seine Meinung sehr, wie?" fragte sie.

„Ja", bestätigte Aquila. „Er ist intelligent und weiß sehr viel, und außerdem hat er einen so starken Glauben wie ich auch haben möchte."

Eine Frage beschäftigte sie, von der sie nicht wußte, ob sie Aquila diese stellen durfte. Endlich faßte sie Mut und sagte langsam: „Du hast dich doch viele Stunden mit Rufus und seinem Bruder unterhalten. Sie haben in Cäsarea von Jesus gehört, sagst du, und wir hörten in Rom von ihm. Weder sie noch wir hörten die Berichte von den Aposteln Jesu selbst. Hat es da Unterschiede gegeben in dem, was sie und wir von Jesus hörten?"

„Völlig unbedeutende, die überhaupt nicht ins Gewicht fallen. Zum Beispiel wird hier oder da die Kleidung ein wenig anders beschrieben und ähnliches. In den wichtigen Dingen besteht eine erstaunliche Übereinstimmung." Er schwieg einen Augenblick und sagte dann lächelnd: „Ich finde es immer noch erstaunlich, daß ich mich über solche Dinge mit einer Frau unterhalten kann."

„Dann stelle dir eben vor, ich sei ein Mann", lachte sie.

Nun mußte auch er lachen. „Das würde mir noch schwerer fallen", rief er und strich ihr leicht über das Haar. „Ich werde eben versuchen mich daran zu gewöhnen, daß du eine ganz außergewöhnliche Frau bist. Aber worüber hatten wir doch gleich gesprochen?"

„Über die Übereinstimmung oder Unterschiede in den Berichten von Jesus, über die du mit Rufus gesprochen hast."

„Es ist seltsam, daß dich gerade diese Frage beschäftigt. Wir haben nämlich gerade gestern auch darüber gesprochen und meinten, es müßte irgend etwas Verbindliches für alle geben. Entweder einige Lehrer, denen man völlig vertrauen kann, oder niedergeschriebene und geprüfte Berichte."

„Ich glaube, mein Herr, ich kann dir wirklich sagen, was mich beschäftigt. Du verstehst mich."

„Ich habe dir schon gesagt, du sollst mich in unserem Raum nicht *mein Herr* nennen." Er unterbrach sich und fuhr dann fort: „Aber wir sind zwar im Augenblick allein, doch nicht in unserem Raum."

„Ob wir je wieder einen Raum für uns haben?" fragte sie sehnsüchtig.

„Nicht gleich", überlegte er, „denn wir sind ziemlich arm. Wir werden wohl zunächst in einem Zelt wohnen müssen, bis wir unser Geschäft eingerichtet haben. Wirst du damit zurechtkommen?"

„Wir alle? Josua, Kara, du und ich zusammen in einem Zelt?"

Er schüttelte den Kopf. „Nein. Deshalb denke ich ja an ein Zelt. Wir werden als Zeltmacher wohl in der Lage sein, für uns zwei Zelte herzustellen."

„Dann werde ich wohl damit fertig werden", nickte sie mutig.

„Du wolltest mir noch etwas über deine Gedanken sagen wegen der Berichte über Jesus", erinnerte er sie nun.

„Ach ja! Ich glaube, wie Kara, daß wir in des Herrn Obhut sind. Das heißt nicht, daß wir keine Probleme haben können, aber irgendwie wird Er uns sicher führen. Und wenn Gott uns beschützt, dann kann Er auch die Berichte über Jesus und die gute Boschaft beschützen vor Irrtümern. Sicher wird es auch falsche Berichte geben, doch wenn wir beten, kann Gott uns vor diesen Irrtümern bewahren."

„So sieht es auch Rufus", stimmte Aquila zu. „Er meint, da Jesus der Messias und unser Erlöser ist, den Gott gesandt hat, wird Gott auch dafür sorgen, daß die Wahrheit ohne Irrtümer erhalten bleibt."

Sie nickte bestätigend, und Aquila fuhr fort: „Kara, sagst du? Kara hat einen solchen Glauben? Ich hätte nie gedacht, daß Kara . . ."

„Dir wäre nie in den Sinn gekommen, daß irgendeine Frau solchen Glauben oder solche Gedanken haben könnte", unterbrach sie ihn. „Aber, mein Herr, du wirst dich daran gewöhnen müssen, denn du hast eine Frau, die anders ist, als du dir die Frauen vorgestellt hast."

Er überlegte eine Weile und sagte dann ernst: „Ich werde mir Mühe geben. Doch erwarte nicht, daß es zu schnell geht oder daß ich je vor meinen Freunden zugebe, daß ich es getan habe."

„Es macht mir gar nichts aus, welchen Eindruck deine Freunde haben. Ich werde ganz zufrieden sein, wenn du mir vertraust und bereit bist, mit mir über solche Fragen zu sprechen wenn wir allein sind."

Ein würgendes Geräusch brachte Priscilla auf die Füße. „Es ist Kara, sie braucht mich."

„Sage ihr, daß es morgen vorüber ist. Nur noch einen Tag, dann kann sie ihre Füße wieder auf festes Land setzen." Seine Stimme wurde leiser.

„Noch ein Tag, meine Liebe, dann können wir unser Zelt aufstellen und wieder allein sein."

Sie nickte, als sie in das provisorische Zelt ging, um Kara zu helfen. Sie hatte nun keine Angst mehr, wenn sie an Korinth dachte. Gemeinsam, Aquila und sie, würden sie es mit Gottes Hilfe schaffen.

15. Kapitel

Aquila saß in dem kleinen, schmutzigen Hof, der ihm und Josua als Werkstatt diente, auf einer Matte. Er hatte ein Ziegenfell in eine Art groben Rahmen gespannt, um es straffzuhalten, und schabte nun sorgfältig die Haare und alle anderen Schmutzteilchen herunter. Die Art, wie er den Schaber handhabe, zeigte sein handwerkliches Geschick und seine langjährige Erfahrung. Seine Gedanken beschäftigten sich dabei mit den Monaten, die vergangen waren seit dem Tag, als sie zögernd und etwas besorgt die *Guten Wind* verließen. Es war kaum zu glauben, daß seitdem schon Herbst, Winter und auch der Frühling vorübergegangen waren. Und doch war während dieser Zeit soviel geschehen. *Ob Josua wohl genauso denkt?* überlegte Aquila und blickte zur anderen Seite des Hofes, wo sein Onkel saß. Er hatte mehrere Häute auf seinem Schoß und versuchte mit viel Mühe und Schnaufen eine Nadel durch diese Häute zu bohren, um sie zusammenzunähen. Aus dem Raum hinter ihm hörte man die Geräusche arbeitender Webstühle. Dort waren Kara und Priscilla damit beschäftigt, aus Wolle dicke Stoffe für die Zelte zu weben. *Wenigstens müssen wir nicht länger in den Zelten leben und sind dem Wetter nicht mehr so ausgesetzt,* dachte Aquila. *Endlich ist es uns gelungen, in diesem Haus einige Räume als Werkstatt und als Heim für unsere Frauen zu mieten. Und einige Freunde haben wir auch gefunden. Wir hätten es kaum geschafft, diese Räume zu mieten, hätte Rufus uns nicht mit Titius bekannt gemacht, der in der Stadt einigen Einfluß besitzt.*

Josua erhob sich mühsam und kam zu seinem Neffen. „Die Nadel ist zerbrochen", sagte er. „Wir benötigen Nadeln aus

Metall für das Nähen der Häute. Die hier, aus Knochen, mögen für den Wollstoff reichen, aber für meine Arbeit sind sie einfach nicht stabil genug."

„Ich weiß", nickte Aquila. „Ich habe auf dem Markt danach Ausschau gehalten. Aber sie sind nur schwer zu bekommen, und außerdem sehr teuer. Als Rufus und Trolas das letzte Mal hier waren, baten wir sie, welche mitzubringen. Ich meine, sie müßten bald wieder in Korinth sein."

„Na ja, ich habe noch einige Knochennadeln und werde es einstweilen mit denen weiter versuchen", meinte Josua und setzte sich neben Aquila. „Aber außerdem wollte ich noch über etwas anderes mit dir reden. Wir scheinen nie Zeit zu haben, uns einmal allein zu unterhalten. Entweder sind da die Frauen — in Rom hatten sie wenigstens noch andere Interessen, wie ihre Familien und Freundinnen, aber hier hat man sie dauernd am Hals — oder die Kunden oder die Männer aus der Synagoge, aber nie wir beide allein."

Aquila lächelte. „Es klingt fast unglaublich, da wir so nahe beieinander wohnen. Aber was hast du auf dem Herzen?"

„Ich mache mir über viele Dinge Sorgen", gab Josua zu. „Ich bin mir durchaus nicht sicher, ob Korinth der richtige Ort für uns ist. Es ist eine sündige und böse Stadt. Natürlich ist sie schön und reich und es gibt hier viel Staunenswertes, wie in Rom. Doch in Rom waren die Sünden lange nicht so groß. Oder ich habe sie eben nicht so wahrgenommen."

Aquila nickte ernst. „Ich verstehe dich. Priscilla ist sehr verärgert über die Tatsache, daß alle Frauen auf der Straße verschleiert gehen müssen, wenn sie tugendsam und anständig erscheinen wollen. In Rom war das nicht notwendig, klagt sie immer."

Josua schnaufte verächtlich. „Priscilla? Da solltest du einmal Kara hören, wenn wir in unserem Raum allein sind. Junge, ich sage dir, du kannst froh sein, daß wir hier drei Räume mieten konnten, so daß ihr und wir für die Nacht jeweils allein sind. Wenn Kara nicht all ihren Ärger und ihre Enttäuschungen über mich ausschütten könnte, würde sie wohl platzen."

Verwundert meinte Aquila: „Ich bin überrascht, daß unsere Gegenwart sie davon abhalten kann, zu sagen was sie fühlt. Ich meine natürlich..."

„Schon gut, ich verstehe, was du meinst", erklärte Josua. „Zurückhaltung ist nicht gerade Karas stärkste Tugend. Doch du mußt sehen, was sie Priscilla gegenüber empfindet. Ich glaube, sie liebt Priscilla noch mehr als damals unseren eigenen Sohn. Sie würde nichts tun oder sagen, was deine Frau aufregen könnte; noch dazu jetzt, da sie wieder ein Kind erwartet."

Aquila nickte. Er dachte daran, wie er sich freute, als Priscilla das erste Mal schwanger war, und welche Angst er dann ausstehen mußte. „Mir geht es genauso", gestand er. „Ich versuche alles zu vermeiden, was Priscilla aufregen oder belasten könnte. Sie beklagt sich deshalb, weil ich versuche, mich während dieser Zeit mit ihr nicht über ernste Dinge und tiefe Gedanken zu unterhalten. Sie versteht nicht, daß ich sie nur schonen will."

„Ich glaube nicht, daß Frauen geschaffen wurden, um wirklich etwas richtig zu verstehen", meinte Josua. „Auf der anderen Seite wurden die meisten wahrscheinlich auch nicht so geschaffen wie Kara oder wie Priscilla. Ich glaube, wir sind besonders gesegnet, mein Junge, weil wir solche außergewöhnlichen Frauen haben."

Er zwinkerte dabei lustig mit den Augen, sprach aber leise, damit die beiden Frauen die Worte nicht verstehen konnten. „Doch das ändert nichts daran, daß wir vielleicht darüber nachdenken sollten, in eine andere Stadt zu gehen", fuhr er fort.

„Wohin und wie?" fragte Aquila.

Josua zuckte mit den Schultern. „Ich weiß es auch nicht. Mit einem Schiff, nehme ich an. Auf den Straßen würde es für die Frauen wohl zu schwierig."

Aquila überlegte. Endlich sagte er: „Komm, Onkel, wir haben uns darüber schon manchmal unterhalten. Du wirst sicher auch einsehen, daß ich Priscilla unmöglich eine weitere Ortsveränderung zumuten kann, bis ihr Kind geboren ist."

„Ich weiß", bestätigte Josua. „Ich wußte auch, daß du das sagen würdest. Doch ich mußte mit dir reden, um Kara sagen zu können, daß wir die Angelegenheit besprochen haben. Dann weiß sie, daß ich ihre Klagen nicht einfach überhöre."

„Möchte Kara denn an einen anderen Ort?"

„Kaum, denn sie macht sich ebenfalls Sorgen um Priscilla. Aber sie muß einfach klagen und muß auch wissen, daß ich ihre Klagen ernst nehme. Ich glaube, was sie wirklich von mir erwartet ist, daß ich Korinth verändere und eine Stadt der Heiligen daraus mache. Es sollte nach ihrer Meinung kein Fleisch mehr verkauft werden, das vorher den Götzen geopfert wurde, so daß auf dem Markt nur noch Ware angeboten wird, die jeder Gläubige ohne Bedenken kaufen kann. Sie würde gern die Trinkgelage und die Prostitution ausrotten. Und ich glaube, sie ist überzeugt davon, sie könnte es schaffen, wenn ich ihr die Erlaubnis geben würde es zu versuchen."

„Kara vielleicht", meinte Aquila und stimmte in das Gelächter seines Onkels ein. Doch dann sagte er ernst: „Aber vielleicht sollten wir es alle gemeinsam versuchen. Wir Jahwe-Gläubigen, die wir wissen, was Anstand und Moral ist, und wir Jesusnachfolger, die wir den Heiligen Geist haben, der uns führt und uns Kraft gibt."

„Aber was können wir tun?" fragte Josua. „Wir sind so wenige in einer so großen Stadt. Was könnten wir schon verändern?"

„Ich weiß nicht", meinte Aquila. „Aber ich weiß, daß wir irgend etwas tun sollten."

Josua erhob sich lachend. „Da stimme ich dir zu. Wir sollten vielleicht die ganze Welt auf den Kopf stellen. Aber bis es soweit ist, muß ich mir eine andere Nadel suchen und mich wieder an die Arbeit machen."

Josua verschwand, um eine Nadel zu finden, und Aquila wandte sich wieder seiner Arbeit zu. *Josua hat recht,* dachte er. *Korinth ist wirklich eine besonders sündige Stadt. Hoch über der Stadt steht der Tempel der Aphrodite, in dem ständig die schrecklichsten Orgien stattfinden.* Doch wie sollten sie die Stadt verlassen, in der sie eben erst eine feste Bleibe gefunden hatten?

„Hallo, Aquila, mein Freund!"

Die Stimme war ihm nur zu bekannt. Aquila sprang auf. „Rufus, wir haben nicht gehofft, daß du schon so bald hier sein würdest." Die beiden Männer begrüßten sich in der Mitte des Hofes und umarmten sich warm.

„Wir hatten weit besseren Wind als bei unseren letzten Reisen. Es ging diesmal so gut wie damals, als ihr mit uns von Tarentum kamt."

„Wirst du einige Tage bleiben können?" fragte Aquila.

„Nicht lange", antwortete Rufus. „Wir haben noch eine ziemliche Ladung, die nach Athen muß. Und die Reise um die Südspitze von Achaia ist nie besonders angenehm. Nicht einmal im Sommer. Aber höre, mein Freund, ich muß etwas mit dir besprechen."

„Noch ehe du die anderen begrüßen kannst?"

„Ich möchte dich nur vorher fragen, ob du es möglich machen kannst, ein Stück mit mir zu gehen, wenn ich zum Schiff zurückkehre? Nur wir beide. Dann könnten wir in Ruhe miteinander reden."

„Das ist einfach", nickte Aquila. „Doch komm jetzt, mein Freund, die anderen werden sich freuen."

Sie betraten den langen, schmalen Raum, der an der Straße lag und in dem Kara und Priscilla an den Webstühlen saßen. Beide schauten von ihrer Arbeit auf und erhoben sich, als sie Rufus erblickten. „Also bist du wieder sicher angekommen", stellte Kara fest. „Sei willkommen in dem Land und in unserem Heim. War das Meer genauso schrecklich wie damals, als wir mit euch fuhren?"

Rufus grinste. „Vielen Dank für das freundliche Willkommen. Was deine Frage betrifft, kann ich nur sagen: Hätten wir nur immer eine so gute Fahrt wie damals, als ihr an Bord wart. Ich frage mich manchmal, Frau Kara, ob wir dich nicht immer mitnehmen sollten in der Hoffnung, daß du eine ruhige See und guten Wind mitbringen würdest."

„Lieber würde ich sterben", lachte Kara.

Priscilla lächelte. „Auch ich heiße dich herzlich willkommen und hoffe, daß du uns Nachrichten oder Grüße von unseren

Familien oder Freunden, die nach Athen gezogen sind, mitgebracht hast. Bist du kürzlich dort gewesen?"

„Wir fahren jetzt nach dort", antwortete Rufus. „Doch ich bringe dir einen Brief, Frau Priscilla, den ich in den letzten Wochen immer bei mir trug, um ihn nicht zu verlieren."

Er griff in sein Gewand und brachte ein flaches Päckchen zum Vorschein, das er Priscilla reichte. „Es trägt ihren Namen", sagte er entschuldigend zu Aquila. „Von ihrem Vater, glaube ich."

Er findet es seltsam, daß nicht alle Briefe für mich oder Josua sind, dachte Aquila. *Ich kann ihm ja auch nicht sagen, daß in dieser Familie weder Josua noch ich die Briefe schreiben, sondern sie, weil sie alles viel besser in Worte fassen kann. Er würde glauben, ich würde sie verwöhnen oder ließe ihr zuviel Freiheit. Und das stimmt vielleicht sogar. Aber es ist allein meine Angelegenheit. Und solange sie sonst gehorsam ist...*

Priscilla hatte den Brief an ihren Körper gedrückt. Aquila bemerkte, daß Rufus deshalb unfreiwillig ihren sich rundenden Leib betrachtete. „Du hast vielleicht bemerkt", sagte er, „daß meine Frau schwanger ist. Deshalb regt sie sich auch sehr leicht auf. Ich denke, wir lassen sie mit dem Brief allein. Ich werde dich ein Stück zum Schiff zurück begleiten."

„Fein", stimmte Rufus zu und wandte sich an Kara. „Würdest du deinem Gatten ausrichten, daß ich neue Nadeln für ihn habe, und auch andere Dinge, die er bestellt hat. Vielleicht kommt er einmal zum Schiff. Wir liegen für einige Tage am Pier."

„Ich werde es ihm ausrichten", antwortete Kara. Doch sie interessierte sich mehr für Priscilla, die den Brief immer noch fest an sich drückte, als für die Männer.

„Sie wird nicht einmal bemerken, daß wir gehen", sagte Aquila leise.

„Gut", flüsterte Rufus, „dann kannst du länger mit mir kommen."

„Ich wünschte, es wäre so", sagte Aquila, als sie wieder im Hof waren. „Gern würde ich mich länger mit dir und deinem

Bruder unterhalten. Doch wenn man ein Geschäft hat . . ." Er beendete den Satz nicht, da Rufus ihn auch so verstand, fuhr aber fort: „Du wolltest etwas mit mir besprechen. Hast du Probleme?"

„Nein. Doch ich habe heute jemand getroffen, der mir auf unseren Reisen schon einige Male begegnet ist. Ein Mann — ich weiß nicht recht, wie ich es sagen soll —, ein Mann mit soviel Glauben, soviel Feuer, soviel . . ." Er suchte nach Worten.

„Und du möchtest, daß ich ihn kennenlerne. Um ihn zu hören? Ist er ein Jahwe-Gläubiger? Ein Nachfolger Jesu?"

„Er ist ein Jahwe-Gläubiger, ein Hebräer und ein Nachfolger Jesu. Doch ich möchte, daß du mehr tust als ihn zu hören oder kennenzulernen. Ich möchte, daß du ihm hilfst."

„Wir sind sehr in deiner Schuld", antwortete Aquila. „Doch bist du sicher, daß wir die Leute sind, die ihm helfen können? Wir haben sehr wenig Raum und wenig Einfluß und können nicht die Dinge tun, die zum Beispiel Titius für uns tat."

Rufus lächelte. „Ihr habt etwas, das er braucht. Er ist Zeltmacher, wie ihr, und er muß im Augenblick mit seinen Händen arbeiten können. Er ist so müde und entmutigt, daß er aussieht, als wäre er krank. Doch ich glaube, er braucht eine Kur, die kein Arzt ihm geben kann. Er muß eine Zeit Ruhe haben und dabei in seinem vertrauten Beruf arbeiten können."

„Wir haben nur ein kleines Geschäft und würden keinen großen Lohn zahlen können", meinte Aquila vorsichtig.

„Er braucht keinen großen Lohn. Er ist ein Genie in der Selbstversorgung. Nein, so stimmt es eigentlich nicht, sondern Gott sorgt für ihn."

„Wer ist es?" fragte Aquila.

„Sein Name ist Paulus", erklärte Rufus. „Paulus von Tarsus. Er sagt von sich, er sei ein Apostel Jesu."

„Ein Apostel? Also einer von denen, die Jesus direkt nachfolgten als Er auf Erden war?" Aquilas Stimme war die Erregung anzuhören.

„Nein, nicht so. Paulus sagt, er sei dem Herrn auch begegnet, aber lange nach Seiner Kreuzigung, Auferstehung und Seiner Himmelfahrt."

Die beiden Männer schwiegen eine Zeitlang und hingen ihren Gedanken nach. Sie nahmen kaum die anderen Menschen wahr, die ihnen begegneten, ebensowenig das Rufen der Verkäufer und den monotonen Gesang der Priester, die zu ihren vielen verschiedenen Tempeln einluden. Nur als ein kleiner Priester sie anstieß und flüsterte, wie hübsch und zauberhaft die Prostituierten in seinem Tempel seien und dabei weit die Hand offenhielt, schreckten sie auf. ,,Uns interessieren die schmutzigen Sitten deiner Religion nicht!'' fuhr Aquila ihn an. ,,Laß uns in Ruhe.''

Rufus meinte besänftigend: ,,Es ist noch nicht zu lange her, da hätte ich ihn gut bezahlt für das, was er anbietet. Doch das war, ehe ich die Botschaft von Jesus hörte. Und Paulus ist ein Prediger, der die gute Nachricht überall verbreitet. Durch seinen Dienst sind schon Hunderte, vielleicht Tausende von Menschen verändert worden. Korinth braucht ihn. Wenn ich ihm sagen könnte, ich kenne eine Familie, bei der er arbeiten kann, dann . . .''

,,Ich müßte erst mit meinem Onkel sprechen'', meinte Aquila. Fast hätte er gesagt: *Mit meiner Frau.* Doch er hielt die Worte zurück.

,,Natürlich. Aber würdest du mit ihm reden?''

,,Gewiß. Ich werde dich nicht erst zum Schiff begleiten, sondern sofort umkehren, um meinem Onkel die Sache vorzulegen. Ich weiß aber nicht recht, wo dieser Paulus schlafen könnte. Unsere Wohnung ist klein und meine Frau . . .''

,,Das verstehe ich'', unterbrach Rufus. ,,Wir haben für ihn andere Möglichkeiten, wo er schlafen kann. Aber ihr beiden seid die einzigen Jesusnachfolger in Korinth, die Zeltmacher sind. Ihr könntet Paulus sehr helfen sich bei der Handarbeit zu erholen, nach der schlimmen Zeit, die er in Athen erlebt hat.''

Aquila überlegte, wie es ihm geholfen hatte, als er nach der Vertreibung in Korinth wieder zur Ahle und zur Nadel greifen konnte. Vielleicht würde es diesem Paulus genauso gehen. Rufus fuhr fort: ,,Ich werde heute nachmittag zu deinem Geschäft zurückkommen. Vielleicht bringe ich Paulus mit. Dann könnt ihr ihn kennenlernen und nachher entscheiden.''

„Gut", nickte Aquila. „So werden wir es machen. In der Zwischenzeit spreche ich mit meiner Familie, und du bringst deinen Freund mit."

„Er ist nicht eigentlich mein Freund", meinte Rufus. „Er ist ein Mann Gottes. Vielleicht der wichtigste Mann, der mir je in meinem Leben begegnet ist. Übrigens, ich habe noch etwas für deine Frau. Ich werde es heute nachmittag mitbringen." Damit ging er weiter.

Aquila ging nachdenklich den Weg zurück. *Was wird Priscilla von diesem Paulus denken? Was wird sie sagen, wenn während des Tages immer ein Fremder in der Nähe ist, wo sie sich doch jetzt über so viele andere Dinge Gedanken machen muß,* fragte er sich.

16. Kapitel

Nachdem Aquila und Rufus das Haus verlassen hatten, öffnete Priscilla den Brief und begann eifrig zu lesen. Nach einigen Minuten blickte sie mit strahlenden Augen auf. „Daheim muß es wohl gut gehen", stellte Kara fest. „Du siehst aus, als hätte dir jemand gerade eine Handvoll Gold geschenkt."

„Besser als das", freute sich Priscilla. „Der Brief ist von meinem Vater. Er schreibt, allen geht es gut, sogar Großmutter und der alten Dena. Niemand ist krank."

„Und was ist mit den anderen? Mit der Synagoge, meine ich? Wagen sie es, sich zu versammeln, oder hat der Kaiser alles verboten?"

„Mein Vater drückt sich natürlich vorsichtig aus. Man weiß ja nie, wer den Brief vielleicht liest. Doch er sagt in versteckter Weise einiges, was mich glauben läßt, einige Hebräer sind zurückgekehrt. Er erwähnt auch einige Namen. Nicht die richtigen, sondern irgendwie verdrehte. Doch ich verstehe, was er meint. Mein Vater ist sehr klug. Wäre er doch lieber ein Gelehrter geworden statt ein Kaufmann."

„Was sagt er denn über die Hebräer, die zurückgekehrt sind?" forschte Kara.

„Nur, daß sie wieder in Rom sind und sich am Sabbath reihum in ihren Häusern treffen. Er sagt nicht *Sabbath,* sondern: sie treffen sich, um zu feiern. Doch ich verstehe, was er meint. Er hat auch einige Fragen, die mir zeigen, daß einige der Hebräer und der anderen Jahwe-Gläubigen beginnen, sich für den Glauben an Jesus zu interessieren. Er möchte da einiges wissen. Ich muß ihm bald schreiben und manches erklären. Glaubst du, ich könnte das?"

„Du solltest diese Dinge jetzt beiseite lassen", mahnte Kara scharf. „Du wirst mit all diesen Gedanken nur das Kind stören. Ich meine es doch nur gut mit dir."

Priscilla lächelte. „Jage mir keine Angst ein, Kara. Du weißt, wie wichtig das Baby für mich ist. Doch es ist mir auch unmöglich, diese Gedanken völlig zu vertreiben. Sie kommen immer wieder."

Aquila betrat plötzlich den Raum. „Du bist schnell zurück, mein Herr", staunte Priscilla.

„Ich muß einiges mit Josua und euch besprechen", sagte er. „Wo ist Josua?"

„Er ist zu den Metallhandwerkern gegangen, da er noch eine alte Bronzenadel gefunden hat. Er hofft, sie kann wieder gerichtet werden. Hat Rufus etwas von den neuen Nadeln gesagt?" antwortete Kara.

„Er erwähnte sie, aber wir hatten keine Zeit uns darum zu kümmern", berichtete Aquila, „denn ich müßte jetzt mit Josua sprechen können." Er blickte auf den Brief in Priscillas Hand. „Wie geht es deiner Familie, meine Liebe?"

Priscilla war erfreut. Sie war sicher, daß kaum ein anderer Mann diese Frage gestellt hätte, sondern sie hätten den Brief gefordert. Ihr wäre bei den meisten Männern wahrscheinlich nicht einmal gestattet worden, den Brief zuerst zu lesen. „Es geht ihnen gut", sagte sie. „Sie haben auch schon unsere Nachricht erhalten, daß wir ein Kind erwarten. Sie sagen nicht zuviel, aber sie freuen sich sehr darüber. Hier, mein Herr, lies selbst."

Einige Minuten herrschte Stille, während Aquila las. Priscilla beobachtete ihn und fragte sich, ob auch er die versteckten Andeutungen und Namen begreifen würde?

Als Aquila wieder aufblickte, lag ein frohes Lächeln auf seinem Gesicht. „Mir scheint, einige der Unseren sind zurückgekehrt, und sie versammeln sich auch schon wieder."

„Du verstehst es auch so, mein Herr!" rief Priscilla. „Dann habe ich Vater doch richtig begriffen. Und die Fragen in dem Brief? Die Fragen über den Glauben? Soll ich versuchen sie zu beantworten, mein Herr, oder möchtest du lieber selbst schreiben?"

Aquila wollte gerade antworten, als Josua eilig eintrat. „Die Nadel ist gerichtet und geschärft worden", verkündete er. „Jetzt kann ich wieder an meine Arbeit gehen."

„Inzwischen war Rufus hier", sagte Kara. „Du hast also deine Zeit und das Geld, das du dem Handwerker gegeben hast, vergeudet."

„Durchaus nicht", erwiderte Josua. „Man kann nie zu viele gute Nadeln haben." Er wandte sich an Aquila. „Also sind Rufus und Trolas angekommen. Hatten sie eine gute Reise?"

„Sehr gut", nickte Aquila. „Doch als Rufus in Korinth eintraf, begegnete er einer Situation in der er glaubt, unsere Hilfe brauchen zu können."

„Hilfe?" fragte Josua. „Wir sind ihm natürlich sehr viel Dank schuldig. Aber welche Hilfe könnten wir ihm geben?"

„Er traf einen Mann, der Paulus heißt", begann Aquila. „Einen Apostel Jesu..."

„Einen Apostel?" unterbrach Priscilla atemlos. „Jemand, der mit Jesus ging, mit Ihm sprach und Ihm nachfolgte, als Er noch auf Erden war?"

„Nicht so schnell", bremste Aquila. „Nein, bei diesem Paulus ist es nicht so. Aber er sagt, Jesus sei ihm einige Jahre nach der Kreuzigung und Auferstehung als Person begegnet."

Josua wiegte zweifelnd den Kopf. „Kann man so etwas wirklich glauben?"

„Ich weiß nicht", gab Aquila zu. „Doch Rufus sagt, Paulus sei ein großer Lehrer. Vielleicht der größte unter allen Jesusnachfolgern."

„Aber was braucht er dann von uns?" fragte Kara offen. „Was hätten wir einem so großen Lehrer zu bieten?"

Priscillas Herz klopfte heftig. *Ein großer Lehrer! Ein Apostel! Jemand, der Jesus begegnet war!* dachte sie. Wenn sie doch wieder einmal zu Füßen eines Mannes voller Kraft und Weisheit sitzen könnte. Das würde ein wenig sein wie zur Zeit ihres Großvaters.

„Der Mann ist ein Zeltmacher wie wir", erklärte Aquila. „Rufus meint, er habe gerade eine sehr schwere Zeit hinter sich und brauche eine Zeit der Ruhe, um sich innerlich und äußerlich erholen zu können. Eine Zeit, da er in seinem Beruf wieder mit der Hand arbeiten könne und seine Seele ausruht. Rufus hat gefragt, ob Paulus mit uns arbeiten kann."

O bitte, hätte Priscilla gern gesagt, *bitte, laßt ihn kommen.* Doch sie wußte, daß Zurückhaltung angebracht war, weil sie sonst vielleicht mißverstanden wurde. Und was wußte sie denn schon von diesem Paulus?

„Haben wir genug Arbeit, um eine dritte Person zu beschäftigen?" fragte Josua. „Können wir ihn auch ordentlich bezahlen? Erwartet er, bei uns wohnen zu können? Wo würde er dann schlafen?"

Diese kühlen und logischen Fragen mußte auch Priscilla anerkennen, und doch hoffte sie auf eine andere Entscheidung. Atemlos wartete sie, was die anderen sagen würden.

„Ich sehe nicht, wo er bei uns schlafen könnte", meinte Kara zögernd. „Priscilla braucht in der jetzt kommenden kritischen Zeit unbedingt ihre Ruhe. Arbeit wäre wahrscheinlich genug vorhanden, wenn ich daran denke, wie mein Herr sich immer beklagt, daß er völlig überarbeitet ist. Aber ich wüßte nicht, wo der Fremde bei uns wohnen sollte."

„Rufus meint, er könne bei anderen Gläubigen schlafen", erklärte Aquila. „Vielleicht müßte er einige Nächte in der Werkstatt schlafen, bis alles geordnet ist. Könnten wir damit fertig werden?" Er sah erst Kara und dann Priscilla fragend an.

„Ich würde schon genug Zeit haben, um allein zu sein und ruhen zu können", sagte Priscilla vorsichtig. Sie war besorgt, sie könnte zuviel Eifer zeigen.

„Ich möchte nicht, daß irgend etwas dich beunruhigen muß", erklärte Aquila entschlossen. „Lieber würde ich Rufus klar machen, daß es im Augenblick..."

„Aber wir schulden Rufus wirklich viel Dank", unterbrach Josua. „Und ich bezahle gern meine Schulden."

„Auch auf Kosten deiner Familie?" murmelte Kara.

Priscilla sagte: „Bitte, hört auf Josua. Er hat recht. Außerdem werdet ihr euch alle um mich kümmern. Es wird mich nicht stören, wenn noch eine andere Person mit im Geschäft arbeitet. Ich würde mich freuen, wenn ihr Rufus sagt, daß wir seine Bitte erfüllen werden."

„Er will am Nachmittag zurückkommen", erklärte Aquila. „Wahrscheinlich wird er Paulus mitbringen, damit wir ihn kennenlernen. Anschließend wird es uns leichter fallen, eine Entscheidung zu treffen. Ich muß sagen: Mich interessiert der Mann sehr."

„Dann verschieben wir die Entscheidung auf später", stimmte Josua zu.

„Ich weiß nicht wie es euch geht, aber ich habe zu arbeiten."

„Ich auch", nickte Kara. „Vor allem muß ich zuerst Wasser holen." Sie nahm den Krug und ging.

Für einige Augenblicke waren Priscilla und Aquila allein. „Bist du ganz sicher, daß es gehen wird?" fragte er.

„O ja", nickte sie eifrig. „Es wäre wunderbar, einen so großen Lehrer im Hause zu haben. Vielleicht ist dieser Paulus die Lehrautorität, von der Rufus einmal sagte, daß wir sie brauchen."

Aquila runzelte die Stirn. „Ich bin nicht sicher, ob es für dich zur Zeit gut ist, wenn wir jemand wie einen Lehrer bei uns haben? Wenn ich befürchten müßte, das Kind könnte dadurch Schaden nehmen, würde ich Rufus bitten, für Paulus etwas anderes zu finden."

Priscilla wurde in ihren Gefühlen hin und her gerissen. Einerseits konnte sie Aquilas Befürchtungen verstehen, weil sie wußte, daß er aus Besorgnis um sie und um das Kind so dachte. Andererseits war die Aussicht, einem Menschen wie diesem Paulus zuhören zu können etwas, das sie schon lange sehr vermißte.

Sich mühsam im Zaume haltend, sagte sie: „Ich werde ganz gewiß nichts tun, was dem Kind schaden könnte, das versichere ich dir. Doch es ist deine Sache zu entscheiden, ob dieser Paulus bei uns arbeiten kann, mein Herr. Wie du dich entschließt, so ist es recht."

Aquila versicherte sanft: „Du weißt, ich denke dabei nur an dich. Wir werden warten, bis Rufus mit Paulus zu uns kommt. Dann treffen wir unsere Entscheidung. Genügt das?"

„Ja, mein Herr", flüsterte sie, doch sie konnte ihm dabei nicht in die Augen sehen.

Sie hörten Kara zurückkommen. Schnell strich er ihr leicht über das Haar und flüsterte: „Sorge dich nicht, meine Liebe, und überanstrenge dich nicht." Dann verließ er den Raum.

Rufus kam im Laufe des Nachmittags. Wie immer, so war er auch diesmal in Gegenwart der Frauen schüchtern und zurückhaltend. Doch er brachte einige Geschenke mit, und sein Blick war warm und voller Freude. Mit ihm kam ein kleiner Mann im traditionellen weiten Gewand des Hebräers, der einen Schal um den Kopf trug. Priscilla beobachtete ihn, als er Aquila und Josua begrüßte, konnte aber nichts Ungewöhnliches an ihm finden. Er hatte eine sehr hohe Stirn und trug einen gut geschnittenen Bart. Priscilla war ein wenig enttäuscht. Eigentlich sollte ein großer Lehrer, ein Mann, der sagt, er sei Jesus begegnet, irgendwie etwas Besonderes an sich haben.

Dann begrüßte Paulus die Frauen, und Priscilla sah seine Augen. Sie waren groß und dunkel; doch es war ein Leuchten und eine Ausstrahlungskraft in ihnen, die es Priscilla schwer machte, seinem Blick standzuhalten. „Mein Herr", sagte sie demütig, nachdem Rufus sie vorgestellt hatte, und senkte grüßend den Kopf. Hätte sie getan, was sie vor diesen Augen empfand, würde sie ihre Knie gebeugt haben. Doch sie wußte, daß es töricht und lächerlich gewesen wäre.

Paulus blickte sich um. Priscilla war sicher, daß ihm die Ärmlichkeit des Raumes nicht entging. Doch als er nun Aquila ansprach, schien er voller Eifer zu sein, trotz der offensichtlichen Müdigkeit, von der sein Gesicht gezeichnet war. „Ich sehe, daß ihr alle nötigen Werkzeuge besitzt, und auch einen guten Raum. Auch ich habe mein Werkzeug mitgebracht. Und wenn ihr meine Dienste brauchen könntet . . ."

Einige Augenblicke trat Schweigen ein. Priscilla war, als hinge von den nächsten Worten sehr viel für sie ab. Innerlich betete sie: *Bitte, Gott, o bitte!*

Aquila lächelte freundlich. „Ich würde es als Ehre empfinden, dich bei uns zu haben", sagte er. „Nicht nur, um mit dir zusammenzuarbeiten, sondern um von dem zu sprechen, der auferstanden ist von den Toten."

Paulus lächelte nun auch. Dabei veränderte sich sein Gesicht völlig. Der strenge rabbinische Zug machte einer solchen Wärme und Freundlichkeit Platz, daß Priscilla ihr Herz schmelzen fühlte. Und sogar Kara betrachtete Paulus jetzt freundlicher.

„Zu Gläubigen von Jesus zu sprechen ist die Freude meines Lebens", sagte Paulus, und blickte einen nach dem anderen fest an. „Und es ist sogar möglich, daß in diesem Haus diese Freude noch durch echte Freundschaft vertieft wird."

Danke, Gott, vielen Dank, dachte Priscilla. *Dieser Mann wird unser Leben sehr beeinflussen, das weiß ich.* Sie fühlte, wie sich das Kind in ihr bewegte und dachte, daß vielleicht schon das ungeborene Baby etwas von ihrer Freude spüren könnte.

17. Kapitel

Paulus schlief nur wenige Nächte in Aquilas Haus. In der Zwischenzeit hörte sich Rufus unter den Gläubigen um, und Titius stellte Paulus einen Schlafplatz zur Verfügung. Priscilla wunderte sich, daß Paulus alles, was man für ihn arrangierte, mit einer so stillen Demut annahm, als habe er den Hang zu einer Sklavennatur. Und doch konnte man spüren, daß in ihm ein Feuer brannte und eine Kraft in ihm war, die nur darauf wartete, freigesetzt zu werden. Man brauchte nur in seine Augen zu schauen, um das zu sehen.

Sie fragte sich, ob die anderen genauso eifrig darauf warteten, Paulus endlich predigen zu hören? Um ihres Kindes willen unterdrückte sie alle Fragen, die sie bewegten, obwohl ihr das manchmal sehr schwer fiel, wenn sie beim Mittagessen gemeinsam am Tisch saßen oder wenn er bei schlechtem Wetter in einer Ecke des Raumes arbeitete und nicht draußen auf dem Hof. Sie hätte nur zu gern gewußt, wie es gewesen war, als er Jesus von Angesicht zu Angesicht begegnete.

,,Er muß wunderbare Dinge zu erzählen haben", sagte sie eines Abends voller Erwartung zu Aquila, als sie im Bett lagen. ,,Rufus meint, er sei der größte Lehrer unter uns Jesusnachfolgern. Und dabei sitzt er nur ruhig hier und arbeitet mit Lederhäuten."

,,Er braucht zur Zeit diese Stille und die Arbeit, um neue Kraft zu sammeln und große Enttäuschungen zu überwinden", antwortete Aquila. ,,Doch auch ich würde ihn gern predigen hören. Er hat uns noch nicht einmal von seinem Erlebnis auf der Straße nach Damaskus erzählt, als ihm Jesus begegnete."

„Aber woher weißt du dann schon so viel?" fragte Priscilla.

„Rufus hat mir einiges erzählt", antwortete er. „Oh!" rief er dann, „weil ich an Rufus denke — er hat ein Geschenk für dich mitgebracht. Ich habe völlig vergessen es dir zu geben."

„Ein Geschenk?" staunte sie. „Warum sollte er mir ein Geschenk mitbringen? Und warum solltest du so etwas gestatten?"

Aquila lachte. „Es ist ein so seltsames Geschenk und so ungewöhnlich für eine Frau, daß ich es nicht zurückweisen konnte. Ich habe es unter einem Häutestapel versteckt, um es dir zur rechten Zeit zu geben."

„Was ist es, mein Herr? Und ist jetzt die richtige Zeit?"

„Kaum, denn es handelt sich um Papyrus."

Sie schlug ihm vor Begeisterung auf die Schulter. „Papyrus, mein Herr! Wieviel!"

„Du sollst in unserem eigenen Raum nicht *mein Herr* zu mir sagen." Aquila wurde erst jetzt bewußt, daß sie den Satz gemeinsam gesagt hatten. Priscilla kicherte.

„Aber sage mir", bettelte sie. „Ist es mehr als ein Blatt? Und warum hat er es mitgebracht?"

„Es wurde auf dem Schiff vergessen. Und als er versuchte es später auszuliefern, war der Mann, der es bestellt hatte, verschwunden. Also sagte Trolas zu Rufus, er könne es behalten. Und Rufus dachte daran, wie oft du Briefe schreibst."

„Aber du hast noch nicht gesagt, wieviel es ist", drängte sie eifrig.

„Etwa 20 Bogen, vielleicht auch mehr."

Sie klatschte in die Hände: „So viel!" jubelte sie. „Wer hätte je gedacht, Rufus würde das tun. Wann darf ich es haben? Wann ist die richtige Zeit?"

„Nachdem das Kind geboren ist", erklärte Aquila. „Denke nicht, ich sei zu streng, meine Liebe, doch ich möchte nicht, daß du etwas tust, was dem Kind schaden könnte. Du doch auch nicht?"

„Ich werde versuchen geduldig zu sein", sagte sie ohne Ärger, und fügte hoffnungsvoll hinzu: „Ich hoffe, es wird bald geboren."

Aquila lachte wieder und ergriff ihre Hand. „Du bist sicher die einzige Frau auf der Welt die hofft, ihr Kind möge bald geboren werden, damit sie ein Bündel Papyrus haben kann."

Lachend erwiderte sie: „Aber das ist gewiß nicht der Hauptgrund. Ich mag auch nicht mehr so dick und immer müde sein. Ich sehne mich danach, das Kind in meinen Armen halten zu dürfen. Ich glaube, es wird bald soweit sein."

„Auch mir wird die Zeit lang, und ich hatte ein wenig Angst", gestand Aquila. „Doch jetzt bin ich zuversichtlich, daß alles gut gehen wird. Aber auch ich werde froh sein, wenn alles vorüber ist."

„Auch wenn das bedeutet, du mußt mir einen Packen Papyrus geben?" neckte sie ihn.

„Auch dann", nickte er und küßte sie. „Doch jetzt wollen wir schlafen. Die Nacht ist immer so schnell vorbei. Und du weißt, Paulus kommt morgens immer schon wenn es noch dämmert."

„Gute Nacht, mein Herr, mein Lieber", sagte sie und suchte sich die richtige Lage, um schlafen zu können. Doch es dauerte noch eine ganze Weile, bis sie einschlafen konnte. Sie dachte an Paulus, der immer noch ein Fremder für sie war, wie er täglich still und geduldig bei ihnen arbeitete. Bei dem Gedanken an seine Geduld wurde auch sie ruhiger. *Wir warten beide,* dachte sie und schlief endlich ein.

Sie konnte noch nicht allzu lange geschlafen haben, als sie durch ein Schmerzgefühl erwachte. Ängstlich lag sie in der Dunkelheit und fragte sich, ob sie geträumt hatte. *Aquila wird denken, ich tue es absichtlich, um schnell zu dem Papyrus zu kommen,* überlegte sie und hätte fast laut gelacht. Nach einer Weile fühlte sie den Schmerz wieder, leise und dumpf und nicht so wie damals auf der Straße nach Tarentum, als sie dachte, sie würde zerrissen. Doch mit dem Schmerz kam die Gewißheit. Das Kind wollte kommen!

Im ersten Aufruhr wollte sie Aquila wecken und ihn bitten, Kara zu rufen. Doch der Schmerz ließ nach und sie sagte sich, es sei noch Zeit genug und sie brauche die anderen noch nicht zu stören. Sie wandte sich statt dessen an Gott: „Bitte", betete sie, „gib mir Mut und Kraft, und laß das Baby gesund sein. Hilf, daß alles gut geht."

Im Halbschlaf wartete sie auf die Dämmerung und das Kommen des Kindes. Wenn die Schmerzen zurückkehrten, preßte sie die Hände vor den Mund, um anschließend wieder ruhig und getrost dem Kommenden entgegenzusehen.

Es begann gerade zu dämmern, als sie Kara hörte, die Josua weckte. „Ich hörte Paulus kommen", sagte Kara. „Wenigstens hoffe ich, daß es Paulus ist und kein Dieb."

„Schon gut", brummte Josua. „Ich komme ja. Ich frage mich, ob alle in Titius' Haus so schrecklich früh aufstehen oder ob nur Paulus es nicht ertragen kann die Nacht mit schlafen zu vergeuden?"

Priscilla schüttelte Aquila. „Dein Onkel und deine Tante sind wach, mein Herr; und außerdem wird das Kind heute kommen."

Aquila fuhr hoch. „Bist du sicher? Hast du Schmerzen?"

„Ja, ich bin sicher und habe Schmerzen. Bitte Kara, zu mir zu kommen. Nicht sofort; es ist noch Zeit genug, für alle das Frühstück zu bereiten. Aber dann sollte sie vielleicht kommen."

Aquila küßte sie. „Ich werde für eine leichte und sichere Geburt beten", versicherte er.

„Ich werde Gott bitten, dich zu segnen und uns ein gesundes Kind zu schenken." Er kleidete sich an und verließ den Raum.

Priscilla erhob sich, wusch sich sorgfältig und begann, langsam im Raum hin und her zu gehen. Kara erschien in der Tür. „Kommt das Kind wirklich?"

Priscilla nickte. „Ja, bestimmt."

„Und du kommst noch zurecht, bis ich den Männern das Frühstück zubereitet habe?"

„Ja. Doch bitte, komme dann. Ich möchte, daß du bei mir sitzt und meine Hand hältst, wie das letzte Mal."

„Sicher! Und wann soll ich nach der Hebamme senden?"

Priscilla krümmte sich zusammen, weil eine neue Schmerzwelle sie durchflutete. Sie fühlte, wie der kalte Schweiß auf ihre Stirn trat. „Vielleicht", sagte sie, „vielleicht solltest du sie gleich rufen. Ich mag sie früher brauchen als ich dachte."

Der Vormittag verging langsam. Aquila hatte Mühe, sich auf die Arbeit zu konzentrieren. Er freute sich über Kunden, denn bei Gesprächen über Aufträge wurden seine Gedanken vorübergehend von dem abgelenkt, was in ihrem Zimmer vorging. Er war sehr früh zur Synagoge gegangen und hatte dort für Priscilla und das Kind gebetet. Auch jetzt flehte er zwischendurch immer wieder zu Gott.

Paulus blickte oft zu ihm herüber und sagte endlich: „Du scheinst dir Sorgen zu machen, junger Freund. Doch eine Geburt ist eine ganz normale Sache. Was bedrückt dich?"

„Sie verlor unser erstes Kind", erzählte Aquila. „Es wurde zu früh geboren. Sie hat dabei viel gelitten. Sie ist sehr schlank, weißt du."

„Ja", nickte Paulus, „sie ist sehr schlank. Fast wie ein Kind. Doch ich glaube, sie ist sehr stark, ja sogar hartnäckig. Und wenn sie Glauben hat, brauchst du dich nicht zu sorgen."

„Sie hat sehr festen Glauben", sagte Aquila. „Sie wollte sich nicht taufen lassen, ehe sie die Wahrheit von Jesus nicht selbst erfaßt hatte. Sie wollte nicht nur die Frau eines Gläubigen sein, sondern selbst Glauben haben." Er hielt inne, weil er nicht wußte, was Paulus dazu sagen würde.

Doch Paulus nickte nur. Aquilas Worte hatten ihn nicht überrascht. „Das dachte ich mir. Ich habe sie beobachtet und glaube, sie ist kein Kind mehr. Ich lerne immer mehr, daß Frauen einen Glauben entwickeln können, über den man staunen muß. Ich hätte das früher nicht gedacht. Doch in Philippi . . ."

Ehe Paulus weitersprechen konnte, durchschnitt Priscillas Schrei die Luft. Ein wenig später schrie sie nochmals. Und dann hörte Aquila ein dünnes, hohes Weinen, das ihn mit Freude erfüllte. „Es ist das Kind", sagte er atemlos. „Das Kind ist geboren."

„Gott sei gepriesen!" rief Paulus. „Und hier kommt dein Onkel, um dir zu sagen, ob es ein Junge oder Mädchen ist."

Aquila hatte gar nicht gesehen wie Josua an der Tür gefragt hatte. Nun kam er mit ausgestreckter Hand auf den jungen Vater zu. „Du hast einen Sohn", gab er bekannt. „Kara sagt, es ist ein gesunder Junge. Er wird gerade gesäubert. In wenigen Minuten wird Kara ihn bringen."

„Und Priscilla?" wollte Aquila wissen.

„Es geht ihr gut. Wenn die Hebamme ihre Arbeit beendet hat, kannst du zur Tür gehen und mit ihr sprechen und ihr sagen, wie stolz du auf sie bist und wie dankbar für das Kind."

Paulus kicherte. „Ich glaube, dieser junge Mann weiß, was er zu sagen hat. Ich denke, die Sorge um seine Frau hat nichts mit Pflicht zu tun, sondern mit Liebe."

Aquila wurde rot. „Sie ist so lieb und schön", verteidigte er sich.

Josua grinste. „Eine Frau muß nicht schön sein, um geliebt zu werden. Kara ist nicht mehr jung und schlank und schön, und sie hat eine scharfe Zunge. Doch ich liebe sie immer noch." Er wandte sich an Paulus. „Vielleicht denkst du, wir lieben uns zu sehr, mein Freund. Doch wir haben nur uns, wir vier, deshalb ist es so wichtig, daß wir uns lieben."

Paulus lächelte. „Ich bin nicht verheiratet und habe deshalb davon nicht immer alles verstanden. Doch ich glaube, hier bei euch lerne ich eine Menge mehr über Ehe und Familie."

Kara stand an der Tür mit einem Bündel in ihren Armen. „Dein Sohn, mein Herr", sagte sie zu Aquila. Es war das erste Mal, daß sie ihn so anredete.

Zaghaft ging Aquila zu ihr, zog die Decke etwas beiseite und blickte erstaunt auf das Baby. Er sah das kleine, runde Gesicht, mit einem Büschel dunklem Haar auf dem Kopf. Die Augen waren geschlossen. „Sind seine Augen blau?" fragte er.

Kara lächelte. „Nein, das Kind ist dem Vater ähnlicher als der Mutter. Doch es ist perfekt und gesund. Gott hat uns reich gesegnet."

„Darf ich mit Priscilla sprechen?" fragte Aquila.

„Noch nicht. Die Hebamme ist noch nicht fertig. Hier, nimm das Baby, mein Herr. Halt es in den Armen. Es ist ja dein Sohn."

Sie legte das Kind in seine Arme. Er mußte an seine Mutter denken und daran, welche Freude sie haben würde, könnte sie das miterleben. Dann kamen Josua und Paulus heran, um das Kind zu betrachten. Josua fuhr ganz zart mit seinen Fingern über die Wange das Babys, ehe er zurücktrat. Er wischte sich ohne Verlegenheit Freudentränen aus den Augen.

Nun legte Paulus vorsichtig die Hand auf den Kopf des Kindes und sagte sanft und fast staunend: „Denke, auch unser Herr wurde so hilflos in diese Welt geboren. Da wird man bis ins Innerste erschüttert."

Aquila blickte in die großen Augen von Paulus. „Ja", nickte er, „das packt mich wirklich. Ich muß noch soviel darüber lernen."

„Und ich muß noch soviel davon lehren", sagte Paulus. „Ich trage eine Bürde auf meinem Herzen, von der ich reden muß. Morgen ist Sabbath, mein Freund, da werden wir zusammen in die Synagoge gehen, und ich werde dort wieder von Jesus, dem Messias und Erlöser, predigen."

Die Hebamme erschien in der Tür. „Du kannst jetzt mit deiner Frau sprechen, mein Herr. Sie ist noch sehr schwach, doch du kannst in der Tür stehen."

Aquila ging mit dem Baby im Arm hinein und blieb auf der Schwelle ihres Raumes stehen. Priscilla war blaß und ihr Haar vom Schweiß verklebt, doch sie lächelte ihm fröhlich zu. „Ich habe dir einen Sohn geschenkt, mein Herr."

„Wie soll ich in Worte fassen, wie dankbar ich dir bin", sagte er. „Und wie schön das Kind ist. Und du auch."

Sie lachte: „Ich, mein Herr? Ich glaube, ich muß schrecklich aussehen."

„Kann eine Frau, die vom Herrn so gesegnet wurde, denn schrecklich aussehen?"

„Du hast recht, mein Herr", nickte sie. „Ich glaube, der Herr hat uns beide reich gesegnet." Er lächelte und wünschte sich, sie in die Arme nehmen zu können. Liebe Worte gingen ihm durch den Kopf, doch er scheute sich, sie zu sagen. So stammelte er nur: „Habe vielen Dank." Er hoffte, sie würde alles verstehen, was er damit sagen wollte.

18. Kapitel

Als Aquila Paulus zum ersten Mal predigen hörte, lauschte er wie gebannt. Phineas hatte mit Überzeugung und viel Überredungskunst gesprochen, aber seine Predigt war fast nichts im Vergleich zu dem, was dieser kleine, schlanke Mann den versammelten Jahwe-Gläubigen von Jesus erzählte.

Er begann mit dem Bericht seiner Begegnung mit Christus auf der Straße nach Damaskus. Obwohl er die Geschichte sicherlich schon mindestens hundertmal erzählt hatte, spürte man, wie Paulus immer noch voller Ehrfurcht von dem blendend hellen Licht, der Stimme und der anschließenden Blindheit berichtete, bis hin zu dem Tag, an dem Ananias zu ihm kam und ihm die Hände auflegte, so daß er wieder sehend wurde.

,,Und deshalb``, fuhr Paulus fort, ,,habe auch ich Jesus von Angesicht zu Angesicht gesehen. Auch ich habe Seine Stimme gehört. Und so bin ich ebenfalls ein Apostel wie Petrus und die anderen, die mit Jesus gingen, als Er auf der Erde war. Ihr könnt mir glauben, wenn ich sage, daß Jesus der verheißene Messias ist und von den Toten auferstand.``

Aquila bemerkte, wie unterschiedlich die Reaktion der Zuhörer war. Alle, die schon an Jesus glaubten, hörten mit Freuden zu. Doch anderen sah man ihren Unglauben und Ärger an; und Aquila hörte gemurmelte Worte wie *Gotteslästerung* und *Irrlehrer.* Ob sich die Zweifelnden noch überzeugen lassen würden? fragte er sich.

Aquila hatte sich absichtlich in die hintere Reihe gesetzt, um die anderen Zuhörer unauffällig beobachten zu können. So sah er, wie die Gesichter mancher vor Freude strahlten, während sie sich bei anderen voller Zorn verdunkelten.

„Wirst du trotzdem wieder versuchen, in der Synagoge zu sprechen", fragte Aquila auf dem Heimweg Paulus, „obwohl du die ablehnende Reaktion der meisten wohl gesehen hast? Wirst du es wagen?"

Paulus war ermattet, weil er sich völlig verausgabt hatte. Doch seine Augen strahlten. „Natürlich werde ich immer und immer wieder zu ihnen predigen, bis mit absoluter Sicherheit feststeht, daß sie ihre Ohren und Herzen total verschließen. Die gute Botschaft soll zuerst den Hebräern gepredigt werden. Das ist ihr Recht."

„Aber wenn sie nicht hören wollen?" Aquila dachte dabei an seinen Vater.

„Dann gehe ich zu den Menschen aus den anderen Völkern, zu Männern wie Titius, die glauben, obwohl sie zwar jahwegläubig, aber keine Hebräer sind.

„Priscilla auch", sagte Aquila, „und ihre Familie. Sie sind alle Jahwe-Gläubige."

„Aber sie sind keine Jesusnachfolger?"

„Noch nicht, doch Priscilla versucht, sie mit Hilfe ihrer Briefe für Jesus zu gewinnen." Er verstummte, denn soviel hatte er von Priscillas Eifer im Briefeschreiben gar nicht sagen wollen.

In Paulus' Blick lag Erstaunen. „Priscilla schreibt Briefe an ihre Familie? Briefe, in denen sie versucht, ihnen unseren Glauben zu erklären?"

„Ja." Aquila war verlegen. „Vielleicht hätte ich es nicht erlauben sollen."

„Nun, es ist ungewöhnlich, daß Frauen soviel Freiheit haben", meinte Paulus. „Andererseits sagte ich dir gestern schon, wie ich in Philippi entdeckte, daß Frauen oft mehr Talente besitzen als ich meinte. In Philippi taufte ich eine Frau mit Namen Lydia, die nun fleißig in der dortigen Gemeinde mitarbeitet und anderen Menschen die Wahrheit von Jesus sagt. Und solche Frauen habe ich auch schon an anderen Orten kennengelernt. Es mag sein, daß deine Frau später einmal einen ebensolchen Platz unter uns Jesusnachfolgern einnimmt, wenn sie erst älter wird und eure Kinder erwachsen sind."

Aquila nickte nur stumm und wollte das Thema verlassen. Doch irgend etwas drängte ihn zu sagen: „Ich bin durchaus nicht sicher, ob sie solange warten will. Im Augenblick ist sie natürlich voll mit dem Baby beschäftigt. Doch sie bekam einen Packen Papyrus geschenkt; und obwohl sie seit einigen Wochen nichts mehr darüber gesagt hat, glaube ich, daß sie bald wieder Briefe schreiben wird."

Paulus meinte nachdenklich: „Es hat keinen Zweck, wenn ich mit ihr streite, ehe ich sie nicht besser kennenlerne. Wenn sie einen gesunden Glauben hat, sehr intelligent ist und begabt, mit Worten umzugehen, wer bin dann ich, daß ich sagen könnte, es ist falsch?"

„Ich denke", sagte Aquila vorsichtig, „du wirst finden, daß sie mehr weiß und klüger ist als die meisten Frauen."

Und sie weiß sogar mehr und ist klüger als manche Männer, fügte er in Gedanken hinzu, obwohl er darüber selbst ein wenig erschrak. Wie konnte er nur auf eine solche Idee kommen? Machte es seine Liebe zu Priscilla? Laut sagte er: „Ich bin ziemlich hungrig, könnten wir nicht ein wenig schneller gehen?"

„Einverstanden", nickte Paulus. „Ich habe heute noch nichts gegessen, weil ich mich auf die Predigt vorbereitete, deshalb bin ich auch hungrig."

Bald erblickten sie ihre Werkstatt. Aquila mußte sich im stillen zugeben, daß es weniger der Hunger war, der ihn trieb, sondern das Verlangen, seinen Sohn und Priscilla wiederzusehen und vielleicht mit ihr auch einige Worte zu wechseln, obwohl er nicht in ihren Raum gehen konnte, ehe das Kind nicht sieben Tage alt war."

Diesmal ist alles anders, sagte sich Priscilla, während die Tage vergingen. Als sie das erste Kind verlor, hatte sie nur Kummer und Schmerzen empfunden. Sogar die hebräischen traditionellen Vorschriften wurden lasch befolgt. Doch nun, in der relativen Sicherheit des neuen Lebens, wurden die gesetzlichen Vorschriften wieder strikt eingehalten. Das Kind bekam am achten Tag einen Namen und wurde beschnitten. Aquila schlug vor, es nach seinem Urgroßvater zu benennen, und Priscilla war dafür sehr dankbar. Auch ihre Eltern würden sich freuen, wenn sie ihnen das im Brief mitteilte, den sie bald schreiben wollte. Also hieß ihr Sohn Markus.

Priscilla verstand sich selbst nicht ganz, aber es war doch so, daß während der ersten Wochen ihr Sohn ihr Denken fast völlig einnahm. So trat der Gedanke an den Papyruspacken, den sie kurz nach der Geburt erhalten hatte, ziemlich in den Hintergrund. Es machte ihr auch nicht zuviel aus, daß sie während der Zeit ihrer Unreinheit noch nicht mit in die Synagoge gehen durfte, obwohl sie sich vorher doch so sehr gewünscht hatte, Paulus predigen zu hören.

Kara kümmerte sich mehr um sie, als Priscilla gedacht hatte. Alle Sehnsucht Karas nach dem Leben in Rom und nach den anderen Familienmitgliedern konzentrierte sich bei ihr unbewußt auf das Kind und die Mutter. So war es nur zu oft Kara, die das Kind säuberte, in neue Windeln wickelte und sich auch sonst kümmerte. „Du hast mich richtig verwöhnt", sagte Priscilla eines Tages. „Ich werde ganz faul und nutzlos. Wenn ich nicht bald wieder an meine Arbeit komme, werde ich vergessen haben, wie man sie tut."

„Die Gefahr besteht nicht", meinte Kara ruhig. „In wenigen Tagen werden wir alle zur Synagoge gehen zur Auslösung eures Sohnes, da er ja euer Erstgeborener ist, und zu deiner Reinigung. Dann beginnt für dich wieder alle Arbeit des Alltags."

„Das stimmt", nickte Priscilla. Sie lächelten sich an. Dann blickte Priscilla auf das Baby in ihren Armen, das sie mit großen Augen beobachtete. „Vielleicht wird er nicht nur dem Namen nach, sondern auch sonst ein wenig wie sein Großvater", meinte sie. „Sieh, wie breit seine Stirn ist und wie wohlgeformt sein Kopf. Vielleicht wird er intelligent und weise."

Kara schüttelte den Kopf. „Natürlich war dein Großvater ein bemerkenswerter Mann. Doch der Kleine hier sieht genauso aus wie sein Vater als Baby. Ich denke, er wird mehr wie der Vater."

Priscilla dachte daran, wie stolz Aquila auf seinen Sohn war und wie dankbar ihr gegenüber. Es würde gut sein, wenn der Tag der Reinigung vorüber war, damit sie wieder an der Seite ihres Mannes schlafen konnte. Lächelnd blickte sie auf ihren Sohn und sagte: „Wirst du auch lieb sein, wenn wir unseren Raum wieder mit deinem Vater teilen und dich in der Nacht ruhig verhalten, damit er ungestört schlafen kann?"

Kara knurrte: „Da brauchst du dich nicht zu sorgen. Ehemänner verstehen es zu schlafen, auch wenn die Kinder schreien."

Priscilla lachte, und zu ihrem Erstaunen verzog auch das Baby seinen Mund zu einem breiten Lächeln. Es war das erste Mal, daß der Kleine das tat. „Sieh", rief sie Kara zu, "sieh, er lächelt!"

„Dieses Ereignis wird in die Geschichte eingehen", meinte Kara amüsiert. Doch sie kam schnell herbei, um es auch zu sehen.

„Nach euren Stimmen zu urteilen scheint es hier keine Probleme zu geben", ließ sich Aquila von der Tür her vernehmen. „Darf ich hereinkommen?"

„Sicher, mein Herr. Wir haben uns so gefreut, weil Markus soeben das erste Mal gelächelt hat. Er ist noch sehr jung dafür, Kara, nicht wahr?"

„Sehr jung", stimmte Kara zu. „Sollte Lächeln ein Zeichen von Intelligenz sein, dann hat dieses Kind wirklich mehr davon bekommen als die meisten anderen."

„Ich wollte nur fragen", unterbrach Aquila, „ob alles bereit ist, damit wir übermorgen in die Synagoge gehen können? Wir werden das Geschäft an diesem Tag schließen."

„Wird das wirklich notwendig sein, mein Herr?" fragte Priscilla. „Ist nicht während der Siesta genug Zeit, in die Synagoge zu gehen, die Reinigungszeremonie vorzunehmen und das Löse-geld für unser Kind zu bezahlen? Kara hat doch soweit schon alles vorbereitet, wenn am Nachmittag einige Gäste kommen. Müssen wir dann das Geschäft schließen?"

„Nicht, wenn einer von uns hier bleibt", bestätigte Aquila. „Aber sogar Paulus möchte zu diesem Ereignis mit zur Syna-goge gehen. Ich wundere mich ja auch darüber, nachdem seine Predigt am vergangenen Sabbath so schlecht aufgenommen wurde. Aber er besteht darauf."

„Er ist ein Hebräer und tief religiös. Also wird er gehen, so oft er kann", verteidigte Priscilla ihn.

„Schon", nickte Aquila. „Er bleibt ja dabei, seine Botschaft zuerst immer den Hebräern in der Synagoge zu predigen. Doch ich weiß nicht, wie lange er die Ablehnung dort noch ertragen kann. In Athen ist er schon auf taube Ohren gestoßen. Hier wird er das nicht mehr lange durchhalten."

Zum ersten Mal seit der Geburt fühlte Priscilla den dringen-den Wunsch, auch zuhören zu können. „Ich habe noch keine seiner Predigten gehört", klagte sie. „Wann wird das möglich sein?"

„Bald. Vielleicht schon am nächsten Sabbath. Meinst du, der Kleine wird sich ruhig genug verhalten?"

„Ich weiß nicht", zweifelte sie. „Er ist nicht immer still. Es ist ja auch etwas ungewöhnlich, ein Baby mit zum Gottesdienst zu bringen. Ich fürchte, manche werden darüber die Stirn runzeln."

„Ich werde ihn halten", erklärte Kara. „Wir können uns in die letzte Reihe setzen, und wenn er schreit, gehe ich mit ihm hinaus."

„O Kara, du bist so gut zu mir", sagte Priscilla dankbar. Zu Aquila sagte sie: „Du hast das sehr gut gemacht, mein Herr, mich mit einer so lieben Tante zu versorgen."

Über Aquilas Gesicht huschte ein Schatten. „Ich habe ganz gewiß nichts getan, damit ein liebender Vater und eine liebende Mutter um dich sein können", bemerkte er bekümmert.

„Denke nicht so, mein Herr", antwortete Priscilla schnell.

„Josua und Kara sorgen mehr für uns, als manche Eltern tun würden. Dafür wollen wir dankbar sein."

„Sicher, das sind wir, und alles andere können wir leider nicht ändern", stimmte Aquila zu. „Aber zurück zu unserem Thema: Soll ich Paulus sagen, daß wir morgen am späten Vormittag zur Synagoge gehen?"

„Ja, und bitte ihn, auch die Familie von Titius zur anschließenden Feier in unser Haus einzuladen. Ich bin sicher, Paulus wird sich fast zu ihrer Familie gehörig empfinden."

Aquila lächelte. „Ich glaube, Paulus' Familie besteht aus allen, die Jesus als ihren Messias und Erlöser angenommen haben. Er nennt sogar Josua und mich manchmal Brüder. Manchmal tut er mir leid, weil er nicht, wie wir anderen, eine Familie hat, zu der er gehört. Ich wünschte . . ." Er unterbrach sich und ging kopfschüttelnd davon.

Aquila schmerzt es noch immer, daß sein Vater sich so von ihm abgewandt hat, dachte Priscilla. *Ich muß ihm irgendwie helfen. Aber wie?* Da kam ihr ganz plötzlich ein Gedanke. „Ich werde einen Brief schreiben", sagte sie zu Kara. „Bald nach der Reinigungszeremonie werde ich versuchen, mit Aquilas Mutter Verbindung aufzunehmen. Ich werde ihr von Markus schreiben und daß wir sie lieben und vermissen."

Kara meinte zweifelnd: „Wie sollte das möglich sein?"

„Ich könnte versuchen, Marta den Brief durch Rufus zukommen zu lassen. Sie sind sicher noch in Athen. Und die Jahwe-Gläubigen kennen sich sicher untereinander und auch mit denen, die Jesus nachfolgen. Marta könnte den Brief dann zu Aquilas Mutter bringen."

„Meinst du wirklich, du solltest das tun?" Karas Frage klang zurückhaltend. „Ich weiß nicht, ob es richtig ist und was dein Gatte dazu sagen wird."

„Ich habe mich lange zufrieden gegeben und zurückgehalten", meinte Priscilla nachdenklich. „Doch jetzt glaube ich, daß ich einiges unternehmen muß. Vielleicht frage ich meinen Gatten gar nicht um Genehmigung, wenn ich diesen Brief schreibe." Sie schwieg einen Augenblick und fügte dann hinzu: „Was meinst du? Spricht Gott auch zu Frauen?"

„Natürlich spricht Gott zu Frauen", erklärte Kara. „Denke doch an Hanna oder an Debora!"

„Gut", nickte Priscilla. „Wenn Er zu Frauen spricht, dann ist mir, als würde Er mir sagen, ich soll in Zukunft mehr tun, als ich bisher getan habe. Er möchte, daß ich versuche Brücken zu bauen. Klingt das sehr töricht, Kara? Bin ich anmaßend?"

Kara wiegte nachdenklich den Kopf hin und her. „Nein", sagte sie endlich, „es klingt nicht töricht. Obwohl du das Baby hast und wir fleißig weben müssen, wollen wir sehen, daß du Zeit findest, um Briefe zu schreiben."

19. Kapitel

Da der Gedanke, mit Sarah Kontakt aufzunehmen, ihr nun gekommen war, fand Priscilla es schwer zu warten, bis sich eine Möglichkeit dazu ergab. Bei allem, was sie tat, überlegte sie, was sie wohl schreiben sollte. Doch dabei machte sie sich auf der anderen Seite Sorgen über Aquila. Sie war sicher, er würde zornig werden, erführe er, daß sie ohne sein Wissen mit seiner Mutter Kontakt aufnehmen wollte. Oft hatte er ihr erklärt, er liebe seinen Vater zwar und wolle weiterhin ein guter Sohn sein, aber nachlaufen würde er ihm nicht.

„Immerhin war es mein Vater, der mich aus dem Haus gejagt hat", sagte er. „Es war mein Vater, der uns an der Straße allein ließ, als deine Wehen begannen. Du kannst nicht von mir erwarten, daß ich den ersten Schritt zur Versöhnung tue."

Doch Priscilla wußte, daß hinter seinem verletzten Stolz und den ärgerlichen Worten der Wunsch verborgen war, mit seiner Familie wieder in Verbindung zu kommen und ausgesöhnt zu sein. Und wenn sie dazu etwas tun konnte, oder wenn es ihr wenigstens gelang, Sarah von Markus' Geburt zu benachrichtigen, dann würde sie doch etwas erreicht haben.

Sie versuchte, diese Gedanken bis zur Feier der Auslösung ihres Sohnes und ihrer Reinigung beiseite zu schieben. Als dieser Tag gekommen war, ging Priscilla mit Aquila, Josua, Kara und Paulus zur Synagoge. Zuerst mußte die Reinigungszeremonie für Priscilla erfolgen, und zwar in einem besonderen Raum ohne die Gegenwart der Männer. Nur Kara hatte Priscilla begleitet. Der Rabbi aus dem Stamme Levi handelte dabei gleichzeitig als Priester. Dann kehrten sie zu den wartenden Männern zurück. Markus, dem es wohl zu lange gedauert hatte, machte sich in Aquilas Armen schon lautstark bemerkbar.

Nun gingen sie alle gemeinsam in den Hauptraum der Synagoge, wo die Auslösung von Aquilas Erstgeborenem stattfinden sollte. Josua, der als eine Art Pate fungierte, bezahlte den Lösepreis für Markus und erklärte ihn zu einem Kind des auserwählten Volkes.

Aquila, mit Josua neben ihm, sprach dem Rabbi die vorgeschriebenen Worte nach, während Markus fast die ganze Zeit schrie, so daß die fünf Erwachsenen schon bald darüber lächeln mußten. *Sogar während einer so ernsten Zeremonie findet das Menschliche seinen Platz,* dachte Priscilla amüsiert. Doch dabei fiel ihr auf, daß der Priester nicht lächelte, sondern sie mit tadelnden Blicken betrachtete. Auch während der ganzen einfachen Zeremonie behielt sein Gesicht diesen Ausdruck bei.

Das Verhalten des Rabbis war recht seltsam, dachte Priscilla, als die kleine Feier zu Ende war und sie sich anschickten, die Synagoge zu verlassen. Kurz vor dem Ausgang trat ihnen der Rabbi nochmals in den Weg, blickte Paulus streng an und sagte: „Bist du aus einem besonderen Grund mit dieser Familie zu der Feier gekommen?"

„Ich bin ein Freund der Familie", antwortete Paulus mit kalter Stimme.

Der Rabbi wandte sich an Josua: „Glaubst du an das, was dieser Mann lehrt? Bekennst du dich zu denselben Irrlehren, mit denen er während der vergangenen Sabbathe die Synagoge erfüllte?"

Josua nickt. „Ja, auch wir glauben, daß Jesus der Messias ist."

Des Rabbis Gesicht rötete sich vor Zorn. „Das ist Gotteslästerung. Du hast kein Recht, dieses unschuldige Kind mit solchen Irrlehren zu beeinflussen." Zu Paulus sagte er: „Und du versuchst, die Seelen unserer Gemeinde mit deinen Irrlehren zu vergiften. Es ist ein Skandal."

„Der Herr ist mir persönlich begegnet", beharrte Paulus fest. „Hättest du an den vergangenen Sabbathen gut zugehört, so wüßtest du, daß ich in Seiner Autorität spreche."

„Ich spreche hier mit Autorität!" rief der Rabbi empört. „Ich bin ein Angehöriger des Stammes Levi und verkörpere das Gesetz."

„Auch ich gehöre dem Hause Levi an", mischte sich Aquila ein, „und ich glaube, was Paulus berichtet, ist die Wahrheit."

„Für Leviten ist es noch schlimmer, wenn sie sich verführen lassen", zürnte der Rabbi und wandte sich wieder an Paulus: „Du wirst dich für deine falschen Lehren verantworten müssen, denn du schändest damit unsere Synagoge."

Paulus antwortete bitter: „Das will ich natürlich nicht länger tun, sondern den Staub dieses Hauses von meinen Füßen schütteln." Damit bückte er sich, zog seine Sandalen aus und schüttelte sie vor den Augen des Rabbis. „Was du zurückgewiesen hast, werde ich nun den Menschen aus den anderen Völkern verkündigen."

„Geh' und bleibe uns fern!" schrie der Rabbi ihnen nach. Priscillas Herz klopfte ängstlich, als sie mit den anderen nun die Synagoge verließ. Eine solche Auseinandersetzung hatte sie heute nicht erwartet. Zwar hatten Ruben und seine Freunde die Nachfolger Jesu in Rom auch aus der Synagoge gewiesen, doch ohne mit ihnen zu streiten.

„Ich bin eben keiner, der Frieden bringt", sagte Paulus bekümmert, als sie sich auf den Heimweg machten, „sondern schaffe überall Auseinandersetzungen."

„Mache dir keine Gedanken", tröstete Aquila, „früher oder später mußte das geschehen."

„Ich weiß genau, wie der Rabbi fühlt", erklärte Paulus den beiden Männern, die rechts und links von ihm gingen. Priscilla und Kara folgten. „Denn auch ich war einmal ein Verfolger derer, die an Jesus glauben."

„Ich hörte davon", bemerkte Josua vorsichtig.

„Und trotzdem hast du mich in euer Geschäft aufgenommen?" staunte Paulus.

„Wir haben aber auch von deiner Bekehrung gehört", fuhr Josua fort. „Mein Neffe und ich hörten mancherlei über dich, waren aber nicht sicher. Doch nach deinen Predigten in der

Synagoge wurde uns ganz klar, daß du ein Gesandter Jesu Christi bist, was immer du vorher auch gewesen sein magst."

„Nicht alle haben mich so schnell verstanden", sagte Paulus dankbar. „Auch unter uns Gläubigen erinnern sich noch manche an die Zeit, da ich ein Verfolger der Jesusnachfolger war. Natürlich verdiene ich das auch."

Kara meinte drängend: „Ich hoffe, die Männer vergessen bei ihrer Unterhaltung das Laufen nicht. Wir erwarten in Kürze Gäste und haben noch allerhand zu tun."

Priscilla lächelte. Kara erinnerte sie in ihrer nüchternen Art immer wieder an die Notwendigkeiten des Tages. „Vielleicht könnten wir beide etwas schneller gehen", schlug sie vor.

Kara schüttelte den Kopf. „Das schickt sich nicht. Wäre Paulus nicht dabei, würde ich Josua einfach auffordern schneller zu gehen. Doch Paulus ist der erste Mann, den ich kennenlerne, bei dem ich das nicht wage."

Priscilla war nicht überrascht, sondern verstand Kara gut. Paulus war zwar nicht groß und manchmal auch sehr schweigsam, doch es ging eine Autorität von ihm aus, die nicht zu übersehen war.

Aquila sagte plötzlich: „Wenn du am Sabbath nicht mehr zur Synagoge gehen willst, was machst du dann? Wie willst du predigen? Hast du das in anderen Städten auch schon erlebt?"

„Sicher. Manchmal habe ich in Häusern oder in Höfen gepredigt. Ich wollte auch schon öffentliche Hallen mieten, doch hat dazu nie das Geld gereicht."

„Vielleicht könntest du bei uns predigen?" schlug Josua vor. „Im Haus ist zwar nicht viel Raum, doch der Hof ist groß genug. Vielleicht während der Mittagszeit?"

„Eine großartige Idee", sagte Paulus freudig. „Wenn es euch nichts ausmacht?"

„Durchaus nicht", stimmte Aquila zu. „Hätte mein Onkel es nicht vorgeschlagen, würde ich es getan haben."

„Wir wollen das also in's Auge fassen", nickte Paulus. „Ich wünschte mir, einige der Männer, die mich oft begleiten, wären hier. Es ist doch besser, wenn wir zwei oder drei sind beim Pre-

digen und dann auch in den Einzelgesprächen." Er machte eine
entschuldigende Geste. „Ich weiß, ihr zwei seid auch bereit zu
helfen, aber . . ."

Aquila unterbrach ihn. „Du brauchst dich nicht zu entschuldigen. Mein Onkel und ich brauchen noch viel Unterweisung,
ehe wir andere belehren können. Wir müssen noch zuhören,
mein Freund, ehe wir selbst reden."

Priscillas Herz klopfte voll Freude und Eifer. Wenn Paulus
während der Mittagszeit in ihrem Hof predigte, konnte auch sie
sicherlich meist zuhören, wenn sie das Fenster öffnete. *Hätte
ich Gott um ein Wunder gebeten, hätte Er nichts Besseres für
mich tun können"*, dachte sie ehrfürchtig. Sie war so begeistert,
daß sie gern getanzt hätte wie weiland Miriam, als das Volk
Israel sicher durch das Rote Meer gezogen war.

Aquila blickte plötzlich zurück. „Wir stehlen euch die Zeit",
sagte er. „Ich hätte fast vergessen, daß wir Gäste erwarten. Wir
werden also jetzt schneller gehen und uns später weiter unterhalten."

„Dafür wären wir sehr dankbar", bestätigte Kara. Die Männer beschleunigten ihren Schritt, so daß die beiden Frauen
Mühe hatten zu folgen. Priscilla bemühte sich, dabei Markus
nicht zu wecken, der in ihren Armen eingeschlafen war. Als sie
sich ihrem Haus näherten, rief Kara erstaunt: „Schaut, da sind
schon Männer im Hof! Es ist aber noch zu früh für Kunden oder
für Gäste. Wer könnten sie sein?"

„Ich weiß nicht", wunderte sich Priscilla. „Vielleicht wollen
sie in eine andere Werkstatt und sind nur zufällig in unseren Hof
geraten."

Paulus stieß plötzlich einen Freudenschrei aus und lief fast
so schnell wie ein Junge. Priscilla sah, wie er die Fremden mit
warmen Umarmungen begrüßte und eifrig mit ihnen sprach. Offensichtlich waren die Männer Freunde von ihm. *Ob sie gekommen sind ihn zu holen,* fragte sie sich besorgt. War ihr Traum
schon wieder zu Ende, noch ehe er begonnen hatte?

„Kommt her", rief Paulus, „und begrüßt meine Freunde und
Mitarbeiter! Das ist Silas, und das Timotheus. Sie kommen jetzt

von Beröa, wo sie in der jungen Gemeinde noch gelehrt haben. Silas, Timotheus, das ist Josua und sein Neffe Aquila und ihre Frauen Kara und Priscilla."

Die Männer begrüßten sich warm. Priscilla und Kara nickten zurückhaltend. Silas war ein großer, kräftiger Mann, ungefähr im gleichen Alter wie Paulus. Doch Timotheus war noch sehr jung und schlank, mit einem Lächeln auf dem Gesicht wie lauter Sonnenschein.

„Wir heißen euch willkommen", rief Aquila, „und danken Gott für eure Ankunft an diesem besonderen Tag! Unser Sohn ist gerade in der Synagoge freigekauft worden, und wir erwarten Gäste, die mit uns feiern. Ihr kommt gerade richtig."

„Stören wir auch nicht?" fragte Silas lächelnd.

„Ihr seid eine willkommene Ergänzung bei unserem Fest", versicherte Josua.

Timotheus näherte sich schüchtern Priscilla. „Darf ich das Baby sehen?"

Sie schlug das Tuch zurück und sagte einfach. „Natürlich. Hier ist unser erster Sohn Markus."

Timotheus beugte sich über ihn. „Ein hübscher Junge", erklärte er. „Ich kann in diesem Punkt durchaus mitreden, denn ich habe sieben jüngere Brüder und Schwestern."

„Dann werden wir dir Markus borgen, um mit ihm zu spielen, wenn du Heimweh bekommst", sagte Priscilla lächelnd.

„Würdest du mir das Kind einstweilen geben, während du und deine Tante alles für die Gäste vorbereitest?" fragte Timotheus.

Priscilla wunderte sich, da sie ihre Worte durchaus nicht ernst gemeint hatte. Hatte er keine Angst, die anderen Männer könnten ihn necken? „Wenn er weint, rufe mich bitte sofort", sagte sie und legte Markus in seine Arme.

„Es wird nicht nötig sein dich zu rufen, wenn er schreit", sagte Paulus lachend. „Markus' Stimme ist laut genug, um sie noch einige Straßen weiter zu hören."

Priscilla schaute zu, wie geübt der junge Timotheus das Baby in die Arme nahm und folgte dann Kara in das Haus. Es

163

machte ihr nichts aus, dem Gespräch der Männer nicht weiter folgen zu können. Es gibt für alles eine Zeit, sagte sie zufrieden zu sich selbst. Jetzt ist es Zeit, Kara bei den Vorbereitungen zu helfen. Heute abend würde sie das erste Mal wieder Zeit haben für Aquila; und es würde auch noch die Zeit kommen, wenn sie Paulus zuhören und Briefe schreiben konnte.

20. Kapitel

Einige Tage nachdem Silas und Timotheus angekommen waren, fand Priscilla eine Stunde, in der sie nichts zu tun hatte. Markus schlief, und sonst gab es keine dringende Aufgabe zu erledigen. Für einige Minuten dachte sie mit etwas Verlangen an den Luxus der Badeanstalt in Rom. Doch sie schob den Gedanken schnell beiseite, als ihr klar wurde, daß sie jetzt vielleicht beginnen konnte die Briefe zu schreiben.

Ein wenig zögernd ging sie in den Hof und hoffte, Aquila allein anzutreffen. Doch die drei Männer saßen beieinander und spannten einige Häute in Rahmen. Aquila blickte auf. „Mein Herr", sagte sie langsam, „ich möchte dich nicht stören, wollte aber gern wissen, ob es dir recht ist, wenn ich jetzt den Brief nach Rom zu meinen Eltern schreibe?"

Aquila nickte. „Sicher, wenn du gerade genügend Zeit hast, habe ich nichts dagegen. Die Papyrusbogen habe ich dir ja schon kurz nach der Geburt gegeben."

Paulus meldete sich: „Dein Gatte erzählte mir, du schreibst deiner Familie Briefe und nimmst dir dabei sogar die Freiheit, darin Dinge zu erwähnen, die man gewöhnlich in Briefen von Frauen nicht findet. Ich nehme an, dieser Brief wird nur von der guten Geburt eures Kindes erzählen."

Priscilla wurde rot. Obwohl sie nun Paulus fast jeden Tag bei seinen Predigten zugehört hatte und begann, manches von seinen Lehren besser zu verstehen, war ihr der Mann selbst immer noch ein wenig fremd. Zu dem jungen Timotheus hatte sie fast ein Verhältnis wie zu einem Bruder gefunden, aber Paulus und Silas gegenüber war sie immer noch sehr schüchtern.

„Natürlich werde ich von Markus schreiben", antwortete sie. „Vielleicht werde ich dabei sogar ein wenig übertreiben, wie alle jungen Mütter es tun. Aber der letzte Brief meines Vaters enthielt auch einige Fragen, und ich möchte versuchen sie zu beantworten." Die Worte klangen steif und ein wenig trotzig, aber es gelang ihr nicht anders. Sie vermied es dabei, zu Aquila zu blicken, aus Furcht, er könne deshalb verlegen sein.

„Fragen, die deinen neuen Glauben betreffen?" forschte Paulus.

„Ja, Herr", war alles, was sie antwortete.

„Es wäre schade, wenn falsche Erklärungen nach Rom gelangten", gab Paulus ruhig zu bedenken.

„Ja, Herr", wiederholte sie. „Wärst du bereit, den Brief zu lesen und zu korrigieren, wenn ich etwas falsch erkläre? Dann würde das Problem vermieden."

Ihre plötzliche Nachgiebigkeit schien Paulus zu erstaunen. „Gut", nickte er, „ich werde zuhören, wenn du mir vorliest, was du geschrieben hast."

„Das erleichtert mich", sagte sie dankbar, da ihr bewußt war, wie wenig sie selbst bis jetzt wußte. „Ich werde mich geehrt fühlen, wenn du mir hilfst, Herr."

Erst als sie wieder am Tisch saß und einen Bogen des kostbaren Papyrus ausbreitete, wurde ihr richtig bewußt, daß sie nicht alles gesagt hatte. Nur von dem Brief an ihre Eltern nach Rom war gesprochen worden, daß sie auch beabsichtigte an Marta zu schreiben, hatte sie verschwiegen, obwohl ihr dieser Brief noch mehr auf der Seele brannte. Außerdem war immer noch das Problem, wie der Brief nach Athen kommen sollte. Sie war nicht sicher, wie sie das ohne Aquilas Hilfe schaffen sollte. Nun, zunächst wollte sie einmal die Briefe schreiben. Wenn es Gottes Wille war, würde sich auch ein Weg finden.

Aquila lehnte mit dem Rücken an der Hauswand und betrachtete erstaunt die Männer, die sich in ihrem Hof versammelten. Erst vor wenigen Tagen hatte Paulus sich verärgert von der Synagoge abgewandt und dort den Staub von den Füßen geschüttelt, doch die Mittagsversammlungen waren schon zur Gewohnheit geworden. Jeden Tag, während der zweistündigen Mittagspause, versammelte sich eine Gruppe von Männern hier, um Paulus zuzuhören. Auch einige hebräische Jahwe-Gläubige waren unter ihnen, doch die meisten waren von ganz verschiedenen Rassen und Völkern, wie man sie eben in einer Hafenstadt wie Korinth finden konnte. Aquila sah Männer aus Ägypten, Phönizien, Rom und natürlich auch Griechen. Und zu allen predigte Paulus so, daß jeder begriff worum es ging.

Gerade betrat eine weitere Gruppe von Männern den Hof. Aquila bemerkte mit ein wenig Besorgnis, daß Crispus, der Vorsteher der Synagoge, unter ihnen war. *Kommt er als Spion?* fragte sich Aquila. *Hat er von Paulus' Streit mit dem Rabbi gehört und will sich nun selbst informieren?* Crispus war, wie Titius, ein Mann von großem Ansehen und Einfluß, doch er war ein geborener Hebräer, nicht ein aus einem anderen Volk zum Jahwe-Glauben übergetretener Proselit wie Titius. Unter den hebräischen Jahwe-Gläubigen zu Korinth war er so etwas wie der Wortführer.

Crispus mischte sich schweigend unter die anderen Männer, doch Aquilas Unruhe ließ nicht nach. Aus der Anwesenheit solcher Männer wie Crispus konnte eine echte Gefahr entstehen.

Paulus schien sich über solche Probleme keine Gedanken zu machen. Er predigte überzeugend und voller Kraft. Gerade berichtete er von der Steinigung des Stephanus und von der beschämenden Rolle, die er selbst dabei gespielt hatte. Er sprach von der Herrlichkeit, die auf dem Angesicht von Stephanus gelegen hatte, als er starb, und wie dadurch in seinem eigenen Herzen die ersten Zweifel und Schuldgefühle wach geworden waren, ob sein Handeln wohl richtig sei.

Doch Aquila konnte ihm heute nicht recht folgen. Die Anwesenheit von Crispus beschäftigte ihn zu sehr. Wem konnte er seine Befürchtungen mitteilen? Er schaute sich vorsichtig um und erhaschte einen Blick von Timotheus. Mit einer kleinen Handbewegung winkte er ihn heran.

„Ist etwas nicht in Ordnung?" flüsterte Timotheus.

„Beachte den Mann, der dort bei dem Häutestapel steht", flüsterte Aquila zurück. „Das ist Crispus, der Vorsteher der Synagoge. Warum ist er wohl gekommen. Irgendwie sollten wir Paulus warnen."

„Aber nicht jetzt", antwortete Timotheus besorgt. „Er wird sehr ärgerlich, wenn man ihn unterbricht, während er predigt. Wir können ihn später warnen, sich vor diesem Mann in acht zu nehmen."

„Aber wenn er etwas sagt, das Crispus die Gelegenheit gibt ihn vor Gericht zu bringen? Der Mann könnte gefährlich werden."

Timotheus lächelte. „Alle Männer können gefährlich werden, mein Freund. Paulus trägt an seinem Körper mehrere Narben, die von der Feindschaft anderer Männer zeugen. Wir müssen es darauf ankommen lassen."

Die Worte schockierten Aquila ein wenig. Obwohl er als Ausländer in einer fremden Stadt lebte, war er bisher noch nie in echter Gefahr gewesen. *Doch wenn für Paulus Gefahr besteht,* dachte er, *dann ist es naheliegend, daß auch Priscilla und das Kind sowie ich, Josua und Kara in Gefahr sind. Die Menschen also, für die ich mich verantwortlich fühle.* Ihm war sehr unwohl, denn er fragte sich, wohin sie fliehen konnten und bei wem sie wohl Zuflucht finden würden, wenn sie wirklich in Gefahr gerieten? *Ich wünschte, ich hätte jetzt Cordelius an meiner Seite,* dachte er.

Aquila erhob sich und betrat das Haus. Wie er erwartet hatte, stand Priscilla neben der Tür und lauschte aufmerksam Paulus' Worten. Doch nun wandte sie sich ihm zu. Sie schien zu spüren, daß er unruhig war. „Geht es dir nicht gut, mein Herr?" fragte sie. „Gibt es Probleme?"

„Ich sah Crispus draußen im Hof. Du weißt ja, er ist der Vorsteher der Synagoge. Er könnte Paulus gefährlich werden. Da kam mir der Gedanke, wir sollten Kontakt zu Jesusnachfolgern in anderen Städten suchen. So könnte ein Netz von Verbindungen zwischen den einzelnen Gruppen der Gläubigen entstehen. Wenn es dann einmal nötig sein sollte in eine andere Stadt zu fliehen... Nun ja, ich meine, es wäre ein guter Gedanke."

Sie schien total verwirrt. „Ich verstehe dich nicht, mein Herr?"

„Ich dachte an Cordelius", erklärte er. „Ich meine, wir sollten versuchen, mit Cordelius Kontakt zu bekommen."

Ihr stockte fast der Atem. „Mit Cordelius? Du möchtest an Cordelius schreiben, mein Herr?"

Achselzuckend meinte er: „Wenn ich Zeit habe. Vielleicht wärst auch du bereit zu schreiben, wenn ich dir sage, was du schreiben sollst. Auf diese Weise könntest du auch einige Grüße an deine Freundin Marta anfügen."

Ihr war, als hätte sie einen Kloß im Hals. Sie schluckte heftig, ehe sie antwortete: „Ich tue natürlich alles, was du möchtest. Doch wie wird der Brief nach Athen kommen?"

„Rufus wird bald wieder in Korinth sein. Und sollte die *Guten Wind* nicht nach Athen weiterfahren, weiß er sicher ein Schiff, das nach dort geht. Ich sage dir, was du schreiben sollst, und du schreibst den Brief. Du kannst meine Schreiberin sein, wie Timotheus manchmal für Paulus schreibt."

„Du meinst nicht, daß dies unschicklich wäre?"

Erstaunt fragte er: „Ich dachte, du würdest dich darüber freuen?"

Sie konnte ihm nicht in die Augen schauen und wurde rot, als sie antwortete: „Natürlich freue ich mich. Aber schau, die Männer verlassen den Hof. Solltest du jetzt nicht bei ihnen sein?"

Kopfschüttelnd ging Aquila nach draußen. Als Priscilla sich umdrehte, bemerkte sie, daß Kara amüsiert lächelnd zugehört hatte. „Es scheint, du hast einen Weg gefunden, Marta einen Brief zukommen zu lassen", sagte sie. „Du brauchst ihn nur mit in den für Cordelius zu legen."

Priscilla lächelte nicht. „Mir ist, als hätte ich meinen Mann hintergangen, obwohl ich das nie wollte. Ich hatte mir vorgenommen..." Sie hielt inne, da sie nie erzählen wollte, was sie sich bei ihrer Hochzeit geschworen hatte.

Kara meinte: „Manchmal ist es nötig, ein wenig listig mit den Männern umzugehen."

Nun mußte Priscilla doch lachen. „Und solche Worte von dir, Kara, obwohl du deinem Mann deine Meinung immer ganz offen und ehrlich sagst und er dir das keineswegs übel nimmt."

„Das war aber durchaus nicht immer so", antwortete Kara ungerührt. „Am Anfang war ich sehr vorsichtig und manchmal sehr schlau. Meine Offenheit kam erst, als er mich nach und nach lieben lernte."

Priscilla schüttelte den Kopf. „Ich weiß nicht, aber manchmal denke ich, daß keine noch so große Liebe wirklich völlige Offenheit erzeugen kann. Ich habe manchmal den Eindruck, daß ich meinem Gatten gegenüber eine andere sein muß als den anderen gegenüber. Wüßte er, daß ich hoffe einen Brief an seine Mutter zu schreiben, was würde er wohl sagen?"

„Er würde dir erklären, das ginge dich nichts an, und du solltest dich nicht in seine Angelegenheiten einmischen."

„So wie Paulus mir vielleicht sagen wird, ich hätte meinem Vater alles falsch erklärt", meinte Priscilla entmutigt. „Manchmal glaube ich, kurz nach Markus' Geburt war es leichter, weil ich da so sehr mit ihm beschäftigt war, daß ich an nichts anderes denken konnte."

„Natürlich war es leichter. Doch nun wird deinem Mann plötzlich klar, daß es für uns Gefahren geben könnte, weil wir Jesusnachfolger sind. Und du erkennst, daß du vielleicht nicht nur von deinem Mann Kritik erntest, sondern auch von Paulus. Was gedenkst du nun zu tun?"

Priscilla war eine Zeit still. Sie erinnerte sich daran, wie ihr der Gedanke gekommen war, mit Sarah Verbindung aufzunehmen und auch an Marta zu schreiben, ohne ihren Gatten zu informieren. Und nun hatte Gott es so geführt, daß Aquila mit einem ähnlichen Gedanken zu ihr gekommen war. Sie hatte sich gesagt, Gott würde einen Weg finden müssen, um ihren Brief nach Athen zu bringen. Und Er hatte schon begonnen, diesen Weg zu öffnen. Also wollte sie Ihm weiter vertrauen. Er würde auch das Problem mit dem Brief an Sarah noch lösen.

„Ich werde meinem Gatten gehorchen", sagte sie endlich fest. „Ich werde den Brief schreiben, den er mir diktiert; und wenn er fertig ist, füge ich einige Zeilen an Marta hinzu, wie er es vorgeschlagen hat. Dann werde ich Gott bitten, daß der Brief wohlbehalten in Athen ankommt."

Kara nickte lächelnd und erklärte ruhig: „Weißt du, genau das habe ich von dir erwartet. Doch nun komm und hilf mir, den Webrahmen neu zu bespannen, das geht allein so schwer.

21. Kapitel

Priscilla schrieb ihre Briefe sehr sorgfältig. Papyrus war zu kostbar, um es mit unnötigen Worten zu verschwenden; also versuchte sie, die Sätze mit soviel Geschick wie möglich zu formulieren. Als sie den Brief an Cordelius beendet hatte, trug sie ihn in den Hof zu Aquila.

„Hast du ihm genau das geschrieben, was ich sagte?" fragte er.

„Natürlich. Zwar nicht immer genau in deinen Worten. Du weißt ja selbst, wie wichtig es ist, manche Dinge nur verschleiert zu sagen und mit so wenigen Worten wie möglich."

„Aber der Sinn meiner Worte ist . . ."

„So genau erhalten, wie nur möglich", versicherte sie. „Soll ich dir den Brief vorlesen?"

Er schüttelte den Kopf. „Mir genügt dein Wort", antwortete er und wandte sich an Josua mit der Bitte, ihm die Ahle zu reichen.

Paulus, der zugehört hatte, sah sie scharf an. „Erwarte nicht, daß ich genauso großzügig bin", mahnte er. „Dein Gatte erlaubt seiner Liebe zu dir, sein Urteil zu beeinflussen. Ich werde ein strengerer Prüfer sein."

„Das ist mir sehr recht", war alles, was sie dazu sagte.

Sie ging in's Haus zurück und überflog nochmals den kurzen Brief an Marta. Sie bat ihre Freundin, die Nachricht von der Geburt des Sohnes an Sarah weiterzugeben und der Schwiegermutter Priscillas Liebe zu versichern. *Das geht nur uns Frauen an*, hatte sie geschrieben, *und kein Mann braucht zu wissen, daß wir liebe Grüße austauschen. Doch wenn mein Gatte später in einem Brief erfahren kann, daß es seinen Eltern gut geht, wäre ich sehr glücklich.* Sie hatte nicht alles schreiben können, was ihr am Herzen lag, hoffte aber, das würde genug sein. Dann legte sie den Brief in den an Cordelius und packte alles sorgfältig mit in Öl getränktem Leinentuch ein.

Voller Freude begann sie dann den Brief an ihre Eltern zu schreiben. Nach warmen Grüßen an die ganze Familie fuhr sie fort: *Euer Enkel, Markus, wurde vor sechs Wochen wohlbehalten geboren. Er ähnelt seinem Vater sehr. Es ist mein Gebet, daß er ebenso gut und weise wird wie sein Vater und auch sein Urgroßvater, dessen Namen er trägt.*

Sie hielt inne und überlegte lange, wie sie von Paulus' Ankunft und den Problemen in Korinth berichten konnte, ohne ihre Angehörigen unnötig zu ängstigen. Endlich fuhr sie fort: *Uns geht es gut. Auch das Geschäft wächst so, daß wir einen weiteren Zeltmacher eingestellt haben, der ebenfalls ein Nachfolger Jesu und ein guter Prediger ist. Wir lernen dabei alle und wachsen in unserem Glauben. Ich bete täglich, Gott möge auch eure Herzen anrühren mit dieser Wahrheit, so daß auch ihr die große Freude erfahrt, die wir gefunden haben.*

Hier erwachte Markus und machte lautstark auf seinen Hunger aufmerksam. Sie legte die Feder beiseite, um sich ihrem Sohn zu widmen. Dabei wollte sie über den nächsten, ihr so wichtigen Abschnitt des Briefes nachdenken. Doch der Kleine ließ ihr dazu keine Zeit. Als sie sich dann doch wieder dem Brief widmen konnte, bemerkte sie staunend, daß die gesuchten Worte sich plötzlich wie von allein in ihren Gedanken formten. Sie schrieb:

Vater, du fragtest, ob wir wirklich überzeugt sind, der neue Glaube stimme mit dem überein, was wir als Jahwe-Gläubige lernten und weshalb wir unseren alten heidnischen Glauben aufgaben. Ich wünschte, ich könnte es dir mündlich noch besser erklären, versichere dir aber, daß alles, was ich von meinem levitischen Gatten über die Geschichte seines Volkes hörte, alles von Mose und Abraham und den anderen großen Männern, genau zu der Wahrheit paßt, die wir in Jesus gefunden haben.

Viele Voraussagen der Propheten gingen durch Seine Geburt und in Seinem Leben in Erfüllung, so daß wir daran erkennen können, daß Er der Messias und unser Erlöser ist.

Sie hielt wieder inne und überlas nochmals aufmerksam das Geschriebene. Hatte sie zu viel gesagt oder vielleicht nicht genug? Sie entschloß sich, den Brief zu beenden und ihn dann Paulus zu geben, um seine Meinung zu hören. Im Rest des Briefes erzählte sie, wie gut Kara und Josua zu ihnen waren, daß Markus kräftig wuchs und schon lächelte und andere persönliche und familiäre Dinge. Sie schloß mit Worten, mit denen sie ihre Liebe versicherte und ging dann zu Paulus. „Ich habe den Brief beendet", sagte sie.

„Dann lies ihn mir vor", nickte er. „Ich kann die Haut schaben und gleichzeitig zuhören."

„Das meiste ist persönlicher Art", bemerkte sie. „Nur ein Stück ist über den Glauben."

„Es genügt, wenn du mir das Stück liest", stimmte Paulus zu. „Was du von deinem Kind und deiner Familie geschrieben hast, geht mich nichts an. Aber was du über den Glauben geschrieben hast, das ist meine Sache."

„Ja, Herr", bestätigte sie und las gehorsam den Abschnitt, in dem sie sich mit den Fragen ihres Vaters beschäftigt hatte. Paulus schwieg einige Augenblicke, nachdem sie zu Ende gelesen hatte. Er schabte weiter fleißig die Haut. Sie wartete mit klopfendem Herzen. Was sollte sie tun, wenn Paulus nicht einverstanden war?

Doch weder auf Paulus' Gesicht noch in seiner Stimme lag Tadel, als er endlich aufblickte. „Ich bin erstaunt", gab er zu. „Mich beeindruckt nicht nur deine Fähigkeit, dich so gut und logisch auszudrücken — nicht jeder kann das, wie du sicher selbst weißt —, sondern auch, wieviel du von den Wahrheiten des Glaubens verstanden hast. Offensichtlich hast du einen guten Lehrer gehabt."

Erleichtert antwortete sie: „Bei meinem Großvater lernte ich Grammatik, Griechisch und die Grundbegriffe der Philosophie, also meine Art zu denken. Doch mein Gatte belehrte mich über

174

Jesus. Natürlich habe ich in Rom auch Phineas zugehört, und ich habe durch die Tür oder das offene Fenster auch auf deine Predigten gelauscht, mein Herr, doch es ist mein Gatte gewesen, der mich gelehrt und mir meine Fragen erklärt hat."

„Dann muß ich überlegen, wie ich seine Fähigkeiten nutzen kann", meinte Paulus. „Wenn deine Worte das Ergebnis seiner Lehren sind, dann muß seine Lehrgabe gebraucht werden."

„Und der Brief ist in Ordnung?" fragte sie. „Du hast keine Einwände, wenn wir versuchen, ihn so nach Rom zu senden?"

„Der Brief ist gut." Paulus lächelte jetzt, was sehr selten war. „Ich kann nur hoffen, daß sich oft Möglichkeiten ergeben, daß ich die Lehrbegabung deines Mannes und auch deine Fähigkeiten nutzen kann. Natürlich ist deine Hauptaufgabe die Sorge für deinen Sohn und deinen Gatten. Doch ich kann verstehen, wenn du den Wunsch hast, auch deine anderen Fähigkeiten zu gebrauchen."

„Vielen Dank", murmelte sie bescheiden.

Als sie in das Haus zurück ging bemerkte sie, daß Aquila aufmerksam zugehört hatte. *Sollte er jetzt ein wenig stolz sein, so verbirgt er das sorgfältig,* dachte sie. Vielleicht würde er etwas sagen, wenn sie allein waren. Doch in Gegenwart anderer Männer würde das nicht geschehen, das hatte er ihr eindeutig erklärt. Sie wandte sich an ihn: „Ich werde das Abendessen zubereiten, mein Herr."

„Gut", nickte er. „In etwa einer Stunde kommen wir zum Essen." Damit wandte er sich wieder seiner Arbeit zu. Wenigstens würde sie keine Worte wieder vom Papyrus kratzen müssen, dafür war sie dankbar.

Die Wochen vergingen. Trolas und Rufus waren wenige Tage nachdem Priscilla die Briefe geschrieben hatte, wieder in Korinth eingetroffen. Da sie nach Athen weiterfuhren, nahmen sie den Brief an Cordelius selbst mit. Den nach Rom wollten sie einem Schiff mitgeben, das im Hafen lag und nach Tarentum ging. Der Kapitän war Trolas Freund und würde dafür sorgen, daß eine vertrauenswürdige Person den Brief mit von Tarentum nach Rom nahm. Doch es würde noch Wochen, vielleicht sogar Monate dauern, bis Antwort zu erwarten war.

Paulus' tägliche Predigten blieben für Priscilla eine Bereicherung. Obwohl Aquila ihr nie verboten hatte in den Hof zu kommen, fühlte sie doch, daß es ihm lieber war, wenn sie vom Raum aus zuhörte. Es waren mittlerweile auch eine Anzahl Frauen unter den Zuhörern, doch Priscilla kannte keine von ihnen. Die Zahl der Versammelten wuchs ständig. Zum Glück wurde das Grundstück von einigen großen Feigenbäumen eingerahmt, die in der Mittagshitze willkommenen Schatten boten. Aquila und Josua hatten ein kleines Überdach gebaut, unter dem Paulus saß, wenn er predigte, so daß er noch besser geschützt war.

Wenn Priscilla zuhörte, konnte sie natürlich nicht weben. Doch sogar Kara hatte nach den ersten Tagen die Spule beiseite gelegt und lauschte. „Josua sagt, das Geräusch der Webstühle störe die in der Nähe des Raumes sitzenden Zuhörer", erklärte sie. „Zuerst war ich etwas ärgerlich. Doch nun bin ich dankbar. Wir können zuhören und dabei auch ein wenig ausruhen."

Priscilla war entsetzt. „Bedeuten dir denn die Predigten von Paulus nichts?"

„Rege dich nicht auf", meinte Kara lächelnd. „Natürlich höre ich ihm gern zu. Ich muß allerdings gestehen, daß er mich manchmal ein wenig verwirrt. Was Phineas über Jesus erzählte, war so einfach und klar, doch Paulus' Gedanken sind nicht immer leicht zu begreifen."

Priscilla lachte. „Aber das ist ja gerade das Beste daran. Die Tiefe seiner Gedanken und die Großartigkeit der Zusammenhänge, die er aufzeigt, regen zum Nachdenken an. Seit Großvater starb, habe ich noch nie jemand gehört, der meine eigenen Überlegungen so befruchtet hätte."

„Ich bin nicht sicher, daß es für eine Frau gut ist, soviel zu denken", zweifelte Kara.

„Sorge dich nicht", beruhigte Priscilla sie. „Ich würde den leisesten Ton von Markus hören, selbst wenn Paulus gerade von den tiefsten Erkenntnissen spräche."

„Dann ist es ja gut", nickte Kara beruhigt. Paulus hatte gerade begonnen zu predigen, deshalb setzten sich die beiden Frauen an die Tür und hörten zu. Es war Priscilla, die bemerkte, wie Crispus den Hof betrat. Seit Aquila ihr seine Besorgnis mitgeteilt hatte, bangte auch sie ein wenig, wenn sie den Vorsteher der Synagoge kommen sah.

„Sieh, da kommt Crispus wieder", flüsterte sie.

„Das ist nun schon das dritte Mal", antwortete Kara besorgt. „Er kommt immer mit seinem Sklaven und setzt sich stets in die letzte Reihe. Mir gefällt das nicht. Man sollte Paulus warnen."

„Haben unsere Männer nicht mit ihm darüber gesprochen?" fragte Priscilla.

„Ich weiß nicht. Ich werde heute abend Josua fragen."

„Vielleicht ergibt sich auch eine Gelegenheit, daß ich es Paulus selbst sagen kann", meinte Priscilla. Doch Kara schüttelte darüber nur mißbilligend den Kopf.

Im Laufe des Nachmittags erschien Paulus unerwartet im Raum. „Hast du sehr viel zu tun, Frau Priscilla?" fragte er, ohne auf Kara zu achten, die am anderen Webstuhl saß.

„Im Augenblick webe ich nur", antwortete Priscilla. „Kann ich dir helfen?"

„Silas und Timotheus sind für einige Tage gegangen, um eine andere Gruppe von Gläubigen zu lehren. Ich brauche dringend jemand, der für mich schreibt und möchte Aquila nicht belästigen. Er ist im Augenblick mit einer sehr schwierigen Arbeit beschäftigt. Ich würde dir gern einen Brief diktieren, der sofort geschrieben werden muß, weil ich einen Boten gefunden habe, der nach Beröa geht. Ich möchte den Brüdern dort einiges mitteilen.

Sie blickte ihn überrascht an und fand nicht gleich eine Antwort. Sein Anliegen war sehr ungewöhnlich. Außerdem hatte er nicht einmal gefragt, ob sie schreiben würde, sondern setzte das voraus. *Und was würde Aquila dazu sagen?* fragte sie sich. Für einen Augenblick überlegte sie, ob sie Paulus fragen sollte, ob er mit Aquila darüber gesprochen hatte. Doch sie schob den Gedanken wieder beiseite aus Furcht, Paulus könnte dann jemand anders suchen, der für ihn schrieb.

„Ich habe noch nie nach Diktat geschrieben, mein Herr", sagte sie.

„Du kannst schreiben, und ich spreche deutlich. Ich sehe keine Schwierigkeiten", erklärte Paulus.

Sie bemerkte, daß sich Paulus schon mit dem beschäftigte, was er schreiben wollte. Er würde kein Verständnis für ihre Bedenken haben. „Gut, ich werde es versuchen, mein Herr, es sei denn, das Baby macht sich bemerkbar."

Paulus blickte zu Kara. „Darum kann sich deine Tante jetzt kümmern."

Karas Augen funkelten zornig. Priscilla fürchtete für einen Augenblick, sie würde eine ihrer scharfen Antworten geben. Paulus blickte Kara scharf an, und Priscilla spürte die Spannung, die vorhanden war. Dann senkte Kara den Blick. „Natürlich, mein Herr", murmelte sie. „Es sei denn, er wird hungrig, dann kann nur seine Mutter helfen."

„Da er jetzt noch schläft, wollen wir gleich beginnen", erklärte Paulus.

Priscilla setzte sich an den Tisch und fragte sich, ob Paulus ihr den kostbaren Papyrusbogen ersetzen würde. Doch seine Gedanken waren nur bei dem Brief. „Bist du bereit?" fragte er kurz. „Sag, wenn ich beginnen kann."

„Ich bin bereit", antwortete sie etwas ärgerlich. Er begann: *Paulus, von Gott berufen als ein Apostel Jesu Christi, an die Gemeinde in Beröa.*

Der kleine Mann erhob sich und ging im Raum hin und her. Seine Worte wurden nach und nach immer schneller, so daß Priscilla kaum mehr mitkam. Es waren Worte der Liebe, des Trostes und der Ermahnung; Warnungen gegen die hebräischen Jahwe-Gläubigen aus Thessalonich, die versuchten, ihren Glauben zu untergraben; Worte voller Weisheit und Nachdruck.

Priscillas Ärger verschwand, während sie sich bemühte, nachzukommen. Wie konnte man ärgerlich sein, wenn jemand so offensichtlich unter der Inspiration des Heiligen Geistes stand. Doch es ging einfach zu schnell. „Bitte, mein Herr", bat sie endlich. „Entschuldige, aber so schnell kann ich nicht schreiben, und ich möchte kein Wort auslassen."

Paulus hielt inne. „Es tut mir leid", sagte er. „Es geht mir meistens so. Ich werde dann einfach mitgerissen." Lächelnd fragte er: „Du glaubst nicht, daß du dann mit eigenen Worten meine Gedanken wiedergeben kannst und damit ausfüllst, was du nicht mitbekamst?"

„Nein, mein Herr", erklärte sie fest, „das würde ich nie wagen, denn ich spüre, daß du unter der Inspiration des Heiligen Geistes diktierst."

„Das ist gut", nickte Paulus. „Wir wollen weitermachen. Ich werde mir Mühe geben, langsamer zu sprechen."

„Danke, mein Herr", sagte Priscilla nur und begann wieder zu schreiben.

In diesem Augenblick erschien Aquila in der Tür. Überraschung und Sorge erschienen auf seinem Gesicht, als er sah, was seine Frau tat. Doch ohne ein Wort zu sagen, drehte er sich um und ging wieder in den Hof.

22. Kapitel

Markus war versorgt und ruhte nun zufrieden in dem kleinen, truhenähnlichen Bettchen, das neben Priscillas Lager stand. Aquila hatte zugeschaut, wie jeden Abend, bis der Kleine zur Ruhe gebracht war. Doch an diesem Abend hatte er keine Freude daran gefunden. Er war ein Mann, der nicht leicht zu verärgern war, doch heute war er zornig.

Der Grund war nicht, weil Priscilla für Paulus geschrieben hatte, ohne ihn zu fragen, oder weil Paulus nicht vorher mit ihm gesprochen hatte, als er Priscillas Hilfe forderte. Er wußte, Paulus war ein ungewöhnlicher Mann, und Priscilla war eben begabter als die meisten anderen Frauen. Außerdem war er durchaus bereit, Paulus zu helfen, so sehr er konnte. *Doch immerhin bin ich Priscillas Mann und verdiene daher mehr Beachtung,* dachte er.

Aquilas Ärger hatte hauptsächlich zwei andere Gründe, in denen Priscilla einfach zu weit gegangen war und die er nur zufällig herausgefunden hatte. Und ehe sie schlafen gingen, wollte er die Sache klären.

Priscilla drehte sich, nachdem sie mit Markus fertig war, wie üblich zu ihm, um sich in seine Arme zu schmiegen. „Schläfst du schon?" fragte sie leise.

„Nein", erwiderte er abweisend.

„Ist etwas nicht in Ordnung? Bist du ärgerlich?"

„Ja, sehr."

Sie versuchte nicht, die Überraschte oder Unschuldige zu spielen, sondern sagte: „Ich hätte dich vorher fragen sollen, ehe ich für Paulus den Brief schrieb. Ich hatte Angst, du würdest es vielleicht nicht erlauben. Dann wäre Paulus zu jemand anders gegangen. Und ich wollte den Brief so gern schreiben."

„Das ist mir klar", sagte Aquila nach längerem Schweigen. „Weder du noch Paulus haben dabei nach meinem Empfinden gefragt. Es wäre doch durchaus möglich, daß ich mich gefreut hätte, wenn meine Frau für Paulus schreibt. Hast du daran gedacht?"

„Nein, mein Herr."

Da sie flüsterte, konnte er dem Tonfall ihrer Stimme nichts entnehmen und erklärte kalt: „Ich erwarte, daß du mich in Zukunft bei diesen Dingen fragst und die Entscheidung mir überläßt."

„Ja, mein Herr." Es war kein Zweifel, jetzt lag in der Antwort ein trotziger Unterton.

Sie drehte sich auf die andere Seite und kehrte Aquila den Rücken zu. Doch er packte sie fest am Arm und zog sie wieder herum. Ihm war bewußt, daß er ihr dabei weh tat. „Wir sind noch nicht fertig. Es gibt noch einige andere Dinge zu klären", knurrte er.

„Welche anderen Dinge?"

„Nun, da ist ein Brief, den du an Marta geschrieben hast, und etwas, worüber du mit Paulus sprachst."

Sie antwortete nicht gleich, sondern spürte nur seinen festen Griff, mit dem er sie immer noch hielt. Endlich flüsterte sie: „Welcher Brief, mein Herr?"

„Ich weiß nicht, welcher Brief und was du geschrieben hast. Aus einer Äußerung, die Josua heute machte, und die er gleich wieder entkräften wollte, kann ich nur vermuten, daß du an Marta geschrieben hast. Ich hatte gesagt, du könntest Grüße an sie an den Brief von Cordelius anhängen. Aber du hattest nicht genug Vertrauen, deinem Gatten mitzuteilen, daß du einen ganzen Brief schreiben würdest."

Die Worte trafen um so härter, weil sie stimmten. Aquila dachte: *Ich kann alles ertragen, nur nicht, wenn sie versucht mich anzulügen.* Deshalb fuhr er streng fort: „Lüge nicht, das werde ich nicht dulden. Und ich würde es wissen, wenn du lügst."

Mit bebender Stimme fragte sie: „Aber wie, mein Herr? Wieso könntest du wissen, wenn ich lüge?"

„Weil ich dich besser kenne als du glaubst", stellte er fest. „Meinst du, ich wüßte nicht, wenn du mich necken willst und wenn du es ernst meinst?"

„Ich schrieb an Marta und bat sie, Verbindung mit deiner Mutter aufzunehmen", sagte sie tonlos. „Ich bat Marta, deiner Mutter von dem Kind zu erzählen und daß es uns gut geht und daß wir sie immer noch lieben."

„Es ist allein meine Angelegenheit, mit meinen Eltern Kontakt zu suchen, wenn ich das möchte", zürnte Aquila. „Du hattest dazu keinerlei Recht."

„Ja, mein Herr", antwortete sie. Doch er spürte den Trotz hinter den Worten.

„Warum hast du es dann trotzdem getan?" wollte er wissen. „Warum?"

„Jetzt bin ich mir nicht mehr sicher", versuchte sie zu erklären. „Doch als ich schrieb, dachte ich, es wäre für dich. Ich habe oft gespürt, wie sehr dich das zerbrochene Verhältnis zu deinen Eltern betrübt. Deshalb dachte ich, deine Mutter sollte wissen, daß wir sie immer noch lieben."

Aquila wurde innerlich hin und her gerissen. Er hatte einmal voller Stolz erklärt, er würde nie versuchen, zu seinem Vater zurückzukriechen. Doch Paulus hatte in letzter Zeit oft von Liebe und Vergebung gesprochen. Das hatte ihn unsicher gemacht. Aber trotzdem hatte Priscilla kein Recht, so zu handeln.

„Wie kannst du sie immer noch lieben, obwohl sie dich auf der Straße nach Tarentum allein ließ, als das erste Kind zu früh kam?" fragte er schon ruhiger.

Sie begann zu weinen. „Ich weiß es nicht. Aber ich liebe sie immer noch. Es war doch nicht ihre Schuld, daß sie mir nicht helfen durfte. Sie gehorchte nur ihrem Gatten; so wie du es auch von mir erwartest."

Die Worte trafen ihn. Und trotzdem hätte der Brief nicht ohne seine Genehmigung geschrieben werden dürfen. „Mir geht es nicht so sehr darum, daß du versucht hast, mit meiner

Mutter Verbindung aufzunehmen, sondern daß du nicht genug Vertrauen zu mir hattest und es hinter meinem Rücken tatest", erklärte er.

„Und hätte ich vorher mit dir darüber gesprochen, was hättest du geantwortet?"

„Ich weiß es nicht", gab er zu.

„Du hättest es verboten", stellte sie fest. „Wenn du jetzt ehrlich bist, wirst du es zugeben."

Aquila hätte jetzt gern gesagt, sie sei im Irrtum, war sich aber durchaus nicht sicher, sondern antwortete: „Ich kann jetzt nur hoffen, daß meine Mutter den Brief nie erhält."

„Ich habe dafür gebetet, daß sie ihn bekommt", sagte sie fest.

„Das eigentliche Problem ist", platzte Aquila heraus, „woher ich wissen soll, ob ich dir in Zukunft noch vertrauen kann. Wie soll ich wissen, daß du mich nicht wieder hintergehst und solche Dinge hinter meinem Rücken tust?"

Sie war eine Weile still, dann sagte sie betrübt: „Es tut mir leid, mein Herr. Wirklich, es tut mir aufrichtig leid. Ich wollte dich damit nicht hintergehen, und ich werde so etwas nie wieder tun. Ich habe falsch gehandelt, mein Herr."

Gern hätte er sie jetzt an sich gezogen, doch da war noch eine andere Sache, die gesagt werden mußte. „Noch etwas", fuhr er deshalb schnell fort, „Paulus sagte mir, du hättest Crispus ihm gegenüber erwähnt. Das wäre allein meine oder Josuas Sache gewesen. Kannst du dir vorstellen, wie beschämend es für mich war, als Paulus danach fragte? Es sah so aus, als würden wir uns hinter einer Frauenschürze verstecken."

Überrascht antwortete sie: „Der Gedanke ist mir gar nicht gekommen, mein Herr. Paulus erzählte von den Problemen in Beröa; wie gefährlich einige Jahwe-Gläubige aus Thessalonich dort geworden waren. Dabei erwähnte ich, daß Crispus hier ähnliche Schwierigkeiten machen könnte. Das war alles."

Aquila war der Verzweiflung nahe. „Was soll ich nur mit dir machen?" stöhnte er. „Wie mache ich dir klar, daß du eine Frau bist, meine Ehefrau, und daß du dich daher auch wie andere Frauen benehmen solltest?"

Sie schwieg lange, und dann sprach sie sehr langsam, als müsse sie jedes Wort erst suchen: „Ich habe nie erwähnt, mein Herr, daß mein Großvater mich so unterrichtet hat, als wäre ich ein Junge. Er lehrte mich, logisch zu denken, Dinge zu verstehen, mit denen sich die meisten Frauen nie beschäftigen, und vernünftige Entscheidungen zu treffen. Meine Mutter war dagegen und sagte immer, es sei falsch."

Er merkte, wie sie mit den Tränen kämpfte, als sie fortfuhr: „Als ich einwilligte, dich zu heiraten, habe ich mir fest vorgenommen, diese Seite meines Wesens in unserer Ehe nie sehen zu lassen. Als du wolltest, daß ich mich mit dir taufen lasse, wurde ich das erste Mal meinem Vorsatz untreu und habe nach meinem eigenen Willen gehandelt. Seither tat ich das manchmal, doch das war falsch."

„Manchmal hast du mich ein wenig von deiner Intelligenz und Schulung sehen lassen", gab Aquila zu, „doch du hast mir nie wirklich vertraut."

„Wie konnte ich das? Du bist ein Mann."

„Dein Großvater war auch ein Mann", gab Aquila zu bedenken.

„Aber du bist nicht mein Großvater." Sie stutzte einen Augenblick, dann schlang sie die Arme um ihn und schluchzte: „Das habe ich jetzt nicht so gemeint, wie es geklungen hat. Du bist intelligent und weise und gut. Ich weiß nicht, warum ich manchmal so handle wie ich es tue. Doch ich bin nun einmal nicht wie die meisten anderen Frauen, das habe ich dir schon früher gesagt. Ich weiß nicht, was ich noch sagen soll."

Jetzt liefen ihr die Tränen über das Gesicht. „Es tut mir leid, ich bin keine gute Frau. Es tut mir wirklich leid."

Er wußte nicht, was er antworten sollte. Es stimmte, sie war nicht wie andere Frauen; dazu hatte sie eine zu gute Schulung gehabt. Doch war das ihre Schuld? Und er wollte lieber sie, mit all ihren Fehlern, als irgendeine andere. Mit einem Seufzer zog er sie an sich und küßte sie. Dabei dachte er: *Aber gelöst haben wir das Problem nicht, und ich bin nicht sicher, ob wir es jemals lösen werden.*

Als Paulus am nächsten Morgen den Hof betrat, meinte Aquila, diesen Mann noch nie so mit Licht erfüllt gesehen zu haben. Es war, als glühe in ihm etwas, das nun in seinen Augen, seinem Lächeln und auf seinem Gesicht leuchtete. „Guten Morgen", sagte er zögernd. „Geht es dir gut?"

Auch Josua bemerkte die Veränderung bei Paulus, sagte aber nichts, sondern wartete, was dieser auf Aquilas Frage antworten würde.

„Mir geht es sehr gut", erwiderte Paulus. „Ich grüße euch beide im Namen des Herrn, warne euch aber auch gleich: Ich bin heute nicht ganz wie sonst. Ich hatte heute nacht eine Vision, und mir ist, als wäre ich noch nicht wieder ganz richtig zurück auf normalem Boden."

Josua staunte ehrfürchtig: „Du hast den Herrn gesehen?"

„Nicht so wie damals auf der Straße nach Damaskus", erklärte Paulus. „Es war nur ein großes Licht um mich, und eine Stimme sprach zu mir, nicht nur in meinem Herzen, sondern äußerlich vernehmbar; aber so klar, wie nie zuvor. Jedes Wort ist mir ins Herz eingegraben."

„Was sagte der Herr zu dir?" forschte Aquila.

„Ich habe mir über Crispus Sorgen gemacht, das wißt ihr", begann Paulus, „obwohl die Warnung von einer Frau kam; und Frauen übertreiben ja oft ein wenig. Trotzdem sah ich, daß hier eine Gefahr erwachsen konnte."

Aquila war verlegen. „Ich wollte mit dir darüber reden, doch meine Frau . . ."

Paulus unterbrach ihn. „Es macht keinen Unterschied. Sie erwähnte es, weil sie während meines Diktats daran erinnert wurde. Ihre Worte platzten einfach heraus. Sie ist eben ein impulsives Mädchen." Beruhigend fuhr er fort: „Hätte ich geglaubt, es sei allein ihre Idee, wäre ich nicht so beunruhigt gewesen. Doch ich wußte, daß sie es von dir gehört haben mußte, weil du ja manches mit ihr besprichst." Es war, als müsse Paulus Aquila etwas vom Charakter seiner eigenen Frau erklären.

„Manchmal bespreche ich vielleicht zuviel mit ihr", nickte Aquila und bemerkte dabei, wie ein amüsiertes Lächeln über das Gesicht seines Onkels huschte.

„Ist ja gleich", meinte Paulus. „Die Tatsache bleibt: Ich war besorgt. Deshalb habe ich gestern abend noch lange darüber gebetet, konnte aber darin keine rechte Ruhe finden. Nachdem ich einige Stunden geschlafen hatte, erwachte ich und sah den Raum mit strahlendem Licht erfüllt."

„Ein Traum war es nicht?" fragte Josua vorsichtig.

„Nein — ich war hellwach! Die Stimme sprach zu mir so deutlich, daß ich nicht ein Wort vergessen haben. Sie sagte: »Sorge dich nicht, sondern predige weiter und schweige nicht; denn Ich bin mit dir, und niemand wird dich angreifen oder dir sonst schaden, denn Ich habe noch ein großes Volk in dieser Stadt.«"

Aquilas Mund blieb vor Staunen offen. „Wenn das wahr ist", sagte er endlich, „warum kommt dann Crispus immer zur Versammlung, sitzt in der letzten Reihe und beobachtet alles so argwöhnisch?"

„Ich weiß es nicht", gab Paulus zu. „Doch es wird sich herausstellen. Vielleicht kommt er nicht, um uns zu belauern, sondern weil er ein Verlangen hat, die Wahrheit zu erfahren."

Aquila schüttelte den Kopf. „Das kann ich mir nicht vorstellen. Der Vorsteher unserer Synagoge?"

„Der erste wäre er nicht", sagte Paulus ruhig. „In anderen Städten haben einflußreiche hebräische Jahwe-Gläubige sich zu Jesus bekehrt. Vergiß nicht: Bei Gott ist alles möglich!"

„Das stimmt", bestätigte Aquila. „Doch ich muß gestehen, daß ich mir trotzdem oft noch über manches Sorgen mache."

„Eines Tages wird etwas geschehen", erklärte Paulus fest, „was auch dir hilft, dem Herrn noch besser zu vertrauen, so daß du deine Sorgen Ihm überläßt."

Aquila nickte, dachte aber dabei, Paulus könne gut reden, da er es ja viel leichter hatte. Er war nicht verheiratet und brauchte sich nicht um eine Familie zu sorgen oder sich mit einer vorlauten Ehefrau zu ärgern.

Paulus lächelte jetzt. „Wir bleiben also weiter beieinander, liebe Freunde. Da der Herr mit mir geredet hat, werde ich in Korinth bleiben. Ich werde hier weiter predigen und dem Herrn dienen. Deshalb werdet ihr mich vielleicht noch für längere Zeit ertragen müssen."

„Du bist immer sehr willkommen", antwortete Josua schnell. „Wir könnten uns kein größeres Vorrecht denken, als dich bei uns zu haben."

„Und Tatsache ist", fügte Aquila hinzu, „daß uns deine Predigten noch viel wichtiger sind als deine Mitarbeit in unserer Werkstatt. Laß uns mit den Zelten arbeiten, und setze du deine Kraft zum Seelengewinnen ein."

Ein Leuchten ging über Paulus' Gesicht. „Ich kann mich glücklich schätzen, solche Freunde zu haben. Dabei habe ich dich, als meinen Gastgeber, auch noch beleidigt, als ich in meinem Eifer deine Frau aufforderte, für mich den Brief zu schreiben, ohne daß ich dich vorher um Erlaubnis gefragt hätte. Kannst du mir vergeben?"

„Es ist nichts zu vergeben", wehrte Aquila ab. „Meine Frau hätte um Erlaubnis fragen müssen, nicht du."

„Dann mußt du uns beiden vergeben", sagte Paulus. „Sie ist eine ungewöhnliche Frau, und das macht dir manchmal Probleme; was ich gut verstehen kann. Doch sie ist deine Frau und die Mutter deines Sohnes, also mußt du mit ihr auskommen."

„Ich weiß", nickte Aquila. „Doch ich kann nicht so schnell vergeben und bin nicht so großzügig wie mein Onkel, weil ich meinen Stolz habe."

„Dann werde ich für dich beten", versprach Paulus.

Josua warf ein: „Wir erhalten Besuch. Ich glaube, es ist Crispus."

Aquila fühlte wieder Angst in seinem Herzen aufsteigen. Doch Paulus wandte sich in großer Ruhe dem Neuankömmling zu. „Guten Morgen, mein Freund. Du kommst heute wirklich sehr zeitig zur Versammlung."

Crispus antwortete: „Ich komme so früh, weil ich mit dir allein sprechen möchte. Ich hätte gern gewußt, was ich tun muß, um Jesus anzunehmen und gerettet zu werden."

„Der Herr sei gepriesen!" rief Paulus und ergriff Crispus' Hände. „Komm, setz' dich zu mir in den Schatten. Ich will dir erklären, was der Herr von dir erwartet." Er wandte sich kurz an Aquila und Josua. ,,Ihr seht, es ist genauso wie der Herr mir gesagt hat."

Josua seufzte erleichtert und ging an seine Arbeit. Aquila blieb noch einen Augenblick erstaunt stehen und dachte nach. Dann wandte er sich kopfschüttelnd um und ging in das Haus, um Priscilla zu erzählen, was soeben vorgefallen war.

23. Kapitel

Es war nicht die *Guten Wind,* die den Brief von Athen brachte. Ein Freund von Trolas kam vom Hafen, um Aquila ein Paket abzuliefern. „Trolas mußte nach Ephesus weiterfahren", berichtete der junge Mann. „Er bat mich, dich aufzusuchen und den Brief persönlich abzugeben. Allerdings meinte er, es seien keine guten Nachrichten."

Aquila betrachtete das Paket und fragte: „Bekamst du es in Athen von Trolas?"

„Ja, doch ich kenne die Leute nicht, von denen die Botschaft kommt. Deshalb kann ich nicht mehr darüber sagen."

„Ich verstehe", nickte Aquila. „Vielen Dank für deine Freundlichkeit, extra den Weg vom Hafen zu uns zu machen. Kann ich dir dafür wenigstens einen Becher Wein anbieten?"

Der Bote lächelte und hob zum Gruß die Hand an die Stirn. „Nein, vielen Dank. Ich muß schnell zurück. Heute wird im Hafen eine Flotte mit offiziellen römischen Staatsschiffen erwartet. Da die immer die besten Ankerplätze in Anspruch nehmen, drängen sie die anderen Schiffe rücksichtslos beiseite, und dabei kommt es ihnen auch nicht darauf an, wenn sie Schäden verursachen. Da ist es besser, ich bin mit meinem Schiff schon aus dem Weg." Obwohl die Worte leichthin gesagt klingen sollten, sah man doch den Ärger im Gesicht des Seemanns.

„Dann danke ich dir nochmals und will dich nicht länger aufhalten", stimmte Aquila zu und drückte ihm eine Münze als Botenlohn in die Hand. „Sage mir noch: Haben Trolas oder Rufus erwähnt, wann sie wohl wieder in Korinth sein werden?"

„Frühestens in einigen Monaten", antwortete der Bote, der noch mit irgend etwas zu kämpfen schien. Dann platzte er heraus: „Ich habe ein kleines Päckchen für deine Frau, das ich ihr persönlich übergeben soll."

„Sagte Trolas das?"

„Nein, sondern Rufus."

„Dann mußt du das auch tun", nickte Aquila, der überzeugt war, daß der andere sich darüber sicher wunderte. Er drehte sich um und rief nach Priscilla.

Sofort kam sie aus dem Haus gelaufen, während sie sich noch den Schweiß von der Stirn wischte. Aquila bedauerte, daß sie bei der Hitze die Webstühle nicht in den Hof bringen konnten, doch war dies wegen der Versammlungen während der Mittagszeit nicht möglich.

„Hast du mich gerufen, mein Herr?" fragte Priscilla.

„Hier ist ein Bote von Athen, der ein kleines Päckchen hat, das er dir persönlich übergeben soll", erklärte Aquila.

„Sicher von Marta!" rief sie eifrig, wartete aber zurückhaltend, bis der Seemann des kleine Päckchen aus seinem Gewand gezogen hatte und ihr reichte. „Bitte, Frau", murmelte er.

„Vielen Dank", antwortete sie. Aquila bemerkte, wie sie das Päckchen sanft streichelte.

„Jetzt muß ich wirklich gehen", sagte der Bote erleichtert. „Mich erwarten dringende Aufgaben. Nochmals grüßte er und verließ dann den Hof.

„Er denkt, ich bin zu nachsichtig mit dir", meinte Aquila. „Doch Rufus wollte, du solltest das Päckchen persönlich erhalten. Dafür wird er seinen Grund gehabt haben."

Sie lächelten sich an. Priscilla sagte bescheiden: „Lies zuerst deinen Brief, mein Herr. Was auch immer in dem Päckchen sein mag, es ist lange nicht so wichtig wie das in deinem Brief."

Er entfernte die äußere Hülle und blickte erstaunt auf die Rolle. Er kannte Cordelius' Handschrift, doch diese hier war ihm fremd. Besorgnis stieg in ihm auf. War Cordelius etwas zugestoßen? Und wenn, in wessen Hände war sein Brief geraten?

„Er ist nicht von Cordelius", stellte er fest.

Priscilla trat einen Schritt näher. „Von wem dann?"

Er schüttelte den Kopf. „Ich weiß es nicht. Die Handschrift kenne ich nicht." Dabei öffnete er die Rolle und überflog die ersten Zeilen. Erstaunt rief er: „Er ist von meiner Schwester Doria, und ganz sicher ohne die Erlaubnis meines Vaters geschrieben. Warte, laß mich erst lesen."

Die Nachricht traf ihn hart. Er hatte laut lesen wollen, vergaß es aber, so betroffen war er. Er las:

Grüße von Doria an meinen Bruder Aquila! Ich schreibe nur zögernd, weil ich schlechte Neuigkeiten zu berichten habe und es mir außerdem verboten ist. Doch ich vertraue darauf, daß der Brief dich sicher erreicht.

Dein Freund Cordelius ist tot. Es hat einen Unfall gegeben, der bis jetzt nicht wirklich aufgeklärt ist. Jedenfalls fand man ihn eines späten Abends tot auf der Straße. Mehr weiß ich nicht darüber. Seine Witwe Marta und sein Kind wohnen bei uns. Vater hat Marta schätzen gelernt, weil sie sich wieder an unseren Glauben hält.

Ich möchte gern mehr berichten, muß aber jetzt schließen. Bitte, sage deiner Frau, ich wünschte, die Dinge wären anders als sie sind.

Er reichte Priscilla den Brief und beobachtete sie. Zuerst wurde sie ganz bleich, dann liefen ihr die Tränen über das Gesicht. „O, mein Herr", seufzte sie mit erstickter Stimme.

Auch Aquila mußte mit einem Kloß im Hals kämpfen, ehe er sagen konnte: „Er war ein guter Freund. Und Doria war sehr tapfer, weil sie riskiert hat den Brief zu schreiben."

„Glaubst du, Rufus hat sie dazu ermutigt? Wie ist er überhaupt mit Doria in Kontakt gekommen?" wunderte sich Priscilla.

„Rufus hat überall Verbindungen", erklärte Aquila. „Bei uns Jesusnachfolgern, bei den Jahwe-Gläubigen, aber sogar unter den heidnischen Gruppen."

Priscilla nickte. „Ich bin noch heute fest davon überzeugt, daß es kein Zufall war, daß du damals ausgerechnet ihm in

Tarentum im Hafen begegnet bist, sondern der Herr hat es so geführt."

Aquila nickte, weil er das auch glaubte. Doch im Augenblick beschäftigte ihn Cordelius' Tod und die Tatsache, daß Marta wieder zum alten Jahwe-Glauben zurückgekehrt war, mehr. Was hatte Doria geschrieben? Ein nicht erklärbarer Unfall? Konnte er auch um seines Glaubens willen getötet worden sein? Wenn es so war, wie sah dann die Zukunft für ihn selbst und seine Familie aus?

Priscilla sagte: „Ich weiß, worüber du nachdenkst, denn mir kommen ähnliche Gedanken. Wir geraten vielleicht alle in Gefahr. Doch du solltest dir darüber keine Sorgen machen. Wir müssen einfach Gott vertrauen."

In diesem Augenblick betrat Paulus den Hof. Als er Aquila und Priscilla am hellen Tag auf dem Hof in der Unterhaltung sah, wunderte er sich und fragte: „Ist etwas nicht in Ordnung?"

Aquila reichte ihm den Brief. „Wir haben schlechte Nachricht."

Schweigend las Paulus, gab den Brief zurück und meinte: „Es geht also weiter. Stephanus wurde gesteinigt — zu meiner bleibenden Schande —, und noch andere werden sterben für den Glauben. Auch mein eigenes Schicksal wird es einmal sein, da bin ich sicher. Doch ich hörte Frau Priscilla sagen, wir müssen Gott vertrauen."

Alle drei schwiegen einige Augenblicke. Dann blickte Priscilla auf Aquila und fragte: „Was mag mit dem Brief geschehen sein, den ich an meine Mutter schrieb?"

Aquila überlegte. „Wenn du Glück hast", meinte er langsam, „wurde er einfach vernichtet. Ohne Zweifel erreichte der Brief Marta, und sie gab ihn Doria. Sagtest du nicht, Marta könne kaum lesen und schreiben? Doria kann jedenfalls beides."

„Vielleicht", stimmte Priscilla zu. Doch da fiel ihr das Päckchen ein. „Es mag sein, daß wir in diesem Päckchen die Antwort finden." Priscilla öffnete es und stieß einen erstaunten Ruf aus.

„Was hast du?"

Sprachlos hielt sie einen schmalen silbernen Armreif in der Hand, der in der Sonne glitzerte. Aquila erkannte ihn sofort. Seit seiner frühesten Kindheit hatte er seine Mutter nie ohne dieses Schmuckstück gesehen. „Er gehört meiner Mutter", erklärte er erstaunt. „Ist eine Nachricht dabei?"

„Nichts, mein Herr", flüsterte Priscilla bewegt. „Doch das Armband ist Botschaft genug. Es sagt, daß deine Mutter meine Nachricht bekam und uns immer noch liebt."

Aquila zog Priscillas Hand nahe zu sich und betrachtete das Armband genau. „Siehst du die kleinen Kratzer?" fragte er. „Da haben meine Schwestern und ich darauf gebissen, als wir unsere ersten Zähne bekamen."

Priscilla gab sich Mühe, nicht zu schluchzen, als sie antwortete: „Sicher wird Markus das auch tun, wenn er soweit ist, mein Herr. Deine Mutter erinnert sich auch noch daran und will uns damit sagen, daß sie stolz ist, Großmutter zu sein und gern an ihren Enkel denkt."

„Doch wie erhielt sie die Nachricht? Ob Marta ihr den Brief gegeben hat?"

Priscilla schüttelte den Kopf. „Ich glaube nicht. Aber Doria könnte es gewesen sein. Vielleicht hat sie gar selbst mit Rufus gesprochen, mein Herr. Ob es möglich ist, daß sie beginnt sich für unseren Glauben zu interessieren?"

Aquila wiegte nachdenklich den Kopf. „Möglich ist es schon", meinte er endlich.

„Wir werden es erfahren, wenn Trolas Schiff wieder nach Korinth kommt", mischte sich Paulus in die Unterhaltung.

„Und bis dahin können wir warten und beten", sagte Priscilla hoffnungsvoll. „Wir können beten, daß der Geist Gottes mit Liebe und Wahrheit in den Herzen unserer Familie in Athen arbeitet. Und vielleicht werden wir uns eines Tages sogar wieder treffen." Vorsichtig schob sie das silberne Schmuckstück an ihren Arm.

Mit so einer Frau wird sogar die Nachricht von Cordelius' Tod erträglicher, überlegte Aquila. Er hätte nie geglaubt, als er sie damals heiratete, weil er sich in sie verliebt hatte, daß sie ihm auch in solchen schweren Stunden einmal Hilfe und Trost sein könnte. Oder war es vielleicht gar nicht recht, mit einer Frau über solche Angelegenheiten zu reden? Paulus würde sicher sagen, es sei Männersache, und sein Vater würde nur gelacht haben. Blieb nur sein Onkel Josua, den er einmal fragen konnte. Und das würde er tun, beschloß er bei sich. Laut erklärte er: „In der Zwischenzeit gibt es auch noch Arbeit zu tun. Auch in Trauer und Schmerz dürfen wir unsere Aufgaben nicht vergessen."

Schweigend nickte Priscilla. Doch Aquila wußte, sie hatte seine Worte verstanden. Sie war bereit zu warten, bis sie mit ihrem Gatten allein war, um mit ihm weiter über diese Dinge zu sprechen. Sie wollte wieder in das Haus zurückgehen, als Paulus sagte: „Dein Glaube und dein Vertrauen beeindrucken mich sehr, Frau Priscilla. Ich hatte überlegt, mit Aquila zu sprechen und ihn als Lehrer unter unseren Gläubigen einzusetzen. Doch nun sehe ich, daß ich euch beide gebrauchen kann. Seid ihr bereit, einen solchen Dienst zu tun?"

Aquila sah den Eifer in Priscillas Augen und bemerkte, wie sie mit sich kämpfen mußte, um nicht mit einer vorschnellen Antwort herauszuplatzen. Statt dessen sah sie ihren Gatten fragend an. Als Aquila nickte, sagte sie: „Ich bin dankbar, mein Herr, wenn du glaubst, ich sei dafür würdig. Doch es kommt natürlich ganz auf meinen Gatten an. Wenn er zustimmt, will ich tun, was du wünschst. Doch weigert er sich, werde ich selbstverständlich gehorsam sein."

Aquila erkannte voller Freude, daß es ihr mit diesen Worten ernst war. Ihr Gehorsam erwuchs aus ihrer Liebe, nicht aus gesellschaftlichem Zwang. Wieder nickte er. „Wenn Paulus meint, wir könnten im Dienst für unseren Herrn Jesus nützlich sein, bin ich völlig bereit dazu."

„Danke, mein Herr", sagte sie. Ihrem Gesicht war dabei die Freude anzusehen.

„Ich werde darüber nachdenken, wie ich euch beide am besten gebrauchen kann", erklärte Paulus. „Doch jetzt müssen wir beginnen, an dem neuen Zelt zu arbeiten, das bestellt worden ist. Und du, Frau Priscilla, mußt wieder zu deinem Webstuhl zurückkehren."

Weder Aquila noch Priscilla stellten die Frage, ob Paulus das Recht habe, solche Entscheidungen zu treffen. Dieses Haus war ebenso das seine wie es das von Josua und Aquila war. Und Paulus' Autorität war eben die größere.

24. Kapitel

Markus kroch schon überall herum, zog sich hier und da schon allein auf die Füße und krähte stolz über seine Fortschritte, als Priscilla entdeckte, daß sie wieder schwanger war. In den ersten Tagen konnte sie sich mit dem Gedanken gar nicht anfreunden, es war ihr einfach noch zu bald. Außerdem würden zwei Kinder sie natürlich viel mehr daran hindern, Paulus zu helfen, für ihn zu schreiben oder zu lehren. Er hatte weiterhin von Zeit zu Zeit ihre Fähigkeiten im Schreiben in Anspruch genommen, doch jedesmal darauf geachtet, vorher Aquila um Erlaubnis zu fragen. Außerdem hatte er sie ermutigt, in besonderen Stunden die Frauen zu lehren, die ebenfalls zu den Versammlungen kamen. Während der ersten Male hatte er ungesehen zugehört, doch nach kurzer Zeit war er offensichtlich überzeugt, daß er ihr vertrauen konnte.

Doch nun, mit einem weiteren Kind, würde er vielleicht glauben, sie sei nicht mehr fähig für diese Aufgaben. Aquila mochte dies wohl auch denken. *Aber es ist nicht fair,* dachte sie, *wo ich diesen Dienst doch so gern tue.* Doch an einem dieser Abende, als sie wieder einmal in den Rollen ihres Großvaters las, und zwar im Buch der Sprüche, fand sie den Abschnitt, der von einer tüchtigen Frau spricht. Die Worte der Anerkennung, die sich da fanden, trafen ihr Herz; und Priscilla las sie mehrere Male.

Als sie so beim letzten Abendlicht mit der Rolle in der Tür saß, trat Aquila zu ihr und fragte: „Was liest du?"

„Den Abschnitt aus dem Buch der Sprüche, der von der *tüchtigen Frau* spricht. Mir ist die Aufgabe, andere Frauen zu lehren und für Paulus zu schreiben so lieb geworden, daß ich über meine erneute Schwangerschaft nicht recht glücklich sein konnte. Doch meine Einstellung war falsch, und die Worte hier scheinen mir zu helfen."

Aquila setzte sich neben sie. „Ich weiß, wie du empfindest. Ich habe mit Erstaunen beobachtet, wie du unter Paulus' Unterweisungen innerlich gewachsen bist. Und ein wenig stolz war ich auch darauf."

„Wirklich, mein Herr?" fragte sie etwas ungläubig.

„Ja, wirklich. Doch, meine Liebe, für alles ist eine bestimmte Zeit, sagt uns das gleiche Buch. Vielleicht wirst du, während das neue Kind in dir wächst, auch in der für dich stilleren Zeit geistlich so weiterwachsen im rechten Gehorsam, daß du eines Tages zu einer noch besseren Lehrerin wirst."

Sie lächelte zwar, sagte aber ein wenig bedrückt: „Für dich ist es leicht, so etwas zu sagen, mein Herr, denn du mußt niemand gehorsam sein."

„Doch", widersprach er, „das muß ich auch. Zuerst meinem Gott, dann ab und zu gegenüber Josua und auch Paulus; recht oft auch Kara, und manchmal sogar dir."

Sie lachten zusammen. Ihre Stimme klang jetzt froher, als sie sagte: „Es ist nicht leicht für mich, denn ich habe von Natur aus kein gehorsames Wesen. Du wirst mir helfen müssen, mein Herr."

„Ich werde dir während dieser Zeit vieles erzählen von unserer Geschichte und unserem Glauben", versprach er. „Als Angehöriger des Priesterstammes Levi hat man mich manches gelehrt, was noch nicht einmal alle hebräischen Jahwe-Gläubigen wissen. Ich möchte nicht, daß du während deiner Schwangerschaft viel studierst oder Briefe schreibst, doch es wird dir nichts schaden, wenn du mir zuhörst. Tröstet dich das ein wenig?"

„Du bist besser als ich verdiene", nickte sie, während sie die Schriftrolle sorgfältig zusammenrollte. „Ich frage mich, warum Gott es so geführt hat, daß gerade ich mit einem solchen Ehemann, wie du es bist, gesegnet wurde."

Er grinste. „Vielleicht deshalb, weil Er wußte, daß alle anderen Frauen mich gelangweilt hätten — und weil wahrscheinlich fast jeder andere Mann dich deines Wesens wegen geschlagen hätte."

Wieder mußten beide lachen. „Ich weiß, daß dich der Gedanke glücklich macht, wieder Vater zu werden", sagte sie, „also will auch ich damit glücklich werden. Ich glaube, es wird mir nun leichter fallen, die Zeit der Schwangerschaft und auch nachher noch durchzustehen. Wenn das neue Kind alt genug ist, werde ich auch wieder in der Lage sein, mit euch zusammen das Werk des Herrn in Korinth zu tun."

Ein scharfer Frühherbstwind blies über den Hafen und ließ auf dem Wasser kleine weiße Schaumkronen erscheinen. Aquila saß auf dem warmen Deck der *Guten Wind* Trolas und Rufus gegenüber. „Es ist Monate her, daß wir uns nicht gesehen haben, und noch viel länger, seit wir einmal so auf Deck zusammensaßen und uns unterhielten", meinte Rufus. „Ich wünschte, es wäre öfter möglich."

Aquila nickte. Seit sie in Korinth waren, hatten sie kaum Zeit gefunden, sich einmal gemütlich zusammenzusetzen und ein rechtes Männergespräch zu führen. Zuerst war die Mühe mit dem Aufbau der neuen Existenz gewesen, und anschließend kamen die Zeit mit Paulus und die Vaterpflichten auch noch dazu. Er erinnerte sich an die Zeit, wo er mit Cordelius in Rom oft und viel über mancherlei diskutiert hatte. „Ich wünschte es auch", nickte er bestätigend zu Rufus' Worten. „Doch die Gelegenheiten sind selten. Zum Glück meinte Josua, ich solle zum Schiff gehen und die Vorräte holen, welche ihr uns mitgebracht habt. Ich nahm einen kleinen Wagen und habe den anderen gesagt, ich wäre eine ganze Weile abwesend. Josua und Paulus können auch einmal ohne mich fertigwerden."

„Geht es daheim gut? Deiner Frau und dem Kleinen? Paulus und Josua?" Trolas streckte bequem die Beine aus, während er sich erkundigte.

„Alles ist in Ordnung", nickte Aquila. „Meine Frau erwartet gerade in diesen Tagen unser zweites Kind. Der kleine Markus plappert schon einige Worte und fordert mehr Aufmerksamkeit, als ein Kind bekommen sollte."

Rufus grinste. „Ich kenne kein Kind, das diese Aufmerksamkeit mehr verdiente. Er ist ein kleiner Prachtbursche. Mag mit dem zweiten Kind auch alles gut gehen."

Trolas nickte bestätigend. Für einige Augenblicke herrschte Schweigen, dann fragte Rufus: „Was ist mit Paulus? Ist er noch bei euch? Predigt er noch? Überall, wohin wir kommen und wo es Nachfolger Jesu gibt, spricht man von ihm."

„Er ist noch bei uns und predigt", bestätigte Aquila. „Doch wir machen uns Sorgen, weil die Feindschaft unter den hiesigen Hebräern immer mehr zu wachsen scheint. Nachdem wir nicht mehr in die Synagoge gehen, hoffte ich, sie würden ihn in Ruhe lassen. Doch das ist nicht der Fall."

„Du meinst, sie hassen Paulus?" fragte Rufus. „Ob sie planen, ihm Schwierigkeiten zu machen?"

Aquila nickte ernst. „Sie suchen nach einer Möglichkeit, ihm den Mund zu stopfen. Ich wünschte, er wäre ein wenig vorsichtiger. Aber ihn kann nichts und niemand aufhalten. Es ist wahr, er gewinnt viele Seelen für Christus, aber gleichzeitig gewinnt er auch viele Feinde für sich selbst."

„Was können die hebräischen Jahwe-Gläubigen tun?" fragte Trolas. „Sie haben ihre Gesetze, die aber nur für ihre eigenen Leute gelten. Wie sollten sie anderen schaden können?"

„Sie haben viele Möglichkeiten", meinte Aquila besorgt. „Sicher hast du gehört, wie es Cordelius in Athen ergangen ist. Ich weiß zwar nichts Genaues, doch die Andeutungen meiner Schwester lassen mich vermuten, daß er ermordet wurde."

Trolas und Rufus schauten sich an, und Aquila sah in ihren Blicken die Bestätigung seiner Worte. „Wir wissen auch keine Einzelheiten, haben aber Gerüchte gehört", sagte Rufus. „Deine Vermutungen sind wahrscheinlich richtig."

„Da habt ihr es", nickte Aquila. „Ähnliches könnte auch hier geschehen, und Paulus könnte leicht ein »Unfall« zustoßen."

„Aber einfach wäre es für die Hebräer nicht", gab Rufus zu bedenken. „Immerhin herrschen hier römische Gesetze, und Paulus ist römischer Staatsbürger."

„Aber ich bin sicher, daß sie planen, ihm irgendwie zu schaden", beharrte Aquila.

„Ich hörte, ihr habt in Korinth einen neuen römischen Prokonsul? Gallio soll er heißen?" fragte Rufus.

Aquila nickte. „Ja, ein berühmter Mann. Er ist der Bruder des bekannten römischen Dichters Seneca."

Trolas meinte: „Wir haben gehört, er sei ein tüchtiger und gerechter Mann. Vielleicht bringt er eine neue Atmosphäre nach Korinth."

„Nötig hätten wir es", bestätigte Aquila bekümmert. „Doch ich dachte gerade an etwas anderes. Wäre es möglich, daß die Juden Gründe fänden, um Paulus vor Gallio zu verklagen?"

„In solch einem Falle können wir nur hoffen, daß Gallio gerecht und großzügig mit Paulus verfährt", meinte Rufus. „Aber ich denke . . ."

Er wurde von einem Jungen unterbrochen, der atemlos über den Laufsteg auf das Deck des Schiffes stürmte. „Ich bringe eine Nachricht für Aquila!" rief er.

Aquila erhob sich. „Das bin ich. Was hast du?"

„Dein Onkel läßt dir sagen, es sei Zeit nach Hause zu kommen, da dein zweites Kind jeden Augenblick geboren werden kann."

Aquila wurde von Besorgnis ergriffen. Warum hatte Priscilla ihn gehen lassen, wenn die Zeit schon so nahe war? Sie hatte es doch sicher gewußt. Plötzlich fiel ihm ein, wie sie ihn am Morgen angeschaut hatte. Ihm war es da nicht aufgefallen, weil er sich auf das Wiedersehen mit Trolas und Rufus freute. Doch nun wurde es ihm klar. „Ich muß gehen und daheim sein, wenn das Kind geboren wird", drängte er. „Meine Frau wird mich brauchen."

„Beeile dich", sagte Rufus. „Ich werde eure Sachen auf den Wagen laden und im Laufe des Tages zu euch bringen. Dann hören wir gleich, ob alles gut verlaufen ist."

„Ich würde es sehr zu schätzen wissen, wenn du das tun würdest", bestätigte Aquila.

„Wozu sind wir Freunde?" antwortete Rufus. „Wenn die Geburt gut verlaufen ist, kannst du deiner Frau sagen, wir haben ihr wieder ein Bündel Papyrus mitgebracht, das uns zugelaufen ist. Es ist noch größer als das von damals."

Aquila mußte lachen. „Bald wird sie glauben, immer, wenn sie ein Kind geboren hat, kommt Papyrus automatisch zu ihr. Jedenfalls wird sie darüber sehr glücklich sein. Paulus und sie betrachten Papyrus, als wäre es Gold."

„Aber jetzt gehe, mein Freund", drängte Trolas, „und heiße euer neues Familienmitglied willkommen."

Aquila winkte grüßend und machte sich eilig auf den Heimweg, dabei begann er für Priscilla und das Kind zu beten.

Am Hoftor wartete Josua mit strahlendem Gesicht auf ihn. „Ist das Kind etwa schon geboren?" fragte Aquila atemlos.

„Vor etwa zwei Minuten", rief Josua. „Priscilla weiß nicht, daß du noch nicht zurück warst. Kara sagte, es ist diesmal ein Mädchen."

„Soll ich so tun als wäre ich enttäuscht, weil es ein Mädchen ist?" fragte Aquila.

„Meine Überzeugung ist, daß ein echter Mann nie etwas vorzutäuschen braucht. Wenn du glücklich bist, daß du eine Tochter hast, dann gib es zu", erklärte Josua.

In diesem Augenblick betrat Kara mit dem neugeborenen Kind den Hof. Aquila eilte zu ihr. Doch ehe er das Tuch anhob, um die Kleine zu betrachten, fragte er: „Wie geht es Priscilla?"

„Sie ist schwach und müde", antwortete Kara. „Dir ist doch klar, daß sie wollte, daß du gehst, damit du nicht hören mußtest, wenn sie schreit?"

„Sie ist tapferer als ich", nickte Aquila und schob das Tuch beiseite. Die Kleine schien mehr nach Priscilla geraten zu sein. Auf ihrem Kopf war eine Andeutung von rötlich-goldenem Haar zu sehen. Aquila war sicher, die Augen würden blau sein."

„Hübsch!" rief er. „Der Herr sei gepriesen! Darf ich mit meiner Frau reden?"

„Sobald die Hebamme fertig ist", antwortete Kara. „In der Zwischenzeit kannst du deine Tochter auf die Arme nehmen."

Als er endlich auf der Schwelle von Priscillas Zimmer stehen durfte, blickte er froh in ihr müdes Gesicht. „Vielen Dank für das zweite Kind", begann er stockend. „Hast du einen Vorschlag, wie sie heißen soll? Wir haben immer nur von Jungen gesprochen, aber nun . . ."

Ihre Stimme war schwach. „Ich wußte die ganze Zeit, es würde ein Mädchen sein. Bist du enttäuscht?"

„O nein, genau so habe ich sie mir gewünscht."

„Dann soll ihr Name Sarah sein. Sie ist nicht sehr römisch, deshalb wäre Flavia wohl nicht passend. Sie wird wahrscheinlich auch nicht wie Sarah aussehen, doch der Name wird ihr gut stehen."

„Meine Mutter würde sich geehrt fühlen", sagte Aquila. „Sie soll also Sarah heißen. Mag sie so schön werden wie ihre Mutter."

„Und so gut wie ihre Großmutter", fügte Priscilla hinzu.

Aquila lächelte geheimnisvoll und sagte: „Ich habe eine Überraschung für dich. Du wirst es nicht glauben, aber Rufus und Trolas haben dir wieder Papyrus mitgebracht."

Sie strahlte. „Wie wunderbar. Wenn es möglich ist, werde ich wieder Briefe an unsere Familien schreiben. Und eines Tages erhört Gott vielleicht unsere Gebete und sie bekehren sich alle zu Christus."

„Ich gehe jetzt, damit du ausruhen kannst", erklärte Aquila und verließ das Haus. *Wir haben uns gegenseitig beschenkt,* dachte er. *Sie hat es mir erspart, ihre Schmerzen miterleben zu müssen; und ich habe sie erfreut, als ich ihr sagte, ich sei nicht enttäuscht, daß es ein Mädchen ist, sondern ich freue mich darüber. Uns wurde ein weiteres Kind geboren, und unsere Liebe zueinander ist dabei gewachsen.*

25. Kapitel

Für mehrere Monate nach der Geburt ihres zweiten Kindes widmete sich Priscilla mit der gleichen Ausschließlichkeit und dem gleichen Eifer dem Kind, wie sie das bei Markus' Geburt getan hatte. Doch dann begann sie, zuerst ganz unbewußt, wieder über Dinge nachzudenken, die nichts mit den Kindern, mit der Weberei und ihren sonstigen Haushaltsaufgaben zu tun hatten. Während sie am Webstuhl saß, beschäftigte sie sich oft mit der Geschichte des alten Volkes Israel, von der Aquila ihr während ihrer Schwangerschaft viel erzählt hatte. Paulus' Überzeugung, daß die Voraussagen der hebräischen Propheten in Jesus in Erfüllung gegangen seien, paßten perfekt mit dem zusammen, was sie von Aquila erfahren hatte. Es war alles so einfach zu verstehen, daß es sie drängte, ihre Erkenntnisse aufzuschreiben und das Geschriebene nach Rom zu ihrer Familie zu senden.

Doch irgendwie empfand sie, die Zeit dafür sei noch nicht reif, und zwar nicht nur deshalb, weil sie zum zweiten Mal Mutter geworden war. So sehr sie auch die Zusammenhänge begriffen hatte und von der Wahrheit überzeugt war, irgend etwas hielt sie noch zurück, obwohl sie selbst nicht hätte sagen können, was es war. Und obwohl sich in ihren Gedanken die Sätze, die sie schreiben wollte, immer wieder zu einem Brief zusammenreihten, war sie doch entschlossen, noch zu warten.

Weil Priscilla sich soviel mit ihren Kindern und ihren Gedanken beschäftigte, wurde ihr weniger bewußt, was um sie herum vorging. Sogar Aquilas wachsende Besorgnis entging ihr, bis sie eines Tages durch Karas Worte aus ihrer Selbstbezogenheit aufgerüttelt wurde: „Sind dir die Fremden aufgefallen, die in letzter Zeit oft zu den Versammlungen kommen?" fragte Kara. „Du sitzt zwar immer neben der Tür und hörst zu, aber ich glaube, du schaust gar nicht mehr in den Hof hinaus. Josua sagt, unter den üblichen Besuchern seien neuerdings einige fremde Hebräer und auch Römer. Er macht sich Sorgen darüber. Auch mir gefällt die Art nicht, wie sie sich bei uns umschauen."

„Mir sind sie nicht aufgefallen", erklärte Priscilla überrascht. „Vielleicht war ich zu sehr mit meinen Gedanken bei dem Baby. Was sagt Josua über diese Männer? Und warum hat wohl Aquila mir noch nichts davon erzählt?"

„Wir alle haben dir bisher nichts gesagt", antwortete Kara, „weil wir dich neben deiner Arbeit mit der Kleinen nicht auch noch mit diesen Sorgen belasten wollten. Doch mir fiel auf, daß du in letzter Zeit wieder beginnst über andere Dinge nachzudenken, deshalb erzähle ich es dir."

„Kennt Josua die hebräischen Männer?"

„Einige schon. Sie sind führende Persönlichkeiten in der Synagoge. Ob die Römer, die auch kommen, etwas mit ihnen zu tun haben, wissen wir nicht."

Hoffnungsvoll meinte Priscilla: „Es haben sich doch auch schon manche Römer zu Jesus bekehrt."

Kara schüttelte den Kopf, während sie einen neuen Faden in ihr Weberschiffchen einlegte. „Sei nicht zu optimistisch. Ich jedenfalls habe Angst."

Priscilla wunderte sich, solche Worte von Kara zu hören. Sie warf einen Blick auf Markus, der neben ihr mit verschiedenen Hölzern spielte und sagte dann: „Ach komm, Kara, du fürchtest dich doch sonst nicht so schnell."

Karas Gesicht nahm einen grimmigen Ausdruck an. „Ich habe häufiger Angst als du denkst. Es gibt so viel, worum ich mir Sorgen mache. Da ist Markus und die Kleine, du und Aquila, ja — und sogar um Paulus. Hätte mir früher jemand gesagt, es würde mich so bewegen, wenn er in Gefahr ist, dann..."

„Ich weiß", nickte Priscilla, „du hättest nur gelacht. Doch da ist etwas in ihm, das unsere Herzen gewinnt. Mir geht es genauso."

„Er ist bestimmt in Gefahr", beharrte Kara. „Sicher mehr in Gefahr als wir anderen, denn wir predigen nicht, sondern stellen nur unseren Hof für die Versammlungen zur Verfügung. Doch auch wir müssen mit Schwierigkeiten rechnen."

„Ist Paulus in Gefahr, sind wir es alle", stellte Priscilla fest. „Ich glaube, ich habe es immer geahnt, wollte aber nicht daran denken. Was können wir tun?"

„Josua meint, wir können gar nichts tun. Die einzige Möglichkeit, die uns bleibt, wäre, von Korinth wegzugehen. Doch wir müßten dann Paulus überreden, mit uns zu kommen. Und da wäre es noch leichter, einen Webstuhl zu überreden, sein Schiffchen selbst zu bewegen."

„Das stimmt", nickte Priscilla. „Wenn wir nichts tun können, läßt es sich nicht ändern. Aber Kara, wärst du überhaupt bereit zu gehen, wenn wir umziehen müßten?"

„Am liebsten ginge ich zurück nach Rom", sagte Kara versonnen.

Priscilla verstand die ältere Frau nur zu gut. „Mir geht es ebenso. Doch wenn wir nicht nach Rom gehen können?"

„Dann", erklärte Kara, und einiges von ihrer üblichen Energie schien zurückzukommen, „dann müssen wir dahin gehen, wohin der Herr uns führt. Ich sagte dir schon einmal, daß ich glaube, der Herr sorgt für uns. Davon bin ich immer noch überzeugt. Doch das heißt nicht, daß wir keinen Gefahren ausgesetzt sind. Ich weiß noch nicht einmal, ob mein Mut ausreicht, wenn Schwierigkeiten kommen sollten."

Josua erschien plötzlich in der Tür und sagte aufgeregt: „Wir sind in Problemen, in großen Problemen."

„So bald schon?" fragte Kara. „Ich wußte, es würde Probleme geben, aber so schnell hatte ich sie noch nicht erwartet."

Priscilla war aufgesprungen. „Aquila? Ist Aquila etwas geschehen?"

Josua schüttelte den Kopf. „Nein, nicht Aquila. Aber Paulus haben sie geholt. Und Aquila ist freiwillig mitgegangen, um ihm zu helfen. Als sein Freund."

„Was ist eigentlich geschehen?" Priscilla konnte nur flüstern.

„Die Männer, die in letzter Zeit zu den Versammlungen kamen, müssen irgendwie Spione gewesen sein", erklärte Josua. „Denn heute brachten sie römische Soldaten mit, die Paulus verhaftet haben."

„Und Aquila ist mitgegangen?" sorgte sich Priscilla. „Er wird Paulus doch nicht helfen können, wenn römische Soldaten ihn geholt haben." Sie begann so heftig zu zittern, daß Kara zu ihr eilte und ihr beruhigend den Arm um die Schulter legte.

„Ich habe ihm das auch gesagt", stimmte Josua zu, „und Paulus ebenfalls. Doch er wollte nicht hören."

„Er hat sich nicht einmal bei mir verabschiedet", schluchzte Priscilla.

„Er hatte es vor", versicherte Josua, „doch die Soldatan führten Paulus so schnell davon, daß ihm dazu keine Zeit blieb."

Priscilla weinte: „Aber wir brauchen ihn. O Kara, Kara, was soll ich machen?"

Für einige Minuten strich Kara ihr sanft über das Haar. Doch dann schaute sie ihr fest in die Augen und sagte: „Hast du nicht oft gesagt, wir brauchten nur Gott zu vertrauen und zu beten? Kannst du nun nicht auch selbst nach deiner eigenen Überzeugung handeln?"

Priscilla begann sich zu schämen, weil sie erkannte, wie recht Kara hatte. Sie hörte auf zu weinen und sagte: „Es tut mir leid. Ich weiß, ich sollte nicht so ängstlich sein. Ihr müßt für mich beten, damit ich durchhalten kann."

„Vergiß nicht, daß es auch unter uns Gläubigen einflußreiche Männer gibt", versuchte Josua zu trösten. „Ich habe sofort eine Nachricht zu Titius gesandt. Er wohnt in der Nähe vom Palast des Prokonsuls. Wenn er etwas tun kann, wird es sicher geschehen." Josua gab sich alle Mühe, Priscilla zu ermutigen.

„Das ist nun schon das zweite Mal, daß ihr mir in einer großen Notlage beisteht und mich ermutigt", seufzte Priscilla. „Ich hoffe ihr wißt, wie sehr ich euch liebe."

Kara wurde ganz verlegen und erklärte deshalb besonders streng: „Du bist einfach überarbeitet. Setze dich doch an den Webstuhl. Die gleichmäßige Bewegung der Spule wird dich ruhig werden lassen. In der Zwischenzeit, mein Herr", fuhr sie zu Josua gewandt fort, „solltest du versuchen mehr zu erfahren. Sei dabei aber recht vorsichtig."

Es schien ganz natürlich zu sein, daß Kara in einer solchen Lage die Anweisungen gab. Gehorsam setzte sich Priscilla an den Webstuhl und begann zu arbeiten. Josua verließ eilig das Haus, um Erkundigungen einzuziehen.

Priscilla schämte sich noch immer. War sie es doch gewesen, die oft große Worte gemacht hatte, und nun war ihr Glaube so schwach gewesen. Ihr wurde wieder einmal klar, daß sie in erster Linie aus Sorge um Aquila so reagiert hatte, weil sie ihn so sehr liebte. *Ich hätte nie gedacht, daß man jemand so sehr lieben kann, daß einem fast das Herz bricht,* überlegte sie, während ihr wieder die Tränen über die Wangen liefen. *Ich wollte, ich hätte ein wenig mehr von Karas Mut.* Dabei blickte sie zu Kara hinüber und sah voll Erstaunen, daß auch ihr Gesicht tränennaß war.

Als hätte Kara ihren Blick gespürt, schaute sie auf. Ihre Augen begegneten sich. Nach einigen Augenblicken sagte Kara: „Du kannst weinen soviel du willst, höre nur dabei nie auf zu beten."

Schweigend schüttelte Priscilla den Kopf, war doch fast jeder ihrer Atemzüge ein Gebet. Ob Marta auch für Cordelius gebetet hatte? Sollte sie es getan haben, war vielleicht zu verstehen, wenn ihr Glaube zerbrach, als Cordelius trotzdem getötet wurde. *Oh Gott,* betete sie, *halte solche Gedanken von mir fern. Gib mir statt dessen den Glauben, den ich brauche, um mit meiner Not und Angst fertigzuwerden.*

Aquila saß müde und besorgt im Hintergrund des großen Raumes, in dem die römischen Prokonsule von Achaia ihre öffentlichen Gerichtssitzungen abhielten. Es war dem weisen Rat und guten Worten von Titius zu verdanken, daß Aquila aus der schwierigen Lage herausgekommen war, in die er sich durch sein vorschnelles Handeln bei Paulus' Verhaftung gebracht hatte.

Titius hatte ihn überzeugt, daß er Paulus nicht half, wenn er die Soldaten ärgerte. Es war besser, jetzt ein stiller Beobachter zu sein und zur rechten Zeit eventuell als Zeuge aufzutreten. Gallius würde sich von falschen Anschuldigungen kaum beeinflussen lassen, hatte Titius gemeint. Er sei als gerechter und großzügiger Mann bekannt.

Aquila mußte darauf hoffen, daß dies stimmte, denn er wußte nicht, was er tun sollte, würde Paulus zu einer längeren Gefängnisstrafe oder gar zum Tode verurteilt. Sollten die Hebräer aus der Synagoge mit ihrer Anklage recht bekommen, waren auch alle anderen Jesusnachfolger in Gefahr. Paulus' Ansehen und seine römische Staatsbürgerschaft würden ihm vielleicht ein wenig helfen, doch das traf nicht auf alle Gläubigen in Korinth zu. *Wenigstens bin auch ich ein römischer Staatsbürger, was zum Schutz meiner Familie beitragen wird,* dachte Aquila.

Plötzlich ertönte ein lauter Ruf, der das Kommen von Gallio ankündigte. Die Unterhaltungen der Wartenden im Saal verstummten. Schweigend betrat der Prokonsul den Saal und nahm auf dem erhöhten Richtersitz Platz. Gallio war ein großer Mann, dem man seine Militärdienstzeit ansah. Er hatte durchdringende schwarze Augen und einen harten Zug um den Mund. Eine Welle von Autorität ging von ihm aus, als er dort saß, umgeben von Soldaten.

Das also war der Mann, der über Paulus' Schicksal zu entscheiden hatte. Aquila begann sofort leise zu beten, Gott möge helfen und das Herz des Prokonsuls beeinflussen.

„Die Verhandlung gegen Paulus von Tarsus!" verkündigte der Ausrufer laut. „Die Ankläger sind Simeon, Jakobus und Eliab. Ich fordere sie im Namen des Prokonsuls auf, vorzutreten und ihre Klagen vorzubringen."

Nun wurde auch Paulus durch Soldaten in den Saal geführt. Einige Männer, die Aquila alle von der Synagoge her kannte, gingen nach vorn, um ihre Anklagen zu vertreten. Aquila hatte den Eindruck, Paulus sei ruhiger und zuversichtlicher als seine Verkläger.

„Laßt eure Klagen hören", sagte Gallio ruhig.

Eliab trat einen Schritt vor. Es hatte eine Zeit gegeben, da war Paulus voller Hoffnung gewesen, Eliab würde sich zu Jesus bekehren. Doch nun war klar, daß er nur aus Spionagegründen die Versammlungen besucht hatte. Mit haßerfüllter Stimme begann Eliab: „Dieser Mann, mein Herr, hat viele Menschen überredet, Gott auf eine Weise zu dienen, die gegen das Gesetz ist."

Gallios ruhige Erwiderung hob sich wohltuend von den aufgeregten Klagen Eliabs ab: „Von welchem Gesetz sprichst du? Beziehst du dich auf die römischen Gesetze? Wir haben keine Gesetze, die einem Menschen vorschreiben, wie er seinem Gott dienen muß."

„Es geht nicht um das römische Gesetz, mein Herr", rief Eliab, „sondern um das Gesetz Jahwes. Dieser Paulus ist ein Hebräer, eine Jahwe-Gläubiger, doch er hat unsere Gesetze verdreht und so zurechtgebogen, daß sie seinen eigenen Phantasien angepaßt sein sollen. Er . . ."

Doch hier wurde er von einer herrischen Handbewegung des Prokonsuls unterbrochen. „Ich habe deine Anklage gehört, Einzelheiten sind nicht notwendig. Tritt zurück."

Erschrocken wich Eliab zurück, während Gallio auf Paulus blickte. Dieser holte Atem, um mit seiner Verteidigungsrede zu beginnen. Doch Gallio forderte auch ihn durch einen Wink zum Schweigen auf und erklärte fest: „Würden hier Anklagen gegen diesen Mann vorgebracht, die mit der Verletzung römischer Gesetze zu tun haben, hätte er böse oder kriminelle Dinge getan, wäre ich auch bereit, euch weiter anzuhören und mir Einzelheiten erklären zu lassen. Doch das ist offensichtlich nicht der Fall. Vielmehr handelt es sich hier um religiöse Meinungsverschiedenheiten unter Hebräern. Und das ist keinesfalls meine Angelegenheit. Einigt euch untereinander, ich will damit nichts zu tun haben. Der Fall ist abgeschlossen, ihr könnt den Gerichtssaal verlassen."

„Aber mein Herr!" rief Eliab.

„Ihr habt mich gehört", Gallios Stimme war zwar nicht lauter, „aber schärfer geworden, „also gebt Ruhe und verlaßt den

Saal. Der Angeklagte ist loszubinden und freizulassen", befahl er den Soldaten. „Der nächste Fall kann verhandelt werden."

Aquila sah zu, wie man Paulus die Fesseln abnahm. Doch seine Freude wurde gemindert durch Besorgnis, was die hebräischen Jahwe-Gläubigen nun wohl tun würden. Waren sie auf dem Weg des Rechts nicht zu ihrem Ziel gekommen, welche Methode würden sie jetzt probieren? Leise erhob er sich und verließ den Saal. Er sah auch andere Männer gehen — Freunde und Feinde.

Aquila sah, daß Paulus von Titius und einigen anderen Freunden begleitet wurde und machte sich deshalb sofort auf den Heimweg. Er ließ sich nicht einmal von den zornigen Reden der Jahwe-Gläubigen aufhalten, die sich vor dem Gerichtssaal noch zu einer Gruppe zusammenfanden und lautstark schimpften. Aquila war sich darüber klar, daß die Gefahr keinesfalls vorüber war. Doch im Augenblick war es wohl wichtig, den daheim besorgt Wartenden die Nachricht vom guten Ausgang der Gerichtsverhandlung zu bringen. Eiligen Schrittes ging er die Straße hinunter.

26. Kapitel

Noch nie hatten sich so viele Menschen in den Raum gedrängt, dachte Priscilla. Immer waren die Versammlungen draußen im Hof gehalten worden. Hatte es einmal zu sehr geregnet, ließ man eine Versammlung ausfallen. Doch was an diesem Abend gesprochen wurde, durfte von keinem Fremden gehört werden, deshalb kam der Hof nicht in Frage. Den anwesenden Männern schien es nichts auszumachen, daß zwei Frauen unter ihnen saßen, ihre Gedanken beschäftigten sich mit anderen Dingen. Es ging darum, ob Paulus Korinth verlassen sollte oder nicht.

Seit der Verhandlung vor Gallio waren einige Tage vergangen. Die hebräischen Jahwe-Gläubigen hatten zwar gleich nach der Verhandlung noch in der Nähe des Prokonsulpalastes Sosthenes, der ein Jesusnachfolger war, brutal geschlagen, aber sonst hatten sie sich bisher ruhig verhalten. Doch die Gerüchte wollten nicht verstummen, daß die Synagogen-Anhänger neue Pläne gegen Paulus schmiedeten. Sie schienen zu glauben, die Gemeinde Jesu würde zusammenbrechen, wenn sie Paulus aus Korinth vertreiben konnten.

Doch das stimmte nicht, überlegte Priscilla, und betrachtete die im Raum versammelten Männer. Titius war einflußreich und besaß auch unter den Gläubigen genug Autorität. Crispus war in der Zwischenzeit im Glauben gewachsen und befestigt. Und Sosthenes hatte kein Zeichen von Schwäche gezeigt, als er geschlagen wurde; und zwar so heftig, daß man immer noch die Male davon an ihm sehen konnte. Die Gemeinde in Korinth war fest gegründet, davon war sie überzeugt, ob nun Paulus blieb oder nicht.

Nachdem er allen Argumenten zugehört hatte, erklärte Paulus: „Ich kann noch nicht Gottes Willen darin erkennen, daß ich Korinth verlassen soll. Immer, wenn ich von einem Ort zu einem anderen gehen sollte, hat Gott mir das unmißverständlich klar gemacht. Dieses Mal bin ich noch nicht sicher."

„Hast du darum gebetet?" fragte Timotheus. „Du warst in letzter Zeit so sehr mit anderen Dingen beschäftigt, daß du dies vielleicht versäumt hast. Außerdem wäre es doch möglich, daß du gar nicht gern von Korinth weggehen möchtest und hast deshalb nicht ernstlich um Weisung gebetet. Vergib mir, wenn ich es einmal so sage."

Ärger schien in Paulus' Augen aufflackern zu wollen. Doch sofort war er wieder verschwunden. Es klang fast demütig, als er jetzt antwortete: „Du hast recht. Mein persönlicher Wunsch, noch länger in Korinth zu bleiben, hat mich davon abgehalten, in dieser Frage ernstlich den Willen Gottes zu suchen. Noch nie habe ich so sehr gezögert, eine Stadt wieder zu verlassen. Ich weiß, daß die Gemeinde so befestigt ist, daß ihr die Arbeit ohne mich weiterführen könnt, es ist vielmehr der Gedanke, euch, die ihr für mich wie eine Familie geworden seid, vermissen zu müssen."

Langsam schaute er sich in der Runde um. Dann ruhte sein Blick lange auf Aquila und Josua. „Ihr seid für mich wie ein Sohn und ein Bruder geworden", sagte er leise. „Ich liebe euch alle sehr. Aber diese beiden, die ihre Arbeit und ihr Leben mit mir geteilt haben — es bekümmert mich, von ihnen gehen zu müssen. Timotheus und Silas ziehen immer mit mir, wenn ich eine Stadt verlasse. Aber ich kann nicht Männer bitten, Haus und Hof zu verlassen, die eine Familie haben."

Priscilla trafen diese Worte tief. Sie dachte: *Aber wir sind doch auch in der Lage, diese Stadt zu verlassen. Wir sind einmal umgezogen, und Gott hat uns geholfen beim Aufbau des Geschäfts. Da sollte es uns doch wiederum möglich sein.* Doch sie wagte nicht, ihre Gedanken auszusprechen als Frau unter den Männern. Wenn ein Vorschlag gemacht wurde, so mußte er von Aquila oder Josua kommen.

Crispus sagte entschieden: „Trotzdem bist du nicht mehr sicher hier, Paulus. Gott hat dich beauftragt, das Evangelium von Jesus Christus überall zu verbreiten, also kannst du nicht für dauernd an einem Platz bleiben, wo du in solcher Gefahr bist."

Paulus nickte nachdenklich. „Ich werde Gott noch ehe ich heute schlafen gehe um Weisung bitten, was ich tun soll."

„Das beruhigt mich", nickte Crispus. „Seid ihr damit einverstanden?"

Zustimmendes Gemurmel erhob sich. Silas fragte: „Wenn wir Korinth verlassen, wohin werden wir gehen?"

Paulus schüttelte den Kopf. „Da habe ich im Augenblick noch nicht die geringste Ahnung. Doch ist unsere Abreise Gottes Wille, wird Er uns auch zeigen, was unser Ziel ist. Darüber brauchen wir uns keine Sorgen zu machen. Entweder erhalten wir von jemand eine Botschaft, oder es tut sich ganz überraschend ein Weg zu einer bestimmten Stadt auf."

„Führt Gott dich auf diese Weise?" fragte einer der Männer. „Wenn du davon sprachst, Gott habe zu dir geredet, dachte ich immer, du hättest Seine Stimme direkt gehört wie du jetzt meine hörst."

„Zu bestimmten Zeiten ist es auch so, daß ich Gottes Stimme direkt höre", erklärte Paulus langsam. „Auf der Straße nach Damaskus zum Beispiel, oder in Träumen und Visionen oder bei anderen Gelegenheiten. Doch meist spricht Er durch bestimmte Ereignisse und Menschen zu mir. Etwas wird mir dann gewöhnlich so klar, daß ich es einfach nicht übersehen kann."

„Auch in Wegen, von denen man in der Welt *Zufall* sagen würde", fügte Josua hinzu.

Paulus nickte. „So ist es."

Priscilla bebte innerlich vor Ungeduld. *Hat denn niemand Paulus' geheimen Wunsch ernst genommen, mit uns zusammenzubleiben?* fragte sie sich. *Bin ich die einzige in der Familie, die zu ihm sagen möchte: Wir werden mit dir gehen, wenn es sein muß bis an das Ende der Erde?*

Als sie verstohlen zu Aquila schaute, begegnete sie seinem Blick und erkannte darin denselben Wunsch. Er war doch, ohne an sich zu denken, mitgegangen, als die römischen Soldaten Paulus vor Gallio führten und würde dies zu jeder Zeit wieder tun. Doch andererseits begriff sie auch in den angespannten Gesichtszügen ihres Mannes seine Sorge um die Familie, die er nicht einer solchen Ungewißheit aussetzen konnte. Doch er selbst wäre nur zu gern mit Paulus gegangen, das begriff sie klar. Sie konzentrierte ihre Gedanken ganz auf ihren Gatten. *Sage doch, wir werden mit dir gehen,* dachte sie mit der ganzen Inbrunst ihres Herzens.

Aquila blickte sie noch immer nachdenklich an und schien in ihren Augen lesen zu können, was sie dachte. Plötzlich fragte er ganz ruhig: „Bist du sicher?"

Die anderen blickten erstaunt auf. Doch Priscilla antwortete genau so ruhig: „Ganz sicher, mein Herr."

Aquila wandte sich Paulus zu: „Sorge dich nicht darüber, uns verlassen zu müssen; meine Familie und ich werden mit dir gehen. Ich habe noch nicht mit meinem Onkel darüber gesprochen, doch er hat früher schon den Gedanken erwähnt, Korinth zu verlassen, deshalb glaube ich, daß er zustimmen wird."

Paulus war total überrascht. „Das ist sicher eine zu schnelle Entscheidung. Du wirst alles gewiß neben deinem Onkel auch noch mit deiner Frau besprechen wollen. Gewiß hat Frau Priscilla auch etwas dazu zu sagen, wenn ihr euch allein darüber unterhaltet."

Priscilla war sicher, Aquila würde jetzt erklären, er habe sich mit ihr schon verständigt, weil sie sich so gut kannten, daß sie sich beide oft auch ohne Worte verstanden. Statt dessen vermied Aquila es, sie anzuschauen und antwortete Paulus: „Du brauchst dir darüber keine Sorgen zu machen. Meine Frau stimmt in allen Dingen meinen Entscheidungen zu, und so wird sie es auch diesmal tun."

Freude und Eifer, von denen Priscilla soeben noch ergriffen war, schwanden dahin. Würde Aquila nie dahin kommen, daß er vor anderen zugab, wie eng er sich mit ihr verstand? Würde er nie öffentlich anerkennen, wie wichtig ihm der Rat und die Meinung seiner Frau war? Sie war tief enttäuscht, und Groll wollte sich in ihrem Herzen ausbreiten.

Niemand schien zu merken, was in ihr vorging, als Paulus jetzt sagte: „Dann nehme ich dein Angebot mit mehr Freude und Dankbarkeit an, als ich jetzt mit Worten ausdrücken könnte."

„Mein Neffe hat gesagt, was auch in meinem Herzen ist", ließ sich jetzt Josua vernehmen. „Doch er scheint genauer zu wissen, was seine Frau denkt, als ich das von meiner sagen kann. Ich werde erst mit Kara darüber sprechen müssen."

Die Männer lachten. Doch Priscilla sah, daß Josua keineswegs verlegen war. Und sie bemerkte auch den schnellen Blick von Verständnis und Zärtlichkeit zwischen Josua und Kara.

Priscilla faßte sich ein Herz und fragte steif: „Darf ich etwas sagen? Natürlich nicht zur Entscheidung meines Herrn, dazu habe ich kein Recht. Ich möchte nur den praktischen Vorschlag einer Frau machen, denn ich glaube, daß es für Paulus gefährlich ist, noch so spät in der Nacht durch die Straßen zu gehen. Der Weg zu Titius Haus ist lang. Wäre es deshalb nicht besser, Paulus bliebe für diese Nacht hier?"

„Eine gute Idee", stimmte Josua zu. „Wir können dir in diesem Raum hier ein Lager herrichten, da bist du sicher."

„Ich stimme Frau Priscilla und Josua zu", nickte Titius. „Ich denke, du solltest hierbleiben. Wir anderen sind kaum in Gefahr."

Paulus lächelte. „Ihr macht euch alle so viele Sorgen um mich. Vielen Dank für das Angebot, ich nehme es gern an. Auch hier kann ich beten, kann Gott danken für die Liebe meiner Freunde und Ihn fragen, was ich jetzt tun soll."

Die anderen Männer verabschiedeten sich. Kara und Priscilla richteten schnell ein Lager für Paulus her und gingen dann zu ihren eigenen Räumen. „Frau Priscilla", sagte Paulus zögernd, „hast du dich geärgert, weil dein Gatte zustimmte, mit mir zu gehen, ohne dich zu fragen?"

„Geärgert ja, aber nicht, weil er mit dir gehen will. Auch ich möchte das gern, und mein Gatte weiß es."

„Wieso konnte er es wissen, ihr hattet doch keine Gelegenheit, darüber zu sprechen?"

„Er wußte es, weil wir uns oft ohne Worte verstehen", platzte sie heraus. „Wir brauchten uns nur anzusehen und verstanden uns. Doch mein Gatte schämt sich vor anderen wegen dieses guten Verständnisses. Er meint, es sei ein Zeichen von Schwäche, wenn er . . ."

„Ganz offensichtlich liebt er dich", sagte Paulus.

„Natürlich. Deshalb schämt er sich ja auch nicht, da es keine Schande ist, wenn man seine Frau liebt. Er schämt sich, weil er und ich uns wie Gleichgestellte unterhalten, wenn wir allein sind. Einmal hat er mir erklärt, daß er dies in Gegenwart anderer Männer nie zugeben würde."

„Und warum erwartest du es dann trotzdem?"

„Ich weiß es nicht", weinte sie. „Wahrscheinlich aus Einbildung und Stolz, nehme ich an."

Von der Tür her ließ sich Aquila vernehmen: „Gewiß hat Paulus jetzt andere Sorgen, da sollten wir ihn nicht auch noch mit unseren kleinen Problemen belästigen."

„Es tut mir leid", sagte Priscilla. „Es tut mir sehr leid." Damit floh sie in ihr Schlafgemach. Sie hörte das Gemurmel von Stimmen. Da waren die von Kara und Josua, und auch die von Paulus und Aquila. Doch sie konnte nicht verstehen, was geredet wurde. Lange lag sie im Dunkeln und dachte nach. Aquila hatte sie sehr verletzt, doch sie wollte ihm das nicht zeigen, beschloß sie. Doch Aquila kam noch lange nicht, so daß sie endlich einschlief. Sie schlief so fest, daß sie es nicht einmal merkte, als Aquila den Raum betrat.

Teil III

EPHESUS

27. Kapitel

Der Herbstwind, den sie in Korinth so erfrischend empfunden hatten, wuchs sich auf See schon zu einer steifen Brise aus, dachte Priscilla. Sie erinnerte sich, wie sanft der Wind gewesen war, als sie vor einigen Jahren von Tarentum nach Korinth fuhren. Dieses Mal würde die Seereise nicht so angenehm werden.

Doch andererseits war manches fast genauso wie damals. Sie saß an Deck desselben Schiffes und hatte, gemeinsam mit Kara, ein ähnliches provisorisches Zelt zur Verfügung; nur daß sie jetzt auch noch ihre beiden Kinder bei sich hatten. Kara war ebenfalls wieder so seekrank wie bei der früheren Reise und lag in einem bedauernswerten Zustand die meiste Zeit auf ihrem Lager. Priscilla gab sich alle Mühe, sie zu pflegen so gut es ging.

Aquila hatte ihr eine Kiste in den Windschatten gerückt, auf der sie saß, den Rücken an Aufbauten des Schiffes gelehnt. So konnte sie zwischendurch die frische Luft genießen, ohne der Schärfe des Windes ausgesetzt zu sein, wenn ihre Sorge für die Kinder und Kara ihr ein wenig Zeit dazu ließ. Sie fühlte sich immer noch sehr müde, was wohl daher kam, daß sie, wie alle anderen, übermäßig viel hatte arbeiten müssen, seitdem die Entscheidung gefallen war, Korinth zu verlassen und mit Paulus nach Ephesus zu gehen.

Priscilla meinte, als sie in den wolkenverhangenen Himmel hinaufschaute, in den vergangenen Wochen sei alles fast zu schnell gegangen. Sie war immer noch dabei, sich in die neue Lage hineinzufinden. Nachdem Paulus seinen Freunden mitgeteilt hatte, Gott habe ihm gezeigt, er solle Korinth verlassen, war schon wenige Stunden später, noch am gleichen Tag, Rufus bei ihnen erschienen und hatte verkündigt, die *Guten Wind* sei wieder einmal sicher im Hafen angekommen. Man werde einige Tage hier liegen, einen Teil Fracht entladen, manches andere mitnehmen und eine kurze Fahrt zu einem Nachbarhafen machen. Auf der Rückfahrt werde man wieder Korinth anlaufen und von hier aus weitersegeln nach Ephesus. Das würde in einigen Wochen sein und würde die letzte längere Fahrt des Jahres, ehe die Zeit kam, wo man nur noch kürzere Fahrten an der Küste entlang machte, weil das Wetter zu schlecht wurde.

Für Paulus war klar gewesen, daß Gott ihm auf diese Weise zeigte, wohin er von Korinth aus zunächst einmal gehen sollte. Die anderen stimmten ihm zu. Deshalb begann sofort die Auflösung des Geschäfts, das Packen der notwendigen Dinge, die mitgenommen werden sollten, und vieles andere, was bei einem solchen Vorhaben nun einmal notwendig war.

In all diesem Durcheinander hatten Aquila und Priscilla nicht Zeit gefunden, miteinander über die Verstimmung zu reden, die am Abend der Versammlung in ihrem Hause zwischen ihnen aufgetreten war. Aquila war in den folgenden Tagen so freundlich und rücksichtsvoll gewesen, daß dazu auch fast keine Notwendigkeit mehr bestand. Und doch war Priscilla noch nicht ganz damit fertig geworden, stellte sie fest, während sie die grauen, schaumbedeckten Wellen beobachtete, die unablässig neben dem Schiff herrollten.

Sie mußte sich zugeben, daß Aquila nicht allein an dieser Verstimmung die Schuld traf; aber sie ebenfalls nicht, dachte sie trotzig. War es wirklich so wichtig für sie, daß Aquila gegenüber anderen zugab, daß er gewöhnlich alle Dinge mit seiner Frau besprach? Josua jedenfalls hatte es getan. Warum brachte Aquila es nicht fertig?

Plötzlich stand Paulus neben ihr, hielt sich mit einer Hand an der Reling fest und blickte dabei über die weite Wasserfläche hinweg. ,,Darf ich dir ein wenig Gesellschaft leisten, Frau Priscilla?"

Sie war verblüfft, und ihre Miene zeigte das auch. Paulus

war, außer wenn es einen Brief zu schreiben galt, noch nie zu ihr gekommen. Was konnte er also wollen? Sie antwortete: „Sicher, mein Herr, womit kann ich dir dienen?"

„Du kannst mir zuhören", sagte Paulus. „Ich habe deinen Gatten um Erlaubnis gefragt, mit dir sprechen zu dürfen, vielleicht dich ein wenig zu ermahnen. Er hat zugestimmt."

Ein Gefühl überkam sie, wie sie es von ihrer Kindheit her gewohnt war, wenn sie eine Strafe erwartete. „Mich ermahnen, mein Herr? Habe ich dich irgendwie verletzt?"

Paulus schüttelte den Kopf. „Das hast du nicht. Du bist vielmehr meine liebe Tochter, und ich habe große Freude an deinem Glauben und deinen Fähigkeiten."

„Worum geht es dann?"

„Erinnerst du dich an den Abend der Versammlung in eurem Haus?" begann Paulus. „Du bist weinend in euer Schlafzimmer gelaufen, weil du verärgert warst. Aquila kam herein, und wir beide, er und ich, haben lange miteinander gesprochen."

„Natürlich erinnere ich mich. Wie könnte ich es vergessen."

„In jener Nacht haben Aquila und ich lange über die Ehe gesprochen. Ich selbst bin nicht verheiratet, habe aber schon viele Ehen beobachten können; gute, weniger gute und auch schlechte. Die eure und erstaunlicherweise auch die von Josua und Kara — obwohl ich hier nicht verstehen kann, warum — sind so ziemlich die besten, die ich kenne."

Er zögerte einige Augenblicke, als überlege er, was er weiter sagen sollte. Da sie nicht antwortete, fuhr er endlich fort: „Ich möchte dir damit zweierlei sagen: Erstens hast du einen sehr guten Ehegatten, der dir mehr Freiheiten läßt, als die meisten anderen Männer es tun würden, und dafür solltest du dankbar sein. Zweitens ist es, da du eben verheiratet bist, in jedem Falle deine Pflicht, deinem Gatten zu dienen, obwohl du unzweifelhaft einige besondere Fähigkeiten besitzt, die den meisten Frauen fehlen."

„Ich weiß", nickte sie eifrig. „Aquila ist der beste Mann, den ich haben könnte, und ich tue alles für ihn, was ich kann."

„Ja, alles", bestätigte Paulus streng, „nur daß du ihm einfach nicht gestatten willst, seinen Stolz als Mann zu behalten."

„Aber ich glaube nicht..." begann Priscilla, doch Paulus unterbrach sie scharf.

„Du erwartest von ihm etwas, das er dir aus gesellschaftlichen Gründen nicht geben kann. Er ist so erzogen worden, daß er Frauen nicht als intelligente und fähige Persönlichkeiten betrachtet. In unserer Gesellschaftsordnung werden nun einmal Frauen nicht als gleichberechtigt angesehen und behandelt. Doch du erwartest das von ihm. Dies kommt ohne Zweifel zum Teil von deiner römischen Ausbildung, doch hauptsächlich von der Schulung durch deinen Großvater."

„Woher weißt du von meinem Großvater?" wunderte sie sich. „Ich habe dir nie von ihm erzählt."

„Aber Aquila hat."

„Mein Gatte muß dir an jenem Abend sehr viel über mich erzählt haben", meinte sie bitter.

Sehr sanft antwortete Paulus: „Er hat mir erzählt, wie sehr er dich liebt."

Tränen traten in ihre Augen, doch ihre Bitterkeit war noch nicht überwunden. „Und hast du ihn ermahnt, weil er sich mir gegenüber so häßlich benommen hat?" fragte sie und wunderte sich über ihre Kühnheit. Paulus hätte jetzt leicht zornig werden können.

Er seufzte. „Nein, ich habe ihn nicht ermahnt, weil ich glaube, daß er ein feiner junger Mann ist, der dich besser behandelt, als du es oft verdienst. Er liebt dich wirklich wie sein eigenes Fleisch. Warum also sollte er dir absichtlich weh tun wollen? Du schaffst dir deinen eigenen Kummer selbst, indem du dich weigerst, die Dinge so zu akzeptieren, wie sie nun einmal sind."

Für eine ganze Zeit herrschte Schweigen. Priscilla war von Scham erfüllt, weil sie wußte, daß Paulus recht hatte. Doch sie kannte auch ihr eigenes Wesen. „Ich komme nicht gegen mich selbst an", schluchzte sie endlich. „Ich weiß nicht, warum ich mich manchmal so benehme. Es tut mir wirklich leid."

„Du weißt, was Jesus uns über Vergebung gesagt hat", begann Paulus langsam. „Also weißt du auch, daß Sünde vergeben werden kann. Du weißt aber nicht..." Paulus zögerte einen Augenblick, fuhr aber dann entschlossen fort. „Du weißt aber nicht, was es wirklich bedeutet, den Geist Gottes in dir zu haben."

Priscilla schaute ihn verwundert an. Was konnte Paulus wohl meinen? Er hatte ihr immer wieder bestätigt, wie gut sie die Botschaft von Jesus verstanden und begriffen hatte, daß es sich hier um die Erfüllung der Prophezeiungen Gottes handelte. Was meinte er jetzt?

Sehr freundlich fuhr Paulus fort: „Du weißt so viel, mein Kind. Du bist klug und hast einen wachen Verstand. Intellektuell weißt du so viel über die Botschaft Jesu wie fast jeder andere. Doch es ist nur dein Verstand, der das alles erfaßt hat, nicht deine Seele. Du glaubst an Jesus als den Messias und Erlöser, doch du hast Ihn nie wirklich in deinem Herzen erlebt. Deine Seele ist nie wirklich von Seiner Gegenwart erfüllt worden."

„Ich verstehe nicht, was du meinst", wandte sie ein.

„Du hast dein Vertrauen nicht wirklich in Ihn gesetzt", erklärte Paulus. „Zwar betest du eifrig, doch dann gehst du hin und versuchst deine Probleme auf deine eigene Weise und mit deinen eigenen Bemühungen zu lösen. Statt dessen solltest du dein Leben für den Geist Gottes öffnen, der dich mit so viel Freude und Gewißheit erfüllen wird, daß du glücklicher bist als je zuvor. Dann kommt es dir nicht mehr länger auf Aquilas öffentliche Anerkennung an, du wirst vielmehr in allen Lagen zufrieden sein."

„Dann mußt du mir aber auch sagen, was ich dazu zu tun habe", seufzte sie.

Paulus sagte: „Ich habe Aquila einmal erklärt, als er sich so viele Sorgen machte, er solle sich ganz dem Wirken des Geistes Gottes öffnen, dann würde in seinem Leben etwas geschehen, das ihm helfen würde, seine Sorgen in Zukunft ganz in Gottes Hand zu legen. Ich weiß im Augenblick nicht mehr, worum es damals ging. War es die Nachricht von Cordelius' Tod oder meine Verhaftung? Jedenfalls hat er dann etwas mit Gott erlebt und dabei entdeckt, daß keine Sorge größer sein kann als die Liebe Gottes. Seither ist er viel fester im Glauben gegründet als vorher."

„Und du glaubst, ich sei es nicht?" fragte Priscilla.

„Denkst du, du seist es?"

Priscilla dachte lange nach. „Nein", sagte sie endlich. „Nein, ich denke, nicht. Aber ich möchte es sein."

„Natürlich möchtest du es", nickte Paulus ermutigend. „Ich kann dir nur raten, nicht aufzuhören darum zu bitten, daß der Heilige Geist dich segnen und erfüllen möge. Wenn dies geschieht, wird alles andere viel leichter sein als bisher."

„Warum gibst du dir soviel Mühe mit mir", fragte sie überraschend, „ich bin ja doch auch nur eine Frau?"

Paulus lächelte. „Solltest du glauben, ich würde nun das eben Gesagte wieder abschwächen, so irrst du. Ich werde dir auch nicht schmeicheln, indem ich erkläre, du seist nun einmal anders als andere Frauen. Alle Menschen sind verschieden. Wir alle haben unsere starken und schwachen Seiten. Deine im Augenblick wichtigste starke Seite ist, daß du nicht seekrank wirst und deshalb weiterhin für deine Kinder sorgen kannst, wo es Kara doch so elend geht. Könntest du auch das als einen Segen Gottes sehen und Ihm dafür danken?"

Ihr wurde etwas leichter, und sie mußte sogar lachen. „Ja, das ist wirklich ein Segen. Wenn die arme Kara die Kinder füttern und saubermachen müßte . . ."

„Siehst du", bestätigte Paulus, „Gott sorgt auf vielerlei Weise für dich." Er blickte zum wolkenverhangenen Himmel hinauf und fuhr fort: „Ich fürchte, du wirst noch die Fähigkeit eines Seemanns brauchen, denn das Wetter scheint sich weiter zu verschlechtern. Trolas meint, es könnte ziemlich schlimm werden."

„Dann muß ich beide Kinder an mir festbinden."

Paulus sagte: „Wenn dein Gatte kommt und dich auffordert unter Deck zu gehen, dann argumentiere nicht mit ihm, sondern gehorche mit der gleichen Liebe, die er für dich fühlt, weil er sich um dich Sorgen macht."

Sie nickte. „Ich werde völlig gehorsam sein und auch so beten wie du mir geraten hast. Wirst du auch für mich beten?"

„Ich bete jeden Tag für dich und deine Familie", erklärte Paulus, „so wie ich für alle bete, die ich liebe und mit denen ich unseren Glauben teile." Er legte ihr leicht die Hand auf den Kopf. „Mag Gott dich reich segnen und dir die Fülle Seiner Gnade schenken."

Sie blickte Paulus nach und machte sich dann daran Sarah zu füttern, weil die gerade begann, sich zu melden. Dabei dachte sie über Paulus' Worte nach und begann leise zu beten: „O Gott, fülle mich mit Deinem Geist."

Keiner hätte später sagen können, wann der Sturm richtig losgebrochen war. Der Wind wurde einfach nur immer stärker, bis er sich zu einem richtigen Orkan ausgewachsen hatte. Lange bevor der Sturm den Höhepunkt erreichte, hatte Aquila die Frauen und Kinder unter Deck in den Laderaum gebracht. Hier roch es sehr schlecht, und es war dunkel. Doch bestand hier wenigstens nicht die Gefahr, auf dem wild schwankenden Deck eines der Kinder zu verlieren.

Je mehr der Sturm tobte, um so mehr schien Karas Krankheit zu schwinden. Dafür war Priscilla sehr dankbar, denn sie hatte mit den Kindern alle Hände voll zu tun und hätte nicht gewußt, wie sie sich auch noch um Kara kümmern sollte.

Aquila, Josua und Paulus kamen auch bald zu ihnen. So saßen sie eng beieinander in dem dunklen Laderaum und beteten. Aquila hatte einen Arm um Priscilla gelegt und zog sie an sich, während er mit dem anderen Markus festhielt. Der Kleine klammerte sich voller Angst an seinen Vater. „Ich glaube, ich könnte seinen Griff im Augenblick kaum lösen, so fest krallt er sich an mich", sagte Aquila. „Er scheint voller Furcht zu sein, denn er gibt nicht einmal Antwort, wenn ich ihn ermutigen will."

„Wir könnten besonders für ihn beten", schlug Priscilla vor. Aquila stimmte zu, und so begannen sie: „Barmherziger Vater, hilf unserem kleinen Markus. Nimm seine Furcht hinweg und schenke ihm Ruhe in sein Herz. Hilf ihm, lieber Herr."

In diesem Augenblick ertönte ein lautes berstendes Geräusch. Das Schiff bäumte sich derart auf, daß Priscilla meinte, sie würden kentern. Der Boden unter ihnen hob sich derart, daß weder Aquilas Arm noch ihr eigener Griff sie davor bewahrte, in der Dunkelheit davonzurutschen. Krampfhaft preßte sie Sarah an sich und fiel dann in etwas hinein, was sie zunächst nicht erkennen konnte. Aber es war wenigstens nicht hart gewesen. Sarah hatte sie dabei so gehalten, daß der Anprall ihr nicht geschadet hatte.

Als sie sich vom ersten Schreck erholt hatte, tastete sie mit der Hand um sich, doch alles war ihr fremd. Es schien auch niemand in der Nähe zu sein. Ganz dumpf konnte sie wie aus weiter Ferne Männerstimmen vernehmen. Langsam wurde ihr klar, daß sie von Getreidesäcken umgeben war. Sie konnte die Körner durch das Sacktuch spüren, und auch der Geruch sagte ihr das. Doch zu ihrem Schrecken stellte sie ebenfalls fest, daß sie von den Säcken völlig eingeschlossen war. Nicht nur um sie, sondern auch über ihr befanden sie sich. Irgendwie war die Ladung durch die gewaltige Bewegung des Schiffes verrutscht, und sie war darunter begraben. Die Säcke schienen dabei eine Art natürliche Höhle gebildet zu haben, in der sie sich mit Sarah befand. Doch bei jeder neuen heftigen Bewegung konnten sie völlig über ihr zusammenstürzen.

Panik wollte sie packen, als sie sich über ihre Lage klar wurde. Doch dann erstand in ihrem Inneren der Gedanke, daß sie sich immer noch in Gottes Hand befand. Dadurch wurde sie ruhiger. Ihr wurde voll Erstaunen bewußt, daß auch das Kind in ihrem Arm sich fast ruhig verhielt und nur leise Laute der Unzufriedenheit hören ließ. „Vielen Dank, Vater", betete sie laut. „Vielen Dank, daß Du mich und mein Baby bewahrt hast und daß Du hier bei uns bist."

Kaum hatte sie diese Worte ausgesprochen, da spürte sie,

daß sie nicht mehr allein war. Es war anders, als wenn sie in Aquilas Armen lag, auf den Knien ihres Großvaters oder bei ihrer Mutter gesessen hatte. Und doch spürte sie ganz deutlich: Jemand war bei ihr. Und ihr wurde bewußt: diese Gegenwart war die ihres Gottes. Oder vielleicht war es das, was Paulus mit dem Geist Gottes gemeint hatte. Jedenfalls war es etwas sehr Reales, mächtig genug, alle Furcht von ihr zu nehmen und ihr ein Gefühl der Sicherheit zu geben.

Über das Toben der See und das Heulen des Windes hinweg hörte sie endlich Aquila ihren Namen rufen. „Hier bin ich, mein Herr", rief sie laut. „Hier unter den Säcken vergraben. Es ist uns nichts geschehen. Aber ihr müßt vorsichtig sein, wenn ihr die Säcke entfernt, damit sie nicht zusammenrutschen. Doch Gott beschützt uns!"

„Wenn wir nur etwas Licht machen könnten", hörte sie Aquilas Stimme.

„Zu gefährlich, es könnte Feuer geben", protestierte ein anderer.

„Aber wie sollen wir sie finden?" Das war Kara gewesen.

„Sie wird immer wieder rufen, da wissen wir die Richtung", vernahm sie Paulus' ruhige Worte. „So können wir vorsichtig einen Sack nach dem anderen entfernen."

In diesem Augenblick begann Sarah zu schreien. Sie stimmte das ganz normale Gebrüll eines kleinen Kindes an, dem irgend etwas nicht gefällt. „Hört", rief jemand, „da drüben sind sie. Diesem Geschrei können wir leicht folgen. Diese Säcke hier müssen wir forträumen. Vorwärts, und seid vorsichtig."

Priscilla mußte leise lächeln über die Angst der Männer. Seit sie die Gegenwart Gottes so verspürte, war ihre Furcht völlig geschwunden. Ihr war, als hätte jemand ihr ganz sicher gesagt, daß ihr und der kleinen Sarah nichts geschehen würde. Sie fühlte sich eingehüllt von der Gegenwart Gottes.

„Ah", rief plötzlich einer der Männer draußen, „es wird etwas heller."

Da ließ sich auch schon die Stimme von Rufus vernehmen. „Das Schlimmste ist vorüber, deshalb habe ich euch die Einstiegluke geöffnet, damit ihr wenigstens wieder etwas Licht bekommt."

Bald fiel auch der erste schwache Lichtschein in Priscillas Gefängnis. Dann wurden die letzten Säcke beseitigt, und Aquila zog sie in seine Arme. „Preis sei Gott!" rief er. „Jetzt seid ihr sicher. Ich hatte große Angst um euch."

Sie schmiegte sich an ihren Gatten. „Auch ich hatte zuerst Angst", bekannte sie. „Doch dann spürte ich die Gegenwart Gottes so nahe wie jetzt dich, und auch so real."

„Ich weiß", nickte Aquila, „mir ging es genauso. Während der größten Gefahr wurde Markus auf einmal ganz ruhig und schlief ein. Er ist jetzt bei Kara. Und dich habe ich sicher wieder, meine Liebe."

Sie nickte. Sie war mehr als sicher. Sie war mit Gottes Güte und Kraft auf eine ganz neue Weise und viel mehr erfüllt als vorher. Als sie jetzt durch die geöffnete Luke hinaufschaute, blickte sie direkt in Paulus' Gesicht, über das ein leichtes Lächeln huschte. Sie wußte: Es war kein Wort notwendig.

28. Kapitel

Als die *Guten Wind* in den Hafen von Ephesus einlief, standen die Gläubigen in einer Gruppe auf dem Deck beieinander. Paulus hatte die Reling fest umklammert und blickte auf die Stadt. „Ephesus", murmelte er. Viel hatte er schon gehört von der großen Göttin Artemis, zu der die Pilger aus der ganzen Welt kamen, um ihren berühmten Tempel zu besuchen oder in den Umarmungen ihrer Tempel-Prostituierten zu liegen. Aufmerksam starrte er zum Tempeldach hinüber, das im Lichte der Nachmittagssonne glänzte.

"Worauf blickst du?" fragte Aquila.

„Da", Paulus wies mit dem Arm. „Siehst du das Dach des Tempels?"

„Ich dachte, du bist noch nie hier gewesen. Woher weißt du, daß dies der Tempel ist?"

„Ich habe aber schon viel von diesem Tempel gehört, der mit der Hilfe von Alexander dem Großen gebaut wurde. Eines der sieben Wunder unserer Welt, so sagt man."

„Der Tempel der Artemis!" rief jetzt auch Priscilla.

„Ja", nickte Paulus, „der Tempel der zehnbrüstigen Gottheit."

„Behaupten sie nicht, Artemis sei vom Himmel gefallen?" mischte sich jetzt Josua in das Gespräch.

„Eher ist sie wohl aus dem Bauche der Hölle gekommen", knurrte Paulus.

„Es ist eine sehr alte Stadt, ja?" stellte Aquila fest.

„Sehr alt und voller Sünde", nickte Paulus. Dann zeigte er in eine bestimmte Richtung und fragte: „Was ist das?"

Rufus, der sich mehr mit dem Hafen als der Stadt beschäftigt hatte, blickte in die angezeigte Richtung. „Das ist ihre große Prachtstraße. Sie verbindet den Hafen mit dem Marktplatz. Sie ist mehr als 20 Meter breit. Auf ihr läßt man sich sehen und trifft die anderen."

Für einige Augenblicke betrachteten alle das prächtige Bild, dann fuhr Rufus fort: „Ephesus ist die wichtigste Stadt in allen römischen Provinzen. Es ist der Knotenpunkt der großen Karawanenstraße, auf der die Waren aus dem Osten gebracht und hier auf die Schiffe verladen werden, die nach Rom gehen."

Bei der Erwähnung Roms fragte sich Priscilla, ob sie je wieder nach dort kommen würde. Erst Korinth, und nun Ephesus. Noch weiter entfernt von Rom als bisher. Was würde sie hier erwarten? Neue Traditionen, neue Sitten und Gebräuche und neue Religionen? Sie erinnerte sich an eine Unterhaltung mit ihrem Großvater: „Großvater", hatte sie gefragt, „warum haben die Hebräer überall, wo sie hinkommen, geschäftlichen Erfolg?"

„Manche Hebräer", hatte er sie prompt korrigiert.

„Also gut, warum haben manche Hebräer überall, wohin sie kommen, geschäftlichen Erfolg?"

Nachdenklich hatte er geantwortet: „Das liegt wohl zuerst daran, daß Jahwe sie segnet. Als zweiter Grund muß aber auch erwähnt werden, daß sie überall, wohin sie kommen, fleißig arbeiten. Und das wiederum liegt auch daran, daß Gott ihnen durch den Propheten Jeremia sagen ließ: *Baut Häuser und laßt euch nieder; pflanzt Gärten an, damit ihr euch versorgen könnt, heiratet und zeugt Kinder, und findet Frauen für eure Söhne und Männer für eure Töchter. Sucht für die Stadt, zu der ich euch geführt habe, Frieden und Wohlstand. Betet zu Gott für das Wohl der Stadt. Denn geht es der Stadt gut, wird es auch euch gut gehen.* So weisen Rat ließ Gott Seinem Volk durch den Propheten geben, als sie aus ihrem eigenen Land vertrieben wurden. Und die Hebräer haben den Rat meist befolgt."

„Großvater, du weißt immer die richtige Antwort", hatte sie gestaunt.

„Leider auch nicht immer", hatte er erklärt. „Doch nun

möchte ich, daß du noch einen wunderbaren Vers lernst, den Gott Seinem Volk durch den Propheten in diesem Zusammenhang auch sagen ließ: »*Denn Ich, Ich kenne Meine Pläne, die Ich mit euch habe, spricht der Herr, Pläne des Heils und nicht des Unheils; denn Ich will euch eine Zukunft und eine Hoffnung geben.*« Siehst du, immer ermutigt Gott Sein Volk wieder, auch wenn es einmal durch Not gehen muß.‘

„Es ist ein wunderbares Wort“, hatte sie geantwortet.

„Nicht nur ein Wort, Priscilla“, hatte ihr Großvater erklärt, „sondern ein Versprechen Gottes. Vergiß es nie, und halte dich immer daran.‘

Gerade jetzt nun mußte sie daran denken. Zwei Dinge also lagen in diesem Wort: *Eine Hoffnung und eine Zukunft*. Unbeabsichtigt hatte sie es laut gesagt.

„Was meintest du?“ fragte Aquila.

„Ich mußte an ein Wort des Propheten Jeremia denken, das ich einst bei meinem Großvater gelernt habe.“ Sie wiederholte die Worte.

Aquila hörte bewegt zu und sagte dann: „Ja, Hoffnung und Zukunft, und auch noch eine große Freude!“

Als sich die *Guten Wind* ihrem Liegeplatz am Kai näherte, warteten schon eine ganze Reihe Leute, um sich als erste Kunden nach den Waren des Schiffes erkundigen zu können. Rufus machte eine weite Armbewegung und rief dazu: „Das also ist Ephesus!“

„Wer weiß, welche Überraschungen hier auf uns warten“, fügte Paulus bedächtig hinzu.

„Was mich angeht“, seufzte Kara erleichtert, „ich freue mich einfach nur, dem festen Land wieder so nahe zu sein. Mir ist es fast gleich wo ich bin, wenn ich nur festen Boden unter den Füßen habe.“

Alle mußten lachen, verstanden die arme Kara aber, die jeden Augenblick der Seereise gelitten hatte. Rufus meinte immer noch lachend: „Und ich dachte, Frau Kara, du würdest mir danken für diese leichte und sanfte Reise.“

„Leichte Reise? Und sanft?“ knurrte Kara. „Jetzt willst du mich auch noch verspotten.“

„Ich frage mich, wie lange wir hier bleiben werden?" überlegte Priscilla laut.

„Solange der Herr es will!" erklärte Paulus fest.

Kara meinte: „Ich jedenfalls werde keine weitere Seereise überstehen, ganz gleich, was uns hier widerfahren mag."

„Ich hoffe, dein Ruf ist nicht schon bis nach hier gedrungen", sagte Aquila leise zu Paulus.

„Ich bezweifle es", antwortete er unsicher. „Man sagt, die Stadt habe mehr als 300.000 Einwohner, und die meisten davon beten zu Artemis. Wer hat sich da schon um einen Juden gekümmert, der eine neue Lehre verkündigt?"

„Aber anderen Religionen gegenüber sind sie tolerant", fügte Rufus hinzu, während er eine Leine aufwickelte, die er gleich darauf einem der Hafenarbeiter zuwarf, damit er damit das Schiff festmachen konnte. „Viele Epheser sind begeisterte Philosophen und freuen sich über neue Ideen und Religionen."

„Wir werden sehen", meinte Paulus. „Jedenfalls hat es bisher auch immer genug Menschen gegeben, die sich über die Verkündigung unserer Botschaft geärgert haben, statt sich zu freuen. Da der Sabbath bald kommt, müssen wir schnell eine Synagoge finden."

„Wir werden dazu genug Zeit haben und auch noch einen Platz für die Nacht finden", nickte Rufus.

„Es gibt also auch hier Jahwe-Gläubige?" fragte Josua.

„Hebräer und Synagogen gibt es in jeder nicht zu kleinen Stadt", lachte Paulus.

„Hier in Ephesus gibt es Tausende von ihnen", sagte Rufus. „Und nicht alle werden sich über Paulus' Predigten freuen."

„Gibt es hier auch Jesusnachfolger?"

„Das weiß ich nicht. Doch wenn Paulus predigt und ihr ihm helft, wird es bald welche geben."

„Ich denke, wir sollten an Jeremias Worte denken", sagte Priscilla.

„Welche?" wollte Rufus wissen.

„Die er den Gefangenen in Babylon mit auf den Weg gab. Sie sollten für die Stadt, in der sie leben würden, Frieden und

Wohlstand suchen. Denn   nge es der Stadt gut, würde es auch ihnen gut gehen."

„Frau Priscilla", staunte Paulus, „ich muß mich wieder einmal über dich wundern. Woher kennst du dieses Prophetenwort?"

„Von meinem Großvater."

Paulus nickte und meinte nachdenklich: „Wohlstand? Ich glaube, davon haben wir noch nicht viel gehabt."

„Aber dafür haben wir Frieden in unserem Herzen", fügte Priscilla hinzu. Aquila räusperte sich jetzt hörbar, und Priscilla merkte, daß sie nach seiner Meinung wieder einmal zu vorlaut gewesen war.

„Ja", nickte Paulus, „einen Frieden, den die Welt uns nicht nehmen kann."

Das Schiff berührte jetzt, durch das Seil herangezogen, das Kai. Rufus rief den Wartenden Grüße zu und gab Befehle. Kara betete ein lautes Dankgebet und drängte sich vor. „Bitte", rief sie, „ich möchte die erste sein, die dieses Schiff verlassen darf."

Ephesus — ein neuer Wohnort.

Sehr schnell fanden sie eine Behausung und auch eine Synagoge. Als Paulus zu ihnen zurückkehrte, schien ihn irgend etwas zu beschäftigen. Ursprünglich hatte er sich gefreut, in Ephesus das Evangelium von Jesus Christus predigen zu können, doch während der Mahlzeit war er in Gedanken versunken. Sobald Aquila und Priscilla allein waren, erkundigte sie sich bei ihm, ob vielleicht etwas nicht in Ordnung war.

„Ich weiß es auch nicht", meinte Aquila zögernd, „aber es scheint so, als sei Paulus etwas begegnet."

„Nun, wir werden es erfahren", sagte Priscilla. „Ich bin nur froh, daß es der armen Kara wieder gut geht."

„Da hast du recht", lachte Aquila. „Josua meint, sie wird nie wieder von hier weggehen. Dreimal umziehen sei genug. Die nächste Station sei sicher das Grab."

„Sie wird uns noch alle überleben", sagte Priscilla bedrückt.

„Priscilla, ist etwas nicht in Ordnung?" forschte Aquila.

„Habe ich etwas Falsches gesagt?"

„Nein", zögerte Priscilla. „Aber ich... ich möchte hier einfach nicht heimisch werden, und auch an keinem anderen Ort", fügte sie hinzu.

„Rom?" fragte er. Sie nickte. „Priscilla, ich weiß, daß du immer noch an Rom denkst und hoffst, wir könnten nach dort zurückkehren."

„Ich hoffe zuversichtlich, daß dies eines Tages geschehen wird", nickte sie.

„Priscilla", Aquila suchte nach Worten, „diese Hoffnung hatte vielleicht in Korinth noch einen Sinn. Aber jetzt sind wir noch viel weiter von Rom entfernt. Du mußt diesen Gedanken aufgeben." Er zuckte hilflos mit den Achseln.

Priscilla begann zu schluchzen. Er zog sie nur an sich, ohne ein Wort zu sagen. Schon lange hatte er die Hoffnung aufgegeben, jemals die Via Appia oder seine Freunde wiederzusehen. Jetzt war Ephesus ihr Zuhause, so wie es vorher Korinth gewesen war. Sie mußten ihre Gedanken darauf konzentrieren einen Platz zu finden, an dem sie bleiben und auch ihre Werkstatt wieder einrichten konnten. Sanft strich er über ihr Haar und dachte: *Gib den Gedanken auf, Priscilla. Du machst dir selbst immer wieder das Herz schwer.*

Inzwischen lief Paulus voller Unruhe in dem kleinen Raum, den er vorübergehend für sich allein hatte, hin und her. Am nächsten Tag würden sie in die Synagoge gehen. Doch am späten Nachmittag, als er in der Stadt die Synagoge gesucht hatte, war ihm ein Name ins Herz gekommen, der ihn nicht mehr losließ: *Cäsarea.* Als er auf der Suche nach der Synagoge wieder am Hafen vorüberkam, war er stehengeblieben und hatte ein Schiff bewundert und nach seinem Bestimmungsort gefragt.

„Cäsarea", hatte einer der Matrosen geantwortet. Das Wort hatte Paulus wie ein Blitz getroffen. Hier war die Chance, nach

Cäsarea und von dort wieder einmal nach Antiochia zu kommen. Dort würde er viele Glaubensbrüder wieder treffen. Seine Reisegefährten konnte er in der Zwischenzeit getrost allein in Ephesus lassen. Sie waren im Glauben gefestigt genug und würden ausharren. Außerdem würde es noch eine Zeit dauern, bis es wieder für sie alle Arbeit gab. Das Geschäft mußte erst eingerichtet werden und Kunden und Aufträge sich finden.

Auf der anderen Seite mußte natürlich auch in Ephesus eine gute Gemeinde entstehen. Wegen des Artemis-Tempels kamen so viele Pilger aus allen möglichen Ländern nach hier, daß eine starke Gemeinde sicherlich ein großes Licht sein würde. Was sollte er tun? Paulus betete, während er unruhig hin und her ging. Doch die Antwort kam erst am nächsten Morgen zu ihm.

Er schlief sehr unruhig in dieser Nacht. Immer wieder erwachte er, schlummerte wieder ein und erwachte aufs neue. Gegen morgen träumte er. Ihm war dabei, als würde er fliegen. Und dann vernahm er die unverwechselbare Stimme wieder. Er verstand, daß es Jesus von Nazareth war, der ihn jetzt nach Cäsarea wies.

Ob es nun von der Reise kam, vom Leben auf dem Schiff oder von der neuen Umgebung — Priscilla stellte fest, daß alle anderen mehr oder weniger krank waren. Sogar Aquila fühlte sich unwohl. Am übelsten ging es Markus, der hohes Fieber und starken Durchfall hatte. Doch auch Josua und Kara erbrachen sich einige Male. Priscilla hatte mit den Kranken alle Hände voll zu tun.

Als Paulus hereinblickte, erkannte er, daß niemand seiner Gefährten ihn in die Synagoge begleiten konnte. Priscilla mußte sich um die Kranken kümmern. Doch sie flüsterte ihm zu, er müsse ja nicht allein gehen, der Herr werde mit ihm sein. Paulus nickte.

Auf dem Weg zur Synagoge bewunderte Paulus wieder die *Strahlende Sonne*. Welch schönes Schiff war sie doch. *Morgen wird sie nach Cäsarea segeln, und ich mit ihr,* dachte Paulus.

Als er sich in dem kleinen Raum der Synagoge umschaute, schüttelte Paulus ein wenig den Kopf. Angehörige seines Volkes, Nachkommen Abrahams, saßen eng zusammengedrängt hier im Schatten des Tempels der Artemis, von dem viele sagten, er sei das schönste Bauwerk der Welt. Wenn er die armselige Synagoge, in der sie zusammenkamen, um Gott anzubeten, mit dem Artemis-Tempel verglich, wurde ihm ein wenig schwer ums Herz. Doch dann ergriff er das Wort und sprach mehr als eine Stunde zu den aufmerksam Lauschenden. Seine Botschaft baute er auf das Wort des Propheten Jesaja:

> *„Wer hat unserer Botschaft geglaubt?*
> *Der Arm des Herrn — wem wurde er offenbar?*
> *Vor Seinen Augen wuchs Er auf wie ein junger Sproß,*
> *wie ein Wurzeltrieb aus trockenem Boden.*
> *Er hatte keine schöne und edle Gestalt, so daß wir Ihn*
> *anschauen mochten.*
> *Er sah nicht so aus, daß wir Gefallen fanden an Ihm.*
> *Er wurde verachtet und von Menschen gemieden,*
> *ein Mann voller Schmerzen, mit Leiden vertraut.“*

Die Männer lauschten aufmerksam, als Paulus die alten Worte zitierte. Dann beschrieb er die Arbeit Johannes des Täufers und berichtete ihnen vom Leben und Tod Jesu und erklärte dessen Bedeutung. Bald bemerkte er, daß seine Worte teilweise die Zuhörer fesselten und teilweise ärgerten. Doch er sah auch in einigen ein Verlangen, mehr zu hören. „Weiter", riefen einige. „Berichte mehr."

Alexander war nach dem Gottesdienst der erste, der zu Paulus trat. „Du mußt bei uns bleiben", drängte er. „Wir müssen noch mehr von dem hören, was du erzählt hast." Als er hörte, Paulus wolle nach Cäsarea, sagte er: „Laß dich doch überreden. Du bist wie ein Mann, der einen Schluck guten Weins serviert und dann die Flasche wegschließt. Wir wollen mehr davon, berichte uns weiter von diesem Jesus."

Paulus wurde hin und her gerissen. Eine ganze Reihe hatten seine Worte so gut aufgenommen. Vielleicht sollte er wenigstens noch eine kurze Zeit bleiben? Doch immer wieder mußte er an den Traum und die Stimme denken, und beständig sah er die *Strahlende Sonne* vor sich. Morgen um diese Zeit würde er Ephesus schon verlassen haben. „Alexander", sagte er, „ich schätze deine Freundlichkeit und deine Einladung. Doch ich muß einem Auftrag Gottes folgen und kann nicht bleiben."

„Was immer nötig ist, damit du bleibst, werden wir gern tun", versuchte Alexander es wieder.

Paulus schüttelte den Kopf. „Das ist es nicht. Ich will keine Zusagen aus euch herauslocken. Ich versichere dir, als Zelt-macher kann ich für mich selbst sorgen. Doch ich *muß* nach Cäsarea gehen."

Aber die Männer schien das nicht zu beeindrucken. „Warum sollte jemand nach Cäsarea gehen, wenn er hier in der schön-sten Stadt der Welt sein kann?" fragte ein alter Hebräer mit langem weißen Bart.

„Vielleicht gefällt ihm unsere Stadt nicht", meinte ein an-derer.

„Sollte es das sein?" wunderte sich Alexander. „Wo könnte es schöner sein, als hier, um mit uns zu diskutieren und uns zu belehren. Ein Hebräer und Jahwe-Gläubiger könnte sich, außer in Jerusalem, nirgends wohler fühlen als in Ephesus."

Paulus suchte nach Worten. „Ich muß doch gehen", sagte er endlich. „Aber ich verspreche euch: Ich werde wieder-kommen."

„Sicher kommst du wieder", erwiderte der alte Hebräer, „aber einige von uns werden dann vielleicht schon im Scheol sein. Wir möchten jetzt mehr hören."

„Ich kann nicht anders, versteht mich doch", versuchte Pau-lus zu überzeugen. „Gott zeigte mir Seinen Willen in einer Vi-sion. Doch wenn es Gottes Wille ist, werde ich ganz gewiß wie-der zu euch kommen, so wie es jetzt Gottes Wille ist, daß ich nach Cäsarea gehen muß."

„Dann soll es so sein. Aber wir erwarten, daß du dein Wort hältst."

„Aber die Jahreszeit ist schon vorangeschritten. Warum sollte jemand jetzt noch auf einem Schiff sein Leben riskieren um Cäsareas willen?" fragte der alte Mann.

„Es ist nicht um Cäsareas willen, sondern weil Gott es will", erklärte Paulus seinen neuen Freunden und verabschiedete sich von ihnen.

In Aquilas Haus waren alle zu krank, um lange zu argumentieren. Als Paulus von der Synagoge zurückkehrte, hatte er ihnen erklärt, er wolle am nächsten Tag mit dem Schiff nach Cäsarea fahren. Aquila hatte versucht zu protestieren, doch sein Magen ließ nicht viele Worte zu. Er mußte sich wieder legen.

Als Aquila eingeschlafen war, schlich Priscilla leise hinaus in den anderen Raum, wo Paulus am Tisch saß und vor sich hin starrte. „Mußt du wirklich gehen?" fragte sie.

Paulus spürte die Sorge in der Frage. „Ja", nickte er.

„Ich habe kein Recht, nach dem Warum zu fragen."

„Priscilla, hat dein Großvater je mit dir von Abraham gesprochen?"

„Natürlich!"

„Hat er dir auch erzählt, wie Abraham ausziehen sollte und gehorchte, obwohl er zu dieser Zeit noch nicht wußte, warum das zu sein hatte? Er zog im Glauben, Priscilla. *Im Glauben* zog er in ein Land, das heute noch für unser Volk das verheißene Land ist. Doch er zog nach dort wie ein Fremder. Wie du und Aquila nach Ephesus. Er lebte in Zelten, doch er hielt im Glauben Ausschau nach der verheißenen Stadt."

Paulus holte Atem, gab aber Priscilla keine Chance, ihn zu unterbrechen, sondern fuhr fort: „Abraham murrte nicht, weil er sein Heimatland verlassen mußte, sondern blickte im Gehorsam vorwärts. Und weil er solchen Glauben hatte und so gehorsam war, schloß Gott einen Bund mit ihm und nannte sich von nun an *der Gott Abrahams.*"

„Was willst du mir damit sagen?"

„Ich möchte klarmachen, daß Er dein Gott ist, ob du nun in Rom bist, in Korinth oder Ephesus."

Priscilla fuhr auf. „Also stimmst du Aquila zu. Auch du glaubst nicht, daß wir je nach Rom zurückkehren. Du weißt, Paulus, wir haben uns entschlossen mit dir zu gehen. Und ich würde Aquila überall hin folgen. Doch ich bin davon jetzt einfach müde. Ich fühle mich wie ein Kind und habe Heimweh."

„Es spielt keine Rolle was ich denke, Priscilla, sondern es kommt auf die Absichten Gottes an. Und Er hat für euch in dieser Stadt eine Aufgabe. Und ihr sollt hier nicht nur Zelte machen, sondern auch Jünger Jesu. Ihr sollt die Repräsentanten Jesu in Ephesus sein. Ich fahre morgen so ruhig nach Cäsarea, weil ich weiß, ihr seid hier. Gott hat euch hierher gebracht."

Priscilla fühlte ihr Herz warm werden. Paulus setzte also viel Vertrauen und große Hoffnungen in die Familien Aquilas und Josuas. Aquilas Stöhnen unterbrach ihre Unterhaltung.

„Es ist besser, wenn du jetzt nach ihm schaust", mahnte Paulus.

„Aber warum bist du nicht krank geworden?" fragte Priscilla.

„Weil ich morgen reisen muß", antwortete Paulus. Seine großen Augen sprachen ihr dabei Mut zu und stärkten ihr Herz für den Kampf, der beginnen würde, wenn sie anfingen die Gemeinde Jesu in Ephesus zu bauen.

Obwohl Alexander nochmals kam und Paulus zum Bleiben überreden wollte, machte dieser sich am nächsten Morgen zeitig auf den Weg zum Hafen. Als die meisten Menschen in Ephesus noch schliefen, verließ die *Strahlende Sonne* ihren Ankerplatz und glitt aufs Meer hinaus. Paulus blickte nach Osten, wo die aufgehende Sonne den Horizont rötete. Er dachte dabei an seine Reisegefährten, die er nun zurückgelassen hatte, und betete für sie. Jesus würde sie in Ephesus gebrauchen, damit auch in dieser Stadt die Gnadensonne des Evangeliums aufgehen konnte.

29. Kapitel

Priscilla lauschte gespannt, als der Mann aus den heiligen Schriften vorlas. Er war ganz sicher aus Ägypten, dachte sie. Seine dunkle Hautfarbe, seine Kleidung und der Akzent deuteten darauf hin. Doch er hatte einen griechischen Namen: *Apollos.*

Der Fremde blickte seine Zuhörer an. Ein Schweigen, tiefer als es sonst üblich war, wenn ein Rabbi sprach, legte sich über die Sabbath-Versammlung. Alle Zuhörer schienen den Atem anzuhalten. Von draußen hörte man einen Bettler laut um Almosen bitten. Laut las Apollos:

„Eine Stimme ruft: Bahnt für den Herrn einen Weg durch die Wüste! Baut in der Steppe eine ebene Straße für unseren Gott!" Die Kraft seiner Stimme schien diesen alten Worten eine ganz neue Bedeutung zu geben.

Ebene Straße! Priscilla mußte an die Via Appia in Rom denken und an den Platz dort neben der Straße, wo sie das zu früh geborene Kind beerdigt hatten. Apollos fuhr fort:

„Jedes Tal soll sich heben, jeder Berg und Hügel sich senken. Was krumm ist, soll gerade werden, und was hüglig ist, werde eben. Dann..." Seine Stimme begann zu rollen wie rauschende Wasser. *„Dann offenbart sich die Herrlichkeit des Herrn, alle Sterblichen werden sie sehen. Ja, der Mund des Herrn hat gesprochen."*

Ein breites Lächeln ging jetzt über das Gesicht des Redners. „Dies sind Worte des Propheten Jesaja. Das wißt ihr natürlich. Denn schon eure Väter und Vorväter haben sie gelesen und auswendig gelernt. Und wer hat sich nicht schon nach der Erfüllung dieser Worte gesehnt?"

Nach dieser Frage machte er eine kleine Pause und setzte dann eine zweite Frage dazu: „Doch was könnten diese Worte für uns bedeuten? Was wäre, wenn jemand durch die Wüste nach Ephesus käme und anfinge so zu rufen? Und nun hört:" Nochmals eine kleine Pause, dann dröhnte er laut: „Dieser Mann ist gekommen! Sein Name ist: Johannes der Täufer!"

Doch nun brach Unruhe unter den Zuhörern aus. Man hörte erstauntes Gemurmel und hier und da Protestrufe. Die Frauen blickten sich gegenseitig an. „Wer ist dieser Mann?" fragte Kara leise.

„Sein Name ist Apollos", antwortete Priscilla.

Seit Paulus Ephesus verlassen hatte, waren Aquila und Priscilla jeden Sabbath treu zur Synagoge gegangen. Sie hatten die trockenen und freudlosen Schriftlesungen und die langweiligen und oft oberflächlichen Schriftauslegungen der Rabbis über sich ergehen lassen und sich nach den überzeugenden und von tiefer Weisheit erfüllten Worten Paulus' gesehnt. Doch sie würden wohl warten müssen bis Paulus zurückkehrte, ehe sie wieder eine Predigt von solcher Frische hören konnten, hatten sie gemeint. Aber dieser große, dunkle Mann sprach ebenfalls mit großem Eifer, mit Autorität und mit Überzeugungskraft.

Apollos fuhr unerschüttert fort: „Johannes war kein reicher Rabbi, der überall Ansehen genossen hätte. Er hatte auch keine reichen Eltern. Seine Kleidung war aus Kamelhaar, und er trug einen Ledergürtel um die Lenden, wie der Prophet Elia. Er hat den Reichen und den Pharisäern nicht geschmeichelt. Seine Worte waren wie Blitze und schnitten wie Schwerter in die Herzen aller bösen Menschen.

O ja, er sah wohl die Pharisäer und Sadduzäer am Jordanufer stehen, wie sie ihn belauschten, verspotteten und miteinander diskutierten. Doch sie waren nie bereit, die Worte von Johannes auf ihre eigenen Herzen wirken zu lassen. Johannes kannte ihre Sünden und Heuchelei und ihre Verstocktheit und nannte sie eine Schlangenbrut. Er sagte ihnen, sie sollten sich nicht einbilden, sie könnten sich darauf berufen, daß sie Abraham zum Vater hätten.

Das ist bei vielen Menschen auch heute noch nicht anders, auch hier in Ephesus nicht. Was würde er uns wohl sagen, wenn er heute zu uns käme? Und Johannes glaubte — nein, Johannes wußte, daß Einer kommen würde, der viel mächtiger war als er. Tatsächlich sagte er von Ihm, er sei nicht würdig, diesem viel Mächtigeren die Riemen Seiner Sandalen zu binden. Der Eine, der da kommt, ist viel größer als Johannes der Täufer."

Priscilla meinte, sie habe sich verhört. Hatte Apollos nicht gesagt: *Der da kommen wird?*

Aufmerksam hörte sie zu, als Apollos fortfuhr: ,,Johannes taufte zwar mit Wasser und forderte die Menschen auf Buße zu tun. Doch der Eine, der noch kommt, wird mit dem Heiligen Geist und mit Feuer taufen! Die Botschaft von Johannes war einfach. Er predigte: Tut Buße! Tut Buße! Tut Buße!" Diese drei Wiederholungen wurden immer lauter, so daß der letzte Ruf buchstäblich in aller Ohren dröhnte.

Niemand wird heute schlummern, dachte Priscilla. Aber dabei wartete und wartete sie mit klopfendem Herzen. *Nun fahr doch fort und sage, daß dieser Eine gekommen ist, und führe die Menschen zu Jesus,* hätte sie gern gerufen. Apollos hätte nun nachdrücklich bestätigen können, was Paulus gepredigt hatte. Wenn sie es noch von einer anderen Seite hörten, würde die Botschaft um so mehr Gewicht erhalten.

Apollos sprach jetzt wieder ruhiger. ,,Natürlich stritten die Pharisäer heftig mit Johannes, weil sie nicht bereit waren, sich zu demütigen und Buße zu tun und in das Wasser des Jordans zu steigen, um sich taufen zu lassen.

Doch nicht nur die Juden ärgerten sich über Johannes' Predigten. Auch der König Herodes zitterte vor seinen Worten. Johannes hatte ihn nämlich öffentlich mit Worten gestraft, weil Herodes ein ehebrecherisches Verhältnis mit seiner Schwägerin Herodias hatte, der Frau seines Bruders Philippus.

Obwohl die Pharisäer ebenfalls wußten, daß Herodes sündigte und gegen das Gesetz handelte, schwiegen sie, weil sie hofften, er würde Johannes aus dem Wege räumen. Doch Johannes war treu zu seinem Auftrag, wie es unsere alten Propheten wie Amos oder Joel oder Jesaja und die anderen auch waren. Er predigte immer wieder: *Tut Buße, denn das Himmelreich ist jetzt ganz nahe!"* Dabei schlug Apollos so mächtig mit der Faust auf den Tisch, das dieser knirschte.

„Und so kam es, wie es kommen mußte. Der König Herodes ließ Johannes ins Gefängnis stecken und endlich enthaupten."

Leise hatte Apollos diese letzten Worte noch hinzugefügt. Nun wischte er sich den Schweiß von der Stirn. Priscilla war sprachlos. *Nun sprich doch endlich von dem Messias, der gekommen ist,* dachte sie. Doch Apollos holte nur noch einmal tief Atem und ging langsam zu einer Bank. Erschöpft setzte er sich gerade zwischen Aquila und Josua. Es war klar: Er hatte seine Rede beendet.

Schnell drängten sich andere Männer um den Fremden. Einige widersprachen heftig, andere stellten höflich Fragen, wieder andere dankten ihm und schüttelten seine Hand. Langsam begann sich die Synagoge zu leeren. Unter den Frauen drehte sich die Unterhaltung hauptsächlich um das Feuer und die Überzeugungskraft des Predigers. Priscilla saß immer noch regungslos, bis Kara sie endlich anstieß. „Priscilla, komm, der Gottesdienst ist vorüber. Wir müssen gehen und das Essen fertigmachen. Die Männer werden hungrig sein."

Priscilla schien wie aus einem Traum zu erwachen. Sie erhob sich und ging mit den anderen Frauen. Doch sie blieb wieder stehen, als sie plötzlich Aquilas Stimme vernahm, der zu Apollos sagte: „Herr, wir würden uns geehrt fühlen, wenn du mit uns in unserem Hause das Mahl einnehmen würdest."

Priscilla freute sich darüber, denn sie wollte gern mehr hören von dem, was Apollos zu sagen hatte. Doch obwohl seine Predigt so überzeugend klang, schien er offensichtlich von Jesus nichts zu wissen. *Wäre doch Paulus hier, der ihn belehren könnte,* dachte Priscilla.

Während die Männer aßen, gab sich Priscilla Mühe, jedes Wort mitzubekommen, das gesprochen wurde. Apollos sprach deutlich und mit wohl formulierten Sätzen. Leider mußten die Frauen warten, bis die Männer gegessen hatten. So konnte sich Priscilla nicht an der Unterhaltung beteiligen. Priscilla wurde schmerzlich bewußt, wieviel ihr noch fehlte. Sie vermißte die klaren Belehrungen von Paulus sehr.

Später saßen die Männer im Garten. Wie lange er wohl in Ephesus bleiben würde, hatte Josua gefragt. Nicht sehr lange, weil er sehr bald nach Achaia gehen wollte, hatte Apollos geantwortet. *Ach wäre ich doch nur ein Mann, dann könnte ich mit ihm diskutieren und ihm die gute Botschaft von Jesus erzählen. Aber warum taten die Männer das nicht? Hatte Apollos sie etwa mit seiner Art zu reden und zu argumentieren eingeschüchtert?* fragte sich Priscilla.

Erregt ging sie im Raum hin und her. Plötzlich war ihr, als würde sie die Stimme ihres Großvaters hinter sich vernehmen. Sie erstarrte, als sie in ihrem Geist die Worte aus dem Propheten Joel hörte: *,,Ich will Meinen Geist ausgießen über alles Fleisch. Eure Söhne und Töchter werden Propheten sein... Auch über Knechte und Mägde werde Ich Meinen Geist ausgießen."*

Priscilla bebte. Nein — ihr Großvater war tot. Und doch war da die Stimme gewesen. Während sie wartete, hörte sie wieder Apollos schönes, weiches Latein in wohl formulierten Sätzen. Da sprach ein Gentleman. Ein Jahwe-Gläubiger, der den Namen eines heidnischen Gottes trug und die berühmteste Universität ihrer Zeit besucht hatte. Aber wenn Gott zu ihr gesprochen hatte, dann galt dieses *alles Fleisch* auch für diesen Mann, und sie mußte ihm das sagen. Priscilla holte tief Atem, als wolle sie damit Mut fassen, trat in den Garten hinaus und ging zu den Männern.

,,Herr", wandte sie sich ruhig an Apollos, ,,wie kommt es, daß ein Jahwe-Gläubiger den Namen eines griechischen Gottes trägt, wo wir doch allen Götzendienst meiden sollen?"

,,Priscilla!" sagte Aquila streng und fuhr von seinem Stuhl hoch. Man konnte ihm ansehen, wie verlegen ihn die Kühnheit seiner Frau machte.

Apollos lächelte freundlich und beruhigend. „Es ist doch nur eine einfache Frage, und eine recht gute dazu. Doch die Antwort darauf ist einfach: Meine Eltern haben sich erst eine Zeit nach meiner Geburt zum Glauben an Jahwe bekehrt, vorher waren sie Heiden."

„Aber woher weißt du von Johannes dem Täufer?" forschte Priscilla.

„Noch eine gute Frage", schmunzelte Apollos. „Ich bin überrascht, daß die Männer mich nicht danach gefragt haben. Hörst du immer so aufmerksam zu?"

„Wenn jemand etwas Wichtiges zu sagen hat, ja", nickte sie.

„Ich wünschte, alle Frauen wären so aufgeschlossen", meinte Apollos. „Über Johannes hörte ich von mehreren Seiten. Von Kaufleuten zum Beispiel, natürlich Jahwe-Gläubigen, die während eines der großen Feste in Jerusalem gewesen waren, und auch von anderen auf der Universität." Er wandte sich jetzt an Aquila. „Auf der Universität in Alexandria gibt es nämlich eine ganze Reihe jahwe-gläubiger Männer. Seit rund 300 Jahren leben schon Jahwe-Gläubige in Alexandria. Deshalb kommen die Nachrichten aus Palästina bald zu uns. Eben durch Reisende oder auch Kaufleute."

„Aber sicherlich nicht durch Frauen?" fragte Aquila.

„Nein", gab Apollos zu. „Doch ich hörte auf diese Weise von mehreren Seiten von Johannes dem Täufer. Sein machtvolles Auftreten und seine Botschaft sprachen mich an. Er hat jetzt in Alexandria eine ganze Anzahl von Nachfolgern. Doch genug davon. Jetzt hätte ich eine Frage: Wie kommt es, daß eine Frau so intelligente Fragen stellt?"

Aquila überwand seinen Ärger. „Vielleicht sollte ich dir erklären, daß meine Frau von ihrem Großvater Unterricht erhalten hat."

„Wirklich?" Apollos schien überrascht und interessiert. „Kannst du schreiben?"

„Ja", antwortete Priscilla.

„Erstaunlich! Was soll man dazu sagen? Es muß ein Vergnügen sein, eine so intelligente Frau zu haben. Eine Frau, die gut kocht, eine gute und warmherzige und liebevolle Hausfrau ist — und auch noch schreiben kann!" Apollos lachte anerkennend.

„Ich fürchte, ich habe meinen Gatten manchmal damit schockiert", meinte Priscilla verlegen.

„Das bezweifle ich aber", antwortete Apollos. Doch als er sich Aquila zuwandte, sah er in dessen Gesicht die Wahrheit dieser Feststellung. „Kann dich das wirklich ärgern oder verlegen machen?" fragte er.

„Ja", bestätigte Aquila. „Ich habe mich noch immer nicht richtig daran gewöhnt."

„Wie denkst du über die Worte eures Propheten Joel?"

„Welche Worte?"

„Sagte er nicht, ehe *der Tag des Herrn* kommt, werde Jahwe Seinen Geist ausgießen *auf alles Fleisch;* also auf Menschen aller Nationen — sogar auf Ägypter, wie mich, und auf Römer und andere?"

„So?"

„Ja, so ist es. Und weiter spricht Joel in seiner Prophezeiung auch von *Töchtern,* die dann ebenfalls prophezeien werden."

Aquila blickte Apollos an. „Und was hätte das konkret für uns zu bedeuten?"

„Es bedeutet, daß der Tag des Herrn für uns gekommen ist. Er wird bald anbrechen. Du hast doch gehört, was ich heute morgen sagte."

„Natürlich. Doch du predigtest nur von der Taufe des Johannes."

„Von welcher hätte ich sonst predigen sollen?" fragte Apollos erstaunt.

„Von der Taufe Jesu." Nun war auch Aquila verwundert.

„Vom Messias", mischte sich Priscilla voller Eifer ein.

„Jesus?" staunte Apollos. „Der Messias? Davon habe ich nichts gehört. Was wißt ihr über Ihn?"

„Nicht *über* Ihn", antwortete Priscilla freudig, „wir kennen Ihn!"

„Ihr *kennt* Ihn?" Apollos runzelte die Stirn. *Zuerst laden sie mich zum Essen ein, dann verspotten sie mich. Was wird als nächstes kommen?* dachte er.

„Der Messias ist schon gekommen", fuhr Priscilla eifrig fort, „und wir sind Seine Nachfolger. Wir sind getauft worden."

„Wir?"

„Ja, wir; die Frauen eingeschlossen", antwortete Priscilla. „Wir sind die *Töchter* aus dem Propheten Joel, von denen du sprachst."

„Eingeschlossen in die Taufe des Johannes?"

„Nein, in Jesu Taufe. Wir wurden in Rom getauft. Und auch in Korinth folgten wir Jesus nach und sind nun nach Ephesus gekommen, um auch hier die gute Botschaft von Jesus auszubreiten."

„Ach, Korinth", meinte Apollos verächtlich. „Ich habe von der Sündhaftigkeit dieser Stadt gehört."

„Nun, eines Tages wirst du auch von der Gemeinde Jesu in dieser Stadt hören. Es ist dort eine gute und stabile Gemeinde entstanden."

Apollos schien sich unbehaglich zu fühlen. Abrupt stand er auf. „Ich war schon zu lange bei euch und muß jetzt gehen." Er überlegte einen Augenblick und fuhr fort: „Das heißt: für heute. Doch ich würde gern mehr von dem hören, was ihr über Jesus wißt. Mich interessieren neue Ideen immer sehr."

Priscilla sagte schnell: „O Herr, du hast so überzeugend gesprochen. Doch der Eine, von dem Johannes sagte, Er würde kommen, ist mittlerweile schon gekommen. Er ist bei uns!" Man konnte ihrer Stimme ihre Überzeugung anhören.

Apollos blickte zu Aquila und Josua. „Ich würde gern wiederkommen und mehr hören", sagte er freundlich. „Doch jetzt muß ich gehen."

„Ich begleite dich ein Stück", bot Josua an.

„Das wird aber nicht nötig sein", lächelte Apollos. „Ich finde den Rückweg auch allein. Mache dir keine Mühe."

„Mir tut ein wenig Bewegung nach dem Essen immer gut", lachte Josua und rieb seinen Magen.

Josua schien die Spannung, die sich zwischen ihr und Aquila aufgebaut hatte, zu spüren, und wollte sie allein lassen, dachte Priscilla, als die beiden Männer den Garten verließen. Aquila schien einen inneren Kampf auszufechten und ging ebenfalls, ehe sie ein weiteres Wort sagen konnte. Der Rest des Tages und der ganze Abend verliefen schweigsam. Nicht ein Wort wurde zwischen ihnen gewechselt.

30. Kapitel

Priscilla saß an ihrem Webstuhl und starrte auf das Garn, mit dem sie webte. Sie konnte sich nicht konzentrieren, sondern dachte über ihr vorlautes Wesen am gestrigen Tag nach und brauchte nur auf Kara zu blicken. Kara hatte die Fähigkeit, zu tadeln, ohne ein Wort zu sagen. Ihr Gesichtsausdruck sprach Bände.

Priscilla konnte sagen, es sei Aquilas Schuld. Sie haßte es, wenn er sich ihr gegenüber so benahm. Er und Josua hatten sich einen Wagen geliehen, um ein neu angefertigtes Zelt an Tvia auszuliefern. Tvia war ein Asiarch, also ein hoher Beamter dieser römischen Provinz, der für die Ruhe unter den Religionen und vor allem für die Förderung der Verehrung des Kaisers zuständig war. Das heißt, Tvias Amtszeit war eigentlich schon abgelaufen, aber er trug immer noch den Titel.

Ihr guter Ruf als Zeltmacher wuchs in Ephesus immer mehr, und viele Einwohner wandten sich zuerst an Aquila und Josua, wenn sie sich ein neues Zelt anschaffen wollten. Deshalb war auch an dem Zelt für Tvia besonders eifrig und genau gearbeitet worden, da er ein angesehener und einflußreicher Mann war. Würde er ihre Arbeit lobend erwähnen, brachte ihnen das sicherlich wieder neue Kunden.

Priscilla wünschte sich, Paulus wäre hier. Er hätte sicher helfen können die Spannung zwischen ihr und Aquila abzubauen. Andererseits hätte ihr Gatte dies vielleicht wieder als Einmischung in seine Angelegenheiten betrachtet. „Kara", schluchzte sie plötzlich, „was soll ich nur tun?"

„Tun? In welcher Sache denn?" Kara antwortete ohne von ihrer Arbeit aufzusehen.

„In welcher Sache? Das weißt du doch genau."

„Was weiß ich?" fragte Kara achselzuckend.

„Das Haus ist zu klein, um nicht zu bemerken, daß Aquila sich immer noch ärgert wegen meiner Unterhaltung mit Apollos."

„Damit mag er recht haben", erklärte Kara. „Eine Frau sollte sich nicht so vordrängen, vor allem Männern gegenüber, Priscilla. Es gehört sich einfach nicht. Und du weißt das selbst. Warum also hast du es getan?"

„Weil mir Jesus dazu Freudigkeit und die nötige Freiheit gab."

„Dazu kann ich nichts sagen", brummte Kara. „Aber deine Freiheit mag zu weit gehen. Eine Frau findet andere Möglichkeiten, ihren Mann in solchen Situationen zu unterstützen. Ich habe diesem Ägypter ja auch keine Fragen gestellt."

„Das stimmt." Priscilla dachte über Karas Argumentation nach.

„Sicher! Wenn ich Fragen über ihn habe, würde ich mich damit an Josua wenden. Er könnte dann mit Apollos sprechen."

„Aber wir wissen nicht, ob Apollos je wiederkommt. Es war vielleicht die einzige Gelegenheit."

„Gelegenheit? Das ist wohl das richtige Wort. Ich sah, wie er dich betrachtete. Er wird ganz sicher zurückkommen."

„Und was willst du damit sagen?"

Langsam begann Kara: „Männer, vor allem ägyptische Männer, sind für ihre Schwäche für Frauen bekannt. Eine anständige Frau muß da Abstand halten."

Ehe Priscilla antworten konnte, ließ sich eine andere Stimme vernehmen: „Hallo, ist jemand hier?" Die Frauen blickten sich an. Sie hatten beide am Wohlklang der Stimme den Rufenden erkannt. Es war Apollos.

„Hallo!" rief Apollos wieder. Priscilla wollte antworten, doch Kara legte den Finger auf ihre Lippen und bremste sie.

„Hallo! Ist jemand hier?"

„Ich werde jetzt . . ."

„Pssst!" befahl Kara.

„Kara, das ist doch töricht." Priscilla erhob sich. „Ja!" rief sie. „Einen Augenblick!" Sie strich sich das Haar aus der Stirn und trat in die Tür.

„Oh", sagte Apollos. „Frau Priscilla, ich wollte mit deinem Gatten sprechen."

„Er ist im Augenblick nicht hier", antwortete sie und bemerkte wohl Karas warnenden Blick.

„Doch die Männer werden bald zurück sein", fügte Kara schnell hinzu. Hatte der Ägypter etwa schlechte Absichten, sollte er wissen, daß die Männer nicht fern waren. „Wenn du ein wenig später wiederkommst, sind sie sicher hier."

Apollos wandte sich wieder Priscilla zu und schaute sie einige Augenblicke schweigend an. „Eigentlich wollte ich mit euren Männern unser gestriges Gespräch fortsetzen. Ich habe immer darüber nachdenken müssen und konnte kaum schlafen."

„Es ist auch viel zu wichtig, um es zu vergessen", nickte Priscilla.

„Sie werden ja bald kommen", versuchte es Kara nochmals.

In diesem Augenblick erschien Markus laut schreiend auf der Bildfläche. Er war gerade wach geworden und hatte die Stimmen gehört. Apollos klatschte in die Hände und wollte Markus damit zu sich locken. Doch der Kleine rannte zu seiner Mutter und versteckte sich heulend in ihrem Gewand.

„Vielleicht komme ich später wieder", sagte Apollos.

„Warte doch", ermutigte Priscilla ihn. „Sie müssen jeden Augenblick kommen, da sie schon eine ganze Weile fort sind."

Apollos blickte sich zögernd um und sah einen Stuhl in der Ecke. Dort ließ er sich lachend nieder und erklärte: „Ich kann immer noch nicht begreifen, daß eine Frau solche Fragen stellen und auch noch schreiben kann. Ich hatte wirklich auf die Anwesenheit eurer Gatten gehofft, denn ich möchte ihnen noch eine Menge Fragen über diesen Jesus stellen."

„Vielleicht kann ich sie auch beantworten. Ich habe ja einige von Paulus' Briefen geschrieben."

Apollos dachte über Priscillas Antwort nach. „Vielleicht könntest du einige der einfacheren tatsächlich schon beantworten, bis dein Gatte wiederkommt. Dieser Jesus interessiert mich sehr. Ich habe ja früher schon von Ihm und Seinen Wundern gehört. Aber — andere Menschen haben auch schon Wunder getan. Worin unterscheidet sich Jesus also von den anderen Wundertätern? Vor einiger Zeit begegnete ich einem hebräischen Jahwe-Gläubigen, der sieben Söhne hat, Skevas ist sein Name. Die ziehen umher und treiben überall Dämonen aus. Ein etwas seltsamer Mann."

„Viele tun Zeichen und Wunder, aber es gibt nur einen Messias", erklärte Priscilla fest.

„Du glaubst wirklich, daß Er der Messias ist?"

„Felsenfest!"

„Warum? Was macht dich so sicher?" forschte Apollos.

„Weil Er sagte, Er sei der von den Propheten Verheißene."

Apollos machte eine wegwerfende Handbewegung. „Das haben schon viele gesagt."

„Doch niemand erstand je von den Toten, um es zu beweisen."

„Er erstand von den Toten?" zweifelte Apollos. „Das kann ich nicht ohne weiteres akzeptieren."

„Aber es bestätigt doch nur die Propheten. Er wurde in Bethlehem geboren, wie Micha prophezeite. Er kommt aus dem Stamm Juda. Und der Tod der kleinen Knaben nach Seiner Geburt bestätigt Jesajas Prophezeiung."

„Langsam", wandte Apollos ein. „Der Tod der Kinder beweist nicht, daß Er der Messias ist. Es konnte zur gleichen Zeit ein anderer Messias in Bethlehem geboren worden sein. Es beweist nur, daß Er den Kindermord in Bethlehem überlebte."

„Aber es paßt in das Gesamtbild." Priscilla trat zu einigen Stoffteilen, die zu einem unfertigen Zelt gehörten. Sie hob eines der Teile hoch. „Schau, das Zelt besteht aus mehreren Teilen von diesem Material, und die einzelnen Teile passen genau zusammen. Ein solches Stück ist sicher nicht groß genug, um davon ein Zelt herzustellen. Aber alle passenden Teile zusammen ergeben ein solches. So ist es mit den erfüllten Prophezeiungen bei Jesus."

„Darauf baust du deine Logik. Aber was ist, wenn ich nicht an den Kindermord glaube?"

„Du brauchst dich ja nur zu erkundigen, dann wird dir bestätigt werden, daß er wirklich in Bethlehem geschah und damit auch Jeremias Worte noch Bestätigung finden. Jesus ist der Erbe des Thrones David. Und am Kreuz sprach Er von Seinem Durst; auch genau wie der Prophet es vorhersagte."

„Aber das können zufällige Zusammentreffen sein. Woher willst du es so genau wissen?" bohrte Apollos.

„Woher weißt du, daß du wirklich der Sohn deines Vaters bist?" entgegnete Priscilla.

Apollos mußte lächeln. „Darüber besteht kein Zweifel. Ich weiß es."

„Genauso gibt es keinen Zweifel im Herzen der Gläubigen", erklärte Priscilla. „Sein Geist gibt in uns unserem Geist Zeugnis davon."

„Nun, auch ich glaube an die Taufe des Johannes."

„Das ist aber nicht genug. Du mußt dich dazu bekennen, daß Jesus der Messias ist."

„Das kann ich nicht", Apollos schüttelte den Kopf. „Ich weiß ja nicht, ob Er wirklich der Messias ist."

„Aber Johannes der Täufer selbst bezeugte, Jesus sei der Messias", sagte Priscilla eifrig. „Johannes sagte, er habe den Geist wie eine Taube vom Himmel kommen sehen und auf Jesus bleiben. Und der, der Johannes gesandt hatte, sagte es ihm. Deshalb bezeugte Johannes, Jesus sei der Sohn Gottes."

Einen Augenblick herrschte Schweigen. „Ich habe schon viel von diesem Jesus gehört", sagte Apollos nachdenklich.

„Aber du mußt für dich selbst eine Entscheidung treffen. Es kommt ja nicht darauf an, daß du gehört hast, was andere von Ihm glauben. Was glaubst du selbst? Ist Er der verheißene Messias oder ein Betrüger?"

„Ich habe nie gesagt Er sei ein Betrüger", protestierte Apollos.

„Aber du hast auch nicht gesagt Er sei der Messias. Ist Er das eine nicht, dann das andere."

„Ich wurde auf Johannes getauft. Bedeutet das nichts?" gab Apollos zu bedenken.

„Die Taufe des Johannes war nur eine Vorbereitung. Du mußt mit Jesu Taufe getauft werden; in Seinen Tod hinein, und mit Ihm auferstehen zu einem neuen Leben. Johannes taufte viele, aber er ist nicht von den Toten auferstanden."

„Und Jesus ist auferstanden?" zweifelte Apollos.

„O ja! Viele Seiner Jünger und auch etliche Frauen haben Ihn nach Seinem Tod lebendig gesehen."

„Auch Frauen?" Apollos' Stimme war voller Skepsis.

„Ja, Frauen auch", bestätigte Priscilla fest. „Jesus behandelte Frauen anders als es sonst üblich ist. Er sah in uns keine Tiere oder nur Gefäße für die Leidenschaft der Männer."

Kara schnaufte und zupfte an Priscillas Gewand. „Priscilla", sagte sie leise, „höre auf mich. Wenn Aquila heimkommt und sieht, wie freimütig du mit einem anderen Mann sprichst, dann wird er..." In ihrer Sorge war ihre Stimme unbeabsichtigt lauter geworden.

„Was werde ich tun?" Sie drehten sich der Tür zu. Dort standen Aquila und Josua.

Aquila blickte erstaunt auf Apollos und ging zu ihm. „Apollos", grüßte er kurz, ohne ihm die Hand zu geben.

„Ich habe auf euch gewartet."

„Möchtest du ein Zelt kaufen?" fragte Aquila.

„Ein Zelt?" Apollos war überrascht und mußte dann lachen. „Nein. Was sollte ich mit einem Zelt? Ich kam, weil ich mit euch über..."

„Aquila", mischte sich Priscilla errötend ein, „ich habe ihm einige Fragen über Jesus beantwortet."

„Fragen? Du wolltest mehr über Jesus hören? Da hättest du auf mich warten sollen."

„Deine Frau hat so klar und fest von ihrem Glauben gesprochen. Sie scheint sehr viel darüber zu wissen", antwortete Apollos.

„Aber es schickt sich nicht für eine Frau, ohne die Erlaubnis ihres Gatten mit einem Fremden zu reden", zürnte Aquila.

Apollos war überrascht. „Vergib mir, wenn ich scheinbar zu weit ging. Ich glaubte, Frauen, die Jesus folgen, seien freier als die meisten anderen. Deine Frau sagte gerade, Jesus sah in Frauen nicht Wesen, die wie Tiere gehalten werden."

„Natürlich werden unsere Frauen nicht wie Tiere gehalten", stammelte Aquila überrascht und warf Priscilla einen zornigen Blick zu. „Meine Frau weiß das selbst gut genug. Aber sie vergißt sich manchmal."

Priscilla wandte das Gesicht ab, damit niemand die Tränen in ihren Augen sehen sollte. Doch Apollos sah sie trotzdem und sagte förmlich. „Dann sollte ich vielleicht gehen."

„Vielleicht solltest du", antwortete Aquila kalt. Apollos ging zur Tür. Dort blieb er stehen und drehte sich nochmals um, als wolle er noch eine Frage stellen. Doch dann ging er kopfschüttelnd davon.

Priscilla sah Aquilas erhobene Hand nicht. Doch gleich darauf spürte sie den heftigen Schlag, der ihr Gesicht traf. Kara schnaufte und wollte nach Priscilla greifen. Doch als sie Aquilas Gesichtsausdruck sah, zuckte sie zurück und verließ den Raum. Markus begann zu schreien, und Priscilla schluchzte.

Aquila stand wie versteinert. Er hatte sie wirklich geschlagen! Als sie davonlief, griff er nach ihr. Doch sie riß sich los und rannte in ihr Schlafgemach. Noch eine Stunde später konnte man ab und zu ihr Schluchzen hören.

31. Kapitel

Die Männer aßen schweigend. Endlich blickte Aquila Josua an. „Ich weiß nicht, was plötzlich über mich kam", bekannte er.

Josua antwortete nicht sofort, obwohl er eigentlich schon seit einiger Zeit einmal eine Unterhaltung mit seinem Neffen gesucht hatte. Hätte er nicht gezögert, wäre es vielleicht gar nicht so weit gekommen.

Aquila stützte den Kopf in die Hände. „Ich wollte es ja gar nicht tun", stöhnte er, „wirklich nicht. Es geschah einfach."

„Nichts geschieht einfach so, Aquila", antwortete Josua fest. „Du warst zornig über sie, sehr zornig."

Aquila schienen Josuas Worte zu überraschen. Doch dann nickte er. „Zorn läßt uns Dinge tun, die wir nachher bereuen und die manchmal nie wieder vergessen werden. Manchmal kann man sie nicht einmal mehr gut machen."

„Aquila, du bist so . . ." Josua machte eine unbestimmte Handbewegung. „Priscilla ist eben eine besondere Frau, und du liebst sie auch sehr. Ich glaube nicht, daß sie sich gegen dich auflehnt oder ausprobieren will, wie weit sie bei dir gehen kann; denn sie liebt auch dich wirklich von ganzem Herzen. Aber etwas in ihr bricht einfach immer wieder hervor. Das kommt wohl von all den Jahren mit ihrem Großvater."

„Da haben wir es", zürnte Aquila. „Der Großvater ist schuld. Und der ist tot, also kann ich ihm meinen Standpunkt nicht klarmachen. Aber Priscilla kann ich sagen, daß es Konsequenzen hat, wenn sie sich so benimmt."

„Ha!" lachte Josua, „jetzt redest du wie dein Vater. Sein Lieblingswort war auch *Konsequenzen*. Aquila, du kannst sie einschüchtern, aber nichts an ihren Gedanken ändern. Sie wird nur immer kälter dir gegenüber werden, und eine Wand wird zwischen euch entstehen. Ich weiß, daß du sie liebst, deshalb hör' auf mich, Aquila."

Aquilas Zorn schien zu schwinden. „Aber was ist, wenn ihre Freimütigkeit mich wie einen Narren aussehen läßt?" gab er zu bedenken.

„Nur du selbst kannst dich zum Narren machen; aber nicht sie mit ihren harmlosen Fragen oder wenn sie von Jesus spricht, was nur ihr Recht ist. Zu einem Narren wird man durch über-eiltes Handeln, so wie . . ."

„Josua!" Aquilas Stimme zitterte.

„Hör mir nur zu. Ich hätte schon lange mit dir reden sollen, weil ich sah, wie der Ärger in dir immer mehr wuchs."

„Du hältst also zu ihr?"

„Keinesfalls! Doch dein Problem ist, daß du glaubst, alle würden denken, Priscilla sei klüger als du. Und das bohrt in dir."

„Nein, das ist nicht wahr!" Aquila schlug mit der Faust auf den Tisch. „Es kümmert mich nicht, was andere Männer sagen."

„O doch", beharrte Josua. „Würde es dir nichts ausmachen, hättest du sie nicht geschlagen. Du fürchtest . . ."

„Nein, ich fürchte die Gedanken anderer Männer nicht."

„Was ist es dann?" wollte Josua wissen.

„Es schickt sich einfach für eine Frau so nicht. Sie ist eine Jahwe-Gläubige und sollte zurückhaltender sein."

„Wann war sie das nicht?"

„Zum Beispiel am Sabbath."

„So, so", Josua strich sich den Bart. „Hattest du ihr befohlen, Apollos keine Fragen zu stellen?"

„Natürlich nicht."

Josua überlegte sorgfältig und fragte dann: „Warum hast du Apollos eingeladen?"

„Ich wollte mit ihm über Jesus reden, weil er offensichtlich nichts von Ihm wußte."

Josua nickte. „Siehst du, das dachte ich auch. Doch dann ist es uns beiden Männern im Laufe des ganzen Nachmittags während unseres Gesprächs nicht gelungen, das zu tun. Solltest du dann nicht eigentlich dankbar sein, daß Priscilla uns half? Sie wollte doch auch nichts anderes, als daß Apollos von Jesus hörte."

Aquila überlegte lange. „Ich glaube, du willst mir sagen, ich sollte mich bei ihr entschuldigen?"

„Warum sollte ich?" In Josuas Stimme lag leichter Spott. „Du bist es doch, der heute nacht neben ihr liegen muß. Aber vielleicht kannst du dir schnell noch ein Zelt machen und die ganze lange Nacht allein draußen schlafen."

Aquila schwieg. Deshalb begann Josua nochmals: „Schau, Neffe, wir haben den ganzen Nachmittag mit Apollos über unsere Geschäfte geredet, über Weizen, der von Alexandria nach Rom verschifft wird und über die hohen Steuern, die Rom fordert, und über alle möglichen anderen Dinge, aber nicht von Jesus. Kann es nicht sein, daß es der Herr war, der Priscilla dann als Werkzeug gebrauchte, um das zu tun, was wir versäumten? Denke einmal darüber nach." Er erhob sich und ging müde in sein Schlafzimmer, wo Kara wartete.

Aquila saß noch lange und sann über die Worte seines Onkels nach. *Wir haben fast bis Mitternacht geredet, und ich bin immer noch voller Kummer; doch Josua hat mir in meiner Finsternis wenigstens wieder eine Tür geöffnet,* dachte er.

32. Kapitel

Aquila lauschte, doch Priscilla schien fest zu schlafen. Er fühlte sich ein wenig seltsam, als er sich jetzt vorsichtig neben sie legte, um sie nicht aufzuwecken.

Vielleicht sollte ich heute gar nicht hier schlafen? dachte er, doch er wollte es.

Als er lag, starrte er in die Dunkelheit. Er hätte sie nicht schlagen sollen. Doch nun war es geschehen. Und als Mann konnte er sie doch nicht um Vergebung bitten. Er würde ja Schwäche zeigen, wenn er das tat. Priscilla hätte Apollos fortschicken oder im Hof warten lassen sollen. Aber vielleicht hatte sie es ja auch versucht? Er wünschte, es wäre alles noch wie am Morgen, ehe Apollos kam.

,,Ach, Priscilla!" flüsterte er.

Wie es kam, wußte er auch nicht, doch plötzlich kamen ihm die Worte aus dem Buch der Sprüche in den Sinn, die von einer tüchtigen Frau sprachen:

,,Eine tüchtige Frau, wer findet sie? Sie übertrifft alle Perlen an Wert.

Das Herz ihres Mannes vertraut auf sie, und es fehlt ihm nicht an Gewinn.

Sie tut ihm Gutes und nichts Böses alle Tage ihres Lebens.

Sie sorgt für Wolle und Flachs und schafft mit emsigen Händen. . . .

Öffnet sie ihren Mund, dann redet sie klug, und gütige Lehre ist auf ihrer Zunge."

Er dachte: *Sie redet klug . . . Sie redet klug . . .* Damit schlief er erschöpft ein. Doch es wurde ein sehr unruhiger Schlaf.

Aquila träumte: *Wo war er? Und wer waren all diese Leute, die so zornig schrien und ihre Fäuste schüttelten? Und wer waren die Gefangenen in Ketten? Was hatten sie getan, daß man sie so schlecht behandelte?*

Da schienen zwei Anführer zu sein, die den Zorn der Menge immer wieder anheizten. Einer der beiden hatte ein Tuch um das Gesicht gebunden, so daß er nicht zu erkennen war. Er wandte sich jetzt an die beiden Gefangenen und schrie: „Hört auf von Jesus zu reden, Er ist ein Betrüger! Ihr dürft nie wieder Seinen Namen erwähnen!"

Einer der Gefangenen schien Petrus zu sein und der andere Johannes. Paulus hatte ihnen oft davon erzählt, wie sie vor die Priester geschleppt worden waren. Petrus schüttelte jetzt heftig den Kopf und antwortete: „Wie sollten wir nicht von dem reden, was wir gesehen und gehört und erlebt haben? Wir werden nicht aufhören von Jesus zu reden."

Ein Faustschlag traf Petrus im Gesicht, so daß ihm das Blut aus der Nase lief. „Ich habe dich gewarnt", schrie der Ankläger mit dem Tuch vor dem Gesicht, „es wird dir schlecht ergehen!"

Aquila wandte den Blick ab, weil er nicht mehr hinsehen konnte. Da sah er Priscilla. Sie war auch eine Gefangene und gebunden. Neben ihr auf einem Tisch lag ein dicker Packen Papyrus. „Gehört das dir?" fragte der Ankläger.

Priscilla nickte. „Was tust du mit dem Papyrus?"

„Ich schreibe Briefe."

„Briefe?" rief er und wandte sich der Menge zu. „Habt ihr gehört? Sie schreibt Briefe!" Alle lachten und johlten höhnisch. Aquila wollte Priscilla zu Hilfe eilen, doch es gelang ihm nicht.

„Worüber schreibst du in deinen Briefen?" wollte der Ankläger wissen.

„Ich schreibe über Jesus und wie man Ihm recht nachfolgt."

„Du schreibst über diesen Jesus?" schrie der Ankläger. „Das verbiete ich dir! Das darf nicht sein! Aber was sagt denn dein Mann dazu, wenn du Briefe schreibst?"

Priscilla schien zu zögern. „Antworte mir, was sagt dein Mann dazu!" schrie der Ankläger zornig.

„Er möchte nicht, daß ich schreibe", sagte sie leise.

„Da habt ihr es", rief der Ankläger. „Das ist wenigstens ein vernünftiger Mann. Und außerdem — was kann eine Frau schon Vernünftiges schreiben. Nur Narren würden ernst nehmen, was eine Frau schreibt. Niemand wird auf sie hören."

Aquila zitterte. Einerseits stimmte er dem zu, was der Ankläger sagte, andererseits gefiel es ihm nicht. Da schrie einer aus der Menge: „Aber sie wird den anderen Frauen ein schlechtes Beispiel geben, deshalb muß es verboten werden. Man muß sie bestrafen!" Die Meute johlte Beifall.

„Bringt sie weg!" schrie der Ankläger erregt und machte eine ruckartige Kopfbewegung zu einigen Wächtern. Dabei fiel ihm das Tuch vom Gesicht, und Aquila erkannte voller Schrecken sich selbst. Er war der Ankläger gewesen, deshalb hatte er auch Priscilla nicht zu Hilfe kommen können.

„Priscilla, nein!" schrie er laut. Priscilla wachte davon auf und schüttelte ihn. „Aquila, Aquila, wach auf, es ist nur ein Traum."

Aquila erwachte. Verstört blickte er um sich und in das Gesicht seiner Frau. Er war naß vor Schweiß. Ohne ein Wort zu sagen warf er die Decke zur Seite, schlüpfte in sein Gewand, ergriff seine Sandalen und lief zur Tür hinaus. Priscilla hörte seine Schritte auf der Straße verklingen. Sorgenvoll lag sie wach. Doch ihre eigene Erschöpfung ließ sie bald wieder einschlafen.

Aquila lief für Stunden ziellos durch die Straßen. Endlich fand er sich in der *Großen Avenue* wieder, die immer noch von Lichtern hell erleuchtet war, die auf den Säulen brannten. Er war voller Kummer. Warum war er im Traum Priscillas Ankläger gewesen? Es mußte dafür einen Grund geben. Was für ein schlimmer Tag war es geworden, der mit dem Verkauf des Zeltes an Tvia so gut begonnen hatte. Er ließ sich müde auf einer Bank nieder.

Vielleicht war er doch neidisch auf Priscillas Fähigkeiten?

Lange saß er und argumentierte mit sich selbst. Vielleicht fragte Apollos in seinem Herzen doch ernstlich nach Jesus, und Gott wollte ihn in Seinem Dienst gebrauchen? Was würde aber werden, wenn er Ephesus verließ, bevor Paulus zurückkehrte und ihn unterweisen konnte?

Ohne die rechte Lehre geht es ihm nicht besser als meinem Vater, dachte Aquila. *Ich bin kaum in der Lage, seine Fragen zu bestehen oder mit seiner Logik fertigzuwerden.* Nur Paulus wurde mit so einem gelehrten Mann fertig.

Wenn Apollos nach Ägypten zurückkehren würde, konnte er auch dort seinem eigenen Volk von Jesus erzählen. Doch wenn Paulus nicht rechtzeitig kam, würden die Ägypter in der Finsternis bleiben. *Ich muß ihn überreden hierzubleiben bis Paulus kommt,* dachte Aquila. Aber wie lange würde das sein?

Dann fiel ihm wieder sein Traum ein. Er wurde dadurch daran erinnert, wie Paulus ihnen von der Gefangennahme von Petrus und Johannes erzählt hatte. Paulus hatte ihnen auch vom Gebet der Gemeinde berichtet, als man ihnen verbot, von Jesus zu reden. Sie hatten gebetet: ,,*Nun, Herr, sieh an ihre Drohungen und gib Deinen Knechten, Dein Wort mit aller Freimütigkeit zu reden.*'' Paulus hatte ausdrücklich nochmals betont: mit *Freimütigkeit.*

Die Worte brannten in ihm, als er jetzt daran dachte, mit welcher Freimütigkeit Priscilla zu Apollos von Jesus geredet hatte. Er erkannte nun, daß sie keinesfalls zu vorlaut oder ungehorsam war, sondern daß der Heilige Geist sie gebraucht und durch sie gewirkt hatte. Er hatte ihre Intelligenz und ihren Mut benutzt, um Apollos auf Jesus hinzuweisen. Aquila kämpfte mit sich, denn die Folgerung, die er daraus zu ziehen hatte, gefiel ihm nicht.

Doch da gab es keine andere Lösung, wenn Paulus nicht kam. Durch ihren Unterricht bei ihrem Großvater hatte Priscilla die Fähigkeit, und auch das Wissen und die Intelligenz, um Apollos zu unterweisen. Priscilla mußte an Apollos das weitergeben, was sie von Paulus gelernt hatte. Und warum eigentlich nicht? Paulus hatte Priscilla vertraut, wenn er ihr seine Briefe diktierte, warum also sollte er, ihr eigener Gatte, ihr nicht vertrauen? *Und bis jetzt habe ich immer gemeint, sie solle ihr Wissen und ihre Fähigkeiten verstecken,* dachte er. Wie dumm war er doch gewesen.

Doch um Vergebung bitten kann ich sie nicht, denn sie hat mich trotzdem geärgert, überlegte er. In einigen Tagen würde alles vergessen sein. Er schüttelte den Kopf, weil er wußte, sie würde nicht vergessen. *Aber als ihr Gatte und Hausherr kann ich sie nicht um Vergebung bitten, das würde mir alle Autorität für die Zukunft rauben und sie noch vorlauter machen. Wie soll sie mir in Zukunft noch gehorchen, wenn ich ihr gegenüber Schwäche zeige?* Er wußte nicht, was er tun sollte.

Doch dann war ihm, als höre er Paulus' Stimme, der einmal gesagt hatte: ,,Jesus hat uns so viel vergeben, also müssen wir uns auch untereinander vergeben und auch bereit sein, den anderen um Vergebung zu bitten." Er wußte nun, was er zu tun hatte und machte sich auf den Heimweg.

Am Morgen wurde das Frühstück schweigend eingenommen. Alle begaben sich anschließend wieder an die Arbeit. Doch wenige Augenblicke später kehrte Aquila vom Hof zurück und trat vor Priscilla. Sie hielt ihre Augen auf die Arbeit gerichtet. Aquila legte ihr die Hände auf die Wangen und hob ihren Kopf hoch, so daß sie ihn anschauen mußte. ,,Ich habe dir etwas zu sagen", begann er.

In Priscillas Augen lag ein wenig Furcht. ,,Ja, mein Herr", flüsterte sie.

,,Es ist wegen gestern . . .", fuhr er fort. Er war nervös und wußte nicht recht wie er fortfahren sollte. So ähnlich war es ihm damals gegangen, als er seinem Vater sagen wollte, er würde sich taufen lassen.

Priscilla schaute schnell zu Kara. Ob sie wußte, was Aquila sagen wollte? Er hatte gestern lange mit Josua gesprochen. Doch Kara schien nichts zu wissen.

,,Ich muß dir etwas sagen", wiederholte Aquila.

„Ja, mein Herr", sagte Priscilla wieder leise. Kara lächelte über Priscillas sanften Ton. *Bald wird im Haus wieder alles in Ordnung sein,* dachte sie und erhob sich, um die beiden allein zu lassen. Sie ging in den Hof, wo Josua eifrig bei der Arbeit war.

„Es tut mir leid, daß ich..." Aquila senkte den Kopf und bis sich auf die Lippen. Es war doch schwerer als er gedacht hatte. Er begann von neuem: „Priscilla, es tut mir leid, daß ich so zornig wurde wegen Apollos und dich geschlagen habe. Es wird nie wieder vorkommen."

„Nein, mein Herr, in Zukunft werde ich deinen Wünschen noch mehr gehorchen als bisher."

Er schüttelte den Kopf. „Das habe ich nicht gemeint, denn ich habe unrecht gehandelt. Ich war neidisch auf deine Fähigkeiten." Priscillas Augen nahmen einen erstaunten Ausdruck an, als er jetzt mühsam fortfuhr: „Ich war dem Heiligen Geist ungehorsam, weil ich mich über deine Fähigkeiten und das Schreiben der Briefe geärgert habe. Ach Priscilla", platzte er jetzt heraus, „willst du mir vergeben?"

„Aquila", sagte Priscilla sanft, „du bist mein Gatte und der Mann, den ich liebe. Wie sollte ich dir nicht vergeben können? Aber du, kannst du mir auch vergeben? Denn ich weiß, daß ich dich mit meiner Freimütigkeit manchmal geärgert habe."

„Ach, Priscilla!" rief er und breitete seine Arme aus. Sie warf sich an seine Brust, und er zog sie fest an sich. Tief in beiden Herzen begann die unsichtbare Kraft der Liebe Gottes und der gegenseitigen Liebe die Wunden zu heilen, die vor langer Zeit aufgebrochen und durch Jahre des Mißverständnisses und der Rechthaberei immer schlimmer geworden waren.

33. Kapitel

Apollos blinzelte und rieb sich die Augen. „Es ist aber noch zu früh", gähnte er.

„Ich weiß", nickte Aquila, „und ich hoffe, du akzeptierst meine Entschuldigung, weil ich so früh erscheine."

„Sicher", bestätigte Apollos friedlich. „Aber was möchtest du?"

Für einen kurzen Augenblick wünschte sich Aquila, jetzt davonlaufen zu können. Doch er wußte, es war unmöglich. Es gab Situationen, die mußte man durchstehen. Und er mußte jetzt dem Herrn gehorsam sein, so wie er Priscilla immer zum Gehorsam ermahnt hatte. „Ich bin gekommen, um mich bei dir zu entschuldigen", erklärte er fest.

„Du — dich entschuldigen?" Apollos staunte. „Wann solltest du mich geärgert oder beleidigt haben? Viel eher sollte ich dich um Vergebung bitten."

„Nein", Aquila blieb fest. „Ich war eifersüchtig auf dich und habe dir deshalb Unrecht getan."

„Unrecht? Aber wie denn?"

„Ich bin in einer schwierigen Situation. Meine Frau ist klug; sehr klug sogar."

„Das ist sie", nickte Apollos.

„Siehst du, das ist mein Problem. Sie ist eine gute Frau. Doch ich habe immer versucht sie dahin zu bringen, ihre Intelligenz und ihre Fähigkeiten zu verstecken. Und deshalb muß ich dich um Vergebung bitten. Denn als ich heimkam und sah, daß sie sich mit dir unterhielt, war ich eifersüchtig."

„Nun, da habe ich eine gute Nachricht für dich", meinte Apollos.

„Welche?"

„Ich werde Ephesus bald verlassen. Vielleicht schon morgen oder übermorgen."

„Nein!" platzte Aquila heraus.

Apollos lachte kopfschüttelnd. „Deine Reaktion erstaunt mich. Meine Abreise sollte einen eifersüchtigen Ehemann doch erfreuen, obwohl es nichts gab, um eifersüchtig zu sein. Ich gehe nach Achaia."

„Aber du mußt noch viel über Jesus lernen. Du kannst jetzt nicht gehen. Deshalb bin ich ja so früh gekommen. Der Herr hat mich gesandt, Er hat mir dich wie eine Last aufs Herz gelegt."

„Wieso das?" Apollos war seine Skepsis anzusehen.

„Du bist ein kluger und gebildeter Mann und predigst mit großem Eifer und viel Mut." Aquila schwieg einen Augenblick und fuhr dann fort: „Doch du weißt nur von der Taufe des Johannes. Das ist aber nicht genug. Du mußt mehr von Jesus erfahren und von der mächtigen Kraft des Heiligen Geistes."

„Ich weiß, daß Jesus gelebt hat", gab Apollos zu.

„Jesus hat nicht nur gelebt, sondern Er lebt noch. Er ist auferstanden und ist in den Himmel zurückgekehrt zu Seinem Vater. Doch Er lebt durch den Heiligen Geist auch in unseren Herzen. Johannes taufte nur zur Buße. Doch bei Jesus finden wir Auferstehung und ewiges Leben."

„Ich habe mir gewünscht, jemand zu begegnen, der mir mehr von Jesus sagen würde", erklärte Apollos eifrig. „Jemand, der mir meine Fragen beantworten könnte."

„Dann komme wieder zu uns", lud Aquila ihn freudig ein. „Priscilla kann sicher viele davon beantworten."

„Aber das würde sie von ihrer Arbeit abhalten", gab Apollos zu bedenken.

„Kaum, denn mir ist klar geworden, daß dies ihre eigentliche Arbeit ist", lächelte Aquila. Die beiden Männer schüttelten sich die Hände, um ihre Freundschaft zu bekräftigen.

So öffnete eine Entschuldigung das Tor für die Zeit, die Apollos mit den Zeltmachern verbrachte, die Zelte herstellten und gleichzeitig das Evangelium verkündigten. Priscilla hatte überrascht von ihrer Arbeit aufgeblickt, als sie Apollos mit Aquila eintreten sah. Sie war sprachlos, als Aquila verkündigte: „Priscilla, hier bringe ich dir einen Schüler."

Die Tage vergingen schnell und produktiv. Apollos stellte Hunderte von Fragen. Manche davon verblüfften Priscilla und machten sie fast ratlos. Und einige hätte wohl auch Paulus nicht ganz beantworten können, dachte sie.

Zwei Wochen später — Apollos machte an diesem Tag einen Besuch außerhalb der Stadt — trat Aquila einmal wie zufällig hinter Priscilla, die an ihrem Webstuhl saß, legte ihr die Hände auf die Schultern und flüsterte: „Apollos ist schon so nahe, so nahe."

„Ja", bestätigte Priscilla, „er ist sehr nahe. Wenn nur Paulus hier wäre."

„Warum?"

„Er könnte Apollos endgültig in das Reich Gottes führen."

„Paulus' Abwesenheit könnte doch gerade Gottes Wille sein. Erinnere dich daran, was Paulus über die Torheit der Evangeliumspredigt sagte. Den Jahwe-Gläubigen ist das Evangelium ein Ärgernis und den Griechen eine Torheit, doch den Gläubigen erwächst daraus die Kraft und Herrlichkeit Gottes. Vielleicht will Gott, daß ein so überaus intelligenter Mann wie Apollos wie ein Kind in das Himmelreich kommt und von Zeltmachern lernen muß."

Priscilla mußte lachen. „Ach, Aquila, gerade das hat ja Jesus gesagt: Wir müßten werden wie die Kinder, um das Himmelreich zu ererben."

Zwei Tage vergingen, ehe Apollos zurückkehrte. Er saß auf einer Matte auf dem Fußboden und aß Brot und Käse, während Priscilla ihm Fragen stellte. Sie hatten sich in den Tagen vorher über die Erfüllungen der Voraussagen der Propheten unterhalten, und Apollos hatte in seiner Abwesenheit viel darüber nachgedacht.

„Was prophezeite Micha?" fragte Priscilla, ohne von ihrer Arbeit aufzublicken.

„*Aber du, Bethlehem-Efrata, so klein unter den Städten Judas, aus dir wird Mir einer hervorgehen, der über Israel herrschen soll*", antwortete Apollos kauend.

„Und wie lautet Jesajas Prophezeiung?"

„*Denn uns ist ein Kind geboren, ein Sohn ist uns gegeben, und die Herrschaft ruht auf Seiner Schulter.*"

„Und wie wird Er genannt werden?"

„*Wunderbarer Ratgeber, mächtiger Gott, ewiger Vater und Friedefürst.*"

„Auf wessen Thron wird Er sitzen?"

„Auf dem Thron Davids."

„Apollos, was hält dich nun eigentlich noch davon ab zu sagen: »Ich glaube«?" fragte Priscilla. Apollos schwieg lange. Die anderen warteten gespannt. Da es regnete, arbeiteten alle im Hause.

„Aber ich glaube doch", erklärte Apollos endlich. „Ich glaube wirklich."

Priscilla lächelte. „Was glaubst du?"

„Ich glaube, daß Jesus der Messias und mein Erlöser ist!"

Priscilla traten die Freudentränen in die Augen. Aquila rannte zu Apollos, zog ihn hoch und umarmte ihn. Auch Josua trat heran und wartete darauf, seinen neuen Bruder in Christus ebenfalls umarmen zu können. Als er es getan hatte, schaute er ihm lange in die Augen und sagte dann: „Bruder Apollos!"

„Bruder Josua!" gab Apollos zurück, und beide umarmten sich nochmals. Aquila hatte sich Priscilla zugewandt und umarmte und küßte sie. „Du hast ihn in das Reich Gottes geführt", flüsterte er.

Nun hatten sie also ihren ersten Bekehrten — und es war ein sehr Prominenter dazu. Gerade vor Sonnenuntergang, noch am selben Tag, standen sie alle am Flußufer. Aquila ging einige Schritte in das Wasser. Als er eine Stelle gefunden hatte, an der er fest stehen konnte, wandte er sich wieder dem Ufer zu, wo Apollos, Josua, Kara und Priscilla standen. Als er Apollos' Namen rief, führte Josua den Neubekehrten in das Wasser zu Aquila. Dieser legte Apollos eine Hand auf den Kopf, die andere auf die Schulter und betete mit ihm.

Nach dem Gebet nahm er die Hand von Apollos' Kopf, legte sie um seinen Rücken und sagte: ,,Damit taufe ich dich im Namen des Vaters und des Sohnes und des Heiligen Geistes in Jesu Erlösung und Seinen Tod hinein.'' Nun tauchte er ihn kurz unter Wasser und hob ihn wieder heraus.

Apollos stand zwischen Aquila und Josua. Das Wasser lief ihm in Rinnsalen vom Kopf über das Gesicht und den Hals, doch er strahlte die beiden anderen voller Freude an. Aquila packte ihn bei den Schultern und sagte wieder: ,,Bruder Apollos!''

Lachend stieg Apollos aus dem Wasser und blieb vor Priscilla stehen. Voll Dankbarkeit und innerer Bewegung sagte er: ,,Wären deine klugen Unterweisungen nicht gewesen, ich hätte vielleicht nie zu Jesus gefunden.''

Priscillas Herz war bewegt und voller Freude, als sie Apollos zunickte und dann auf die untergehende Sonne schaute. *Wer weiß*, dachte sie, *wie viele Menschen durch seinen Dienst in das Reich Gottes finden werden?* Der Herr hatte sie und ihre Familie wirklich gesegnet mit einem wunderbaren Dienst, den sie auch hier in Ephesus weiter in aller Treue tun wollten.

Dankbar und freudig machte sich die kleine Schar der Gläubigen im letzten Abendlicht auf den Heimweg.

34. Kapitel

Paulus blickte zur Sonne hinauf und wischte sich den Schweiß von der Stirn, als er zu Kara und Priscilla trat, die unter dem alten Feigenbaum saßen. „Man wartet ja wieder in der Vorlesungshalle auf mich", sagte er.

Priscilla nickte. „Wir wollen dich nicht aufhalten."

Er blickte wieder zur Sonne hinauf. „Ich mußte gerade daran denken, daß die Sonne an dem Tag, an dem ich nach Ephesus zurückkehrte, ähnlich heiß brannte. Kann das wirklich schon zwei Jahre her sein?"

Priscilla lächelte. „Es waren zwei gesegnete Jahre."

Paulus nickte. „Ich hätte nicht gedacht, daß ich so lange hierbleiben würde. Aber solange die Leute in Tyrannus' Vorlesungshalle kommen und die Jahwe-Gläubigen sich anständig benehmen, soll es wohl so sein. Ich werde also fortfahren, am Morgen Zelte zu nähen und am Nachmittag die Botschaft von Jesus auszusäen. Ich hoffe, Gott wird beides weiterhin segnen."

„Ja, während andere Männer sich ausruhen", warf Kara ein.

„Ein Mittagsschläfchen machen, meinst du? Die Epheser brauchen eben ihren Schlaf."

„Nicht nur die Epheser, denke ich", stellte Kara fest.

„Und was möchtest du damit sagen?" wunderte sich Paulus.

Kara warf einen auffordernden Seitenblick auf Priscilla. Diese erklärte: „Wir machen uns alle etwas Sorge um dich. Zuerst haben wir uns um deine Zeiteinteilung keine Gedanken gemacht. Doch dann schon. Du beginnst bei Tagesanbruch zu arbeiten. Gegen Mittag ißt du schnell etwas, und ohne auszuruhen gehst du bis gegen vier Uhr in die Vorlesungshalle."

„Ich würde ja noch länger predigen, aber meine Zuhörer verlassen mich, wenn die Geschäfte und Werkstätten wieder öffnen."

„Aber sieh, auch du brauchst mehr Ruhe. Jeden Tag arbeitest du, und jeden Tag predigst du und kommst erst bei Sonnenuntergang zurück."

„Macht euch keine Sorgen, der Herr gibt mir die Kraft, die ich brauche. Solange ich Gelegenheit habe, will ich arbeiten."

Paulus hielt inne, weil eine junge Frau den Garten betrat. Sie war ausnehmend hübsch, hatte ganz dunkle Augen und langes schwarzes Haar. Priscilla klatschte freudig in die Hände und rief: „Hallo, Neti! Hast du zu uns gefunden?"

„Es war nicht sehr schwer, denn fast jeder weiß, wo der große Redner wohnt und arbeitet." Ihr leuchtend blaues Gewand war mit silberner Borte abgesetzt, die im Sonnenschein glitzerte. Paulus sah an der Kleidung, am Schmuck und an den zwei Sklaven, die sie begleiteten, daß sie einen reichen Gatten haben mußte.

„Neti, das ist Paulus", stellte Priscilla ihn vor. „Ich lernte Neti im Bad kennen, weil ich immer nach jemand Ausschau halte, mit dem ich mich gut unterhalten kann. Wir haben über viele wichtige Dinge gesprochen. Doch Neti hat einige Fragen, die vielleicht besser du beantwortest, Paulus. Übrigens, Netis Gatte ist ein Silberschmied."

„Und offensichtlich ein erfolgreicher", fügte Paulus hinzu. Neti wurde rot und blickte zu Boden.

Priscilla führte sie zu einem Hocker, der in der Nähe von Paulus' Arbeitsplatz stand. Mit warnendem Unterton sagte sie: „Neti hat einige Fragen an dich."

„Und du kannst sie nicht beantworten?" lächelte Paulus. „Warum bekomme ich immer die schweren gestellt?"

„Vielleicht ist jetzt nicht die rechte Gelegenheit. Ich könnte ein anderes Mal wiederkommen", entschuldigte sich Neti schüchtern.

„Du bist nun einmal hier", ermutigte Paulus sie. „Ich kann noch ein wenig arbeiten und dir zuhören. Dann will ich sehen, ob ich deine Fragen beantworten kann."

„Würdest du gern etwas Kühles trinken?" fragte Kara. Neti nickte, und Kara ging ins Haus.

„Die Fragen müssen recht kompliziert sein, wenn Priscilla sie nicht beantworten kann", meinte Paulus, „denn sie ist eine ausgezeichnete Lehrerin." Sie wurde rot bei diesem Kompliment.

„Herr", begann Neti, „überall wird von deinen Lehren erzählt. Sie sagen, du seist ein großer Denker, ein weiser Mann und ein hervorragender Philosoph."

„Jetzt willst du mir schmeicheln", lachte Paulus. „Verbringen große Philosophen ihre Zeit etwa mit Häuten, aus denen sie Zelte herstellen? Aber vielleicht hast du ja auch noch anderes über mich gehört?" Sie blickte verlegen zu Boden. „Ich dachte es mir", nickte er. „Das klingt dann etwa so: Dieser Paulus ist verrückt, er ist ein Schwärmer und ein Freigeist und ist gegen die Wahrheit. Ist es nicht so?"

„Aber Herr, ich glaube diesen Reden nicht", widersprach Neti. „Ich glaube vielmehr, was Priscilla mir erzählt."

„Das ist gut", nickte Paulus. „Also, was bewegt dich?"

„Herr, ich habe eine junge Dienerin, die jahrelang krank war. Sie mußte eine Besorgung in der Nähe der Vorlesungshalle machen und konnte hören, was du predigtest."

„Meine Gegner sagen ja, ich sei laut genug, um mich noch einige Straßen weiter zu hören und würde ihren Mittagsschlaf stören."

„Die Krankheit wurde so schlimm", fuhr Neti fort, „daß ich glaubte sie würde sterben. Dann brachte eine andere Sklavin eines deiner Taschentücher mit und legte es auf ihre Stirn. Ich meinte, sie wolle ihre Augen bedecken, weil sie ihren Tod erwartete." Sie hielt inne.

„Rede nur weiter", ermutigte Paulus sie.

„Nun, am nächsten Morgen hat sie mir das Frühstück serviert.

„Die Sklavin, die das Taschentuch brachte?"

„Nein, sondern das todkranke Mädchen. Sie war völlig gesund, und ihr Gesicht strahlte."

„Und heute?" erkundigte sich Priscilla interessiert.

„Es geht ihr immer noch gut."

„Wie lange ist das her?"

„Einige Monate. Und deshalb, Herr . . ." Sie verstummte.

Paulus trank einen Schluck Tee. „Und deshalb?" fragte er.

„Herr, bist du ein Magier?" fragte Neti.

„Ein Magier?" platzte Paulus heraus. „Sagtest du Magier? Nein, natürlich nicht." Er hob ein Stück Tuch hoch. „Ich bin ein Zeltmacher."

„Aber du hast doch Kraft", wunderte sich Neti. „Außergewöhnliche Kraft. Ich habe viele andere Berichte über dich gehört. Sie sagen, ein Kranker muß versuchen ein Tuch oder Kleidungsstück zu bekommen, das du berührt hast."

„Wer sagt das?"

„Die Leute überall in Ephesus."

Paulus runzelte die Stirn, blickte erst Neti an und wandte sich dann an Priscilla. „Stimmt das?"

„Auch ich habe solche Geschichten von deiner angeblichen Kraft gehört", nickte sie.

Paulus meinte spöttisch: „So, so, da bin ich also ein Magier. Kein Wunder, daß immer meine Taschentücher und Schürzen verschwinden. Ich werde in Zukunft noch besser auf meine Kleidung aufpassen, wenn ich einmal ins Bad gehe."

„Es könnte sonst geschehen, daß man dich den nackten Philosophen nennt", kicherte Kara in dem Versuch, die Atmosphäre zu entspannen.

„Aber, Herr, du hast doch Kraft!" rief Neti. „Alle wissen das."

Paulus schüttelte den Kopf. „Neti, ich habe keine Kraft. Schau mich doch an. Sieht ein Magier so aus? Ich bin nur ein Mensch — ein Zeltmacher."

„Aber sie sagen, in Derbe wollten die Zeusanbeter dir Opfer bringen, sie nannten dich Hermes."

„Ach, Derbe." Paulus machte eine verächtliche Handbewegung. „Der Priester dort hat einfach seinen Verstand verloren. Er ließ einen Altar bauen und brachte Stiere herbei. Ich hatte alle Mühe, ihn von seinem Vorhaben abzubringen."

„Aber warum hieltest du ihn auf? Du hast dort doch einen Mann geheilt, der noch nie in seinem Leben laufen konnte."

„Woher weißt du das alles?" Paulus schüttelte erstaunt den Kopf.

„Es ist dein Ruf, Herr. Überall ist bekannt, daß du Wunder tun kannst."

„Es sollte ebenso bekannt sein, daß ich weder ihn noch andere heilte. Gott hat das getan. Ich habe den armen Mann nur angeschaut. Als ich seinen Glauben erkannte und seinen Wunsch, gehen zu können, sagte ich einfach zu ihm: »Im Namen Jesu Christi, stehe auf und gehe.«"

„Und ging er?" fragte Kara atemlos.

„Er sprang auf und begann zu gehen." Paulus machte es vor. „Zuerst ziemlich unbeholfen, aber dann ging es immer besser."

„Er war von Geburt an lahm?" Karas Stimme war voller Skepsis.

„So sagte man mir", nickte Paulus.

„Sie sagen auch, du könntest ein reicher Mann sein", sagte Neti schüchtern.

„Ich bin ein reicher Mann." Priscilla schnaufte laut bei dieser Erklärung. Paulus hob schnell die Hände: „Natürlich nicht in der Weise, wie die Epheser oder die meisten Jahwe-Gläubigen sich Reichtum vorstellen, sondern anders. Ich habe einen guten Beruf. Ich habe einen Verstand. Ich habe Freunde wie Aquila und Josua. Was kann sich ein Mann mehr wünschen?"

„Eine Frau", murmelte Kara vor sich hin.

„Warum nimmst du kein Geld für deine Kraft?" fragte Neti jetzt offen.

„Ich habe keine Kraft, für die ich Geld nehmen könnte." Paulus' Stimme klang jetzt etwas ungeduldig. „Was immer ich tue geschieht in Seiner Kraft, nicht in meiner."

„In Seiner Kraft?"

„Jesus von Nazareth lebt in mir", erklärte Paulus fest. Als er Netis verwunderten Blick sah, fügte er hinzu: „Er wohnt durch den Heiligen Geist hier in meinem Herzen."

„Der Heilige Geist?"

„Erinnerst du dich, daß ich dir vom Heiligen Geist erzählte, Neti?" mischte sich Priscilla ein. „Unser Gott ist nicht wie die Artemis. Ihr Epheser geht in ihren Tempel oder stellt euch kleine silberne Götzenbilder ins Haus, wie die Handwerker deines Mannes sie anfertigen. Doch unser Gott lebt in unseren Herzen."

„Wie kann das sein?" wunderte sich Neti kopfschüttelnd. „Aber ich weiß jedenfalls, daß meine Sklavin gesund ist. Und ich möchte auch gesund werden." Ihr Kopf sank herab und Tränen traten in ihre Augen. Mit erstickter Stimme fuhr sie fort: „Ich war nicht in der Lage, meinem Gatten ein Kind zu schenken. Deshalb bin ich zu dir gekommen. Wenn du deine Kraft gebrauchen würdest oder mir vielleicht ein Tuch gibst — damit ich ein Kind bekommen kann?"

„Und warum ist ein Kind so wichtig?" fragte Paulus.

Kara runzelte die Stirn. *Männer*, dachte sie ärgerlich. *Jeder weiß, warum ein Kind wichtig ist. Ihr Mann könnte sie verstoßen, wenn er zu lange warten muß. Das arme Mädchen läge dann auf der Straße. Nicht einmal ihre Familie würde sich in solchem Fall um sie kümmern.* Kara schüttelte den Kopf.

„Ich habe keine Kraft", erklärte Paulus nochmals. „Ich bin kein Magier, sondern eben ein Zeltmacher. Aber ich kenne jemand, der Kraft hat."

„Oh, Herr, mein Gatte ist ein reicher Mann. Er würde jeden Preis bezahlen, wenn..."

„Diese Gaben und diese Kraft kann man nicht kaufen."

„Aber du hast anderen Menschen geholfen", bat Neti.

„Neti, Magiere bringen übernatürliche Kräfte oft mit blutbefleckten oder schweißgetränkten Tüchern in Verbindung. Solche Kraft habe ich nicht."

Neti schien verzweifelt. Priscilla legte ihr tröstend eine Hand auf die Schulter. Neti wandte sich an sie: „Erkläre ihm doch bitte, Priscilla, daß ich alles tun würde, um ein Kind zu bekommen. Alles!"

„Neti", sagte Paulus, „die einzige Kraft, die ich kenne, liegt in Jesus Christus. Du brauchst Jesus Christus viel dringender als ein Kind. Dann wirst du den tiefen Frieden erfahren, den Er bringt."

„Das ist wahr, Neti", bestätigte Priscilla. „Jesus gibt einen Frieden, den die anderen Menschen nicht verstehen und uns auch nicht nehmen können. Er ist bei uns."

„Ich verstehe nichts von diesem Jesus, von dem ihr redet, aber ich muß bald ein Kind haben. Ich habe zu Artemis gebetet, aber sie achtet nicht auf mich und meine Opfer. Ich habe Blumenkränze gebunden und vor ihrem Altar niedergelegt, und mich daneben, und zu ihr gefleht."

„Neti, das wird dir alles nichts nützen. Eine Statue kann dir nicht helfen. Artemis hat keine Ohren, wie soll sie dich also hören. Weder fühlt sie deinen Kummer, noch sieht sie deine Tränen. Artemis ist nichts als ein Klumpen Silber", redete Priscilla ihr zu.

„Aber ich kann sie sehen."

„Aber sie kann dich nicht sehen", antwortete Priscilla. Paulus nickte ihr anerkennend zu. „Unser Gott aber sorgt wie ein Hirte für Seine Schafe." Neti begann leise zu weinen.

Priscilla umarmte die junge Frau sanft. „Neti, unser Herr kennt Seine Schafe mit Namen, und Er ruft sie zu sich."

Schweigend sah Paulus zu. Priscillas Zartheit bewegte ihn. Sie überraschte ihn immer wieder. Wie fein hatte sie doch Apollos zu Christus geholfen. Und Paulus mußte zugeben, daß viele Apollos lieber predigen hörten als ihn. Wer konnte sagen, wie viele Menschen bisher schon durch die kraftvollen Predigten von Apollos zu Jesus gekommen waren. Und der Herr hatte durch Priscillas Freimütigkeit damit beginnen können.

Er stand auf und trat zu Priscilla und Neti. Sanft legte er seine Hände auf den Kopf der jungen Frau und betete: „Hilf ihr, Gott, damit sie Frieden und Freude in Jesus findet." Damit verließ er Hof und Garten und ging zur Vorlesungshalle.

Unterwegs dachte er wieder einmal an die hitzigen Diskussionen und bitteren Anklagen, die ihn aus der Synagoge vertrieben hatten. Die ersten drei Monate waren sehr gut gewesen. Die Jahwe-Gläubigen schienen die Botschaft von Jesus ganz hungrig aufzunehmen. Doch nach und nach hatten einige hartherzige und dickköpfige Männer die anderen gegen Paulus aufgebracht.

Er hätte wieder, wie in Korinth, im Hause Aquilas und Josuas die Versammlungen fortsetzen können. Doch dann fand er heraus, daß die Vorlesungshalle jeden Nachmittag leer stand. Tyrannus lehrte dort in den Vormittagsstunden Philosophie und war gern bereit, sie Paulus am Nachmittag zur Verfügung zu stellen. Lachend meinte er dabei, er könne sich zwar nicht vorstellen, daß die Anhänger von Artemis auf ihren Mittagsschlaf verzichten würden, nur um Paulus zuzuhören.

Doch es stellte sich heraus, daß in diese Halle die Epheser in großer Anzahl kamen. Viele wären nie in eine Synagoge oder in ein Privathaus gegangen. Aber hier machte es ihnen nichts aus. Gott hat viele Möglichkeiten, um Menschen zu erreichen. Seine Gegner unter den hebräischen Jahwe-Gläubigen hatten ihm Übles tun wollen, aber Gott hatte es auf diese Weise um so besser gemacht. Es war wie bei Joseph, dachte Paulus, und war entschlossen, das auch Arvi, seinem Hauptgegner unter den Jahwe-Gläubigen, zu sagen.

Als Paulus an Arvi dachte, wurde er ein wenig besorgt, denn man schrieb diesem Mann großen Einfluß und große Macht in der Stadt zu. Außerdem hörte man, er sei durch irgendwelche geheimnisvollen Kräfte auch in der Lage Wunder zu tun. Doch nichts durfte die Menschen davon ablenken, sich zu Jesus zu wenden und Ihn anzunehmen. ,,Hilf mir, o Gott", betete er, während er sich der Vorlesungshalle näherte, ,,daß es mir gelingt, Dich und Deinen Sohn Jesus Christus in dieser Stadt groß zu machen."

35. Kapitel

Demetrius, der Silberschmied, lächelte, als er die Artemis-Figur in seiner Hand langsam drehte. Sie war einmalig — angefertigt von seinen Meisterhänden. Sie übertraf alles, was die Epheser bisher gesehen hatten. Wie viele Stunden waren es, die er an diesem Meisterstück gearbeitet hatte? Ach — darauf kam es wohl gar nicht an.

Hier, wie in den meisten anderen Städten des Orients, wohnten die Handwerker eines Berufszweigs jeweils sehr dicht nebeneinander. So kannte jeder des anderen Geschäft. Doch Demetrius hatte im Verborgenen gewirkt und gelogen, um diese Arbeit geheimzuhalten. Er hatte den Blasebalg ganz vorsichtig benutzt, um die Temperatur des Feuers immer gleich zu halten. Die anderen Silberschmiede würden ihm nun Fragen stellen über seine angewandte Methode und anderes mehr. Doch er würde nichts preisgeben. Die Methode, um ein solches Meisterstück herzustellen, sollte sein Geheimnis bleiben.

Er lächelte, als er seine Arbeit bewunderte, und er erinnerte sich an den Nachmittag, an dem ihm der Gedanke für diese Statue gekommen war. Er hatte bei einer Tempelprostituierten gelegen und war erschöpft von der vorangegangenen Leidenschaft. Die besten Ideen kamen ihm meist nach Augenblicken der Ekstase und religiösen Leidenschaft.

Er verdankte Artemis alles. Sie hatte sein Geschäft mehr blühen lassen als die der anderen Silberschmiede. Sie hatte bewirkt, daß er das höchste Ansehen in der Stadt genoß. In den meisten anderen Geschäften konnte man die billigen und einfachen Figuren finden; doch die Reichen, die nach Ansehen

Strebenden und die wahren Artemisanbeter kamen alle in sein Geschäft, um wirklich die besten Stücke kaufen zu können.

Er seufzte. Es würde ihm schwerfallen, diese Figur hier zu verkaufen. Vielleicht sollte er sie selbst behalten, überlegte er? Sicher würde er Kummer empfinden, wenn jemand sie erwarb und davontrug. Doch nur, wenn ein angesehener Kunde sie kaufte, würde sein Ruhm als Künstler dadurch noch besser vermehrt werden.

Das jährliche Hauptfest des Tempels rückte näher. Dann würden die Artemisanhänger in Scharen nach Ephesus kommen. Die Straßen und Plätze würden voll von ihnen sein, und überall würde man sie rufen hören: „Groß ist Artemis!" Sie würden die Sportveranstaltungen in der Arena besuchen, den Schauspielern im Theater Beifall spenden und den Musikern und Sängern im Odeon lauschen. Natürlich würden sie immer wieder zu den Festlichkeiten in den Tempel strömen — und sie würden sich in die Läden der Silberschmiede drängen, um Statuen für ihre Häuser und viele andere Andenken zu kaufen.

Wenn er diese Meisterfigur hier ausstellte, würde sich sein Ruf unter den Pilgern wie ein Feuer verbreiten. Wenn auch die wenigsten sich eine solche Figur würden leisten können, so würden doch die meisten etwas bei dem berühmten Meistersilberschmied kaufen wollen. Diese Figur würde ihm neuen Reichtum und neuen Ruhm bringen.

Devius räusperte sich. Demetrius wandte sich ihm zu. „Was gibt es?" fragte er ungeduldig.

„Ich habe nochmals alles durchgerechnet, Herr, wie du befohlen hast."

„Und?"

„Das Ergebnis bleibt wie vorher."

„Wie kann das sein?" rief Demetrius und sprang auf. Der Sklave duckte sich ängstlich, denn schon oft hatte Demetrius ihn geschlagen.

„Herr, ich weiß es auch nicht", sagte Devius bekümmert. „Die Figuren verkaufen sich nicht mehr so gut." Er legte seinem Herrn die auf Papyrus geschriebenen Zahlenkolonnen vor.

Demetrius fluchte, als er mit dem Finger an den Zahlen entlangfuhr. „Es ist unmöglich, daß wir nur so wenige von diesen Figuren verkauft haben. Schau hier, das sind die billigsten. Früher verkauften wir davon immer eine weit höhere Stückzahl."

Demetrius überlegte: Seine neuen Bestellungen für das kommende Fest waren so hoch wie in den anderen Jahren, aber da er noch zu viele alte Bestände hatte, würde er viel zu viel Ware am Lager haben. Dadurch wiederum würden die Preise fallen. Er konnte sich ruinieren oder bei den anderen Silberschmieden lächerlich machen. Ärgerlich schüttelte er den Kopf und sah den Sklaven zornig an.

Furchtsam stotterte Devius: „Ich bin sicher, daß ich richtig gezählt habe, Herr."

Schimpfend folgte Demetrius dem Sklaven in den Lagerraum. Er mußte zugeben, daß er in letzter Zeit so mit der Herstellung der neuen Figur beschäftigt gewesen war, daß er sich um den Verkauf der anderen Dinge, vor allem der billigeren, die er von anderen Werkstätten einkaufte, nicht gekümmert hatte. Artemis würde schon das Ihre tun, wenn er sich so sehr mit einer neuen Figur von ihr abmühte, darauf hatte er vertraut. Doch jetzt schnaufte er ungläubig, als er die langen Reihen der kleinen Figuren sah, die noch überall auf den Regalen standen. Devius hatte recht.

Doch wie konnte das sein? Er ging von Regal zu Regal. Die Leute hatten doch immer die Figur von Artemis mit den Löwen gern gekauft, oder die andere hier, die den Tempel selbst darstellte? Ohne ein weiteres Wort zu sagen verließ Demetrius ärgerlich den Raum.

Paulus blickte von seiner Arbeit auf und lächelte den jungen Mann an, der ihm gegenübersaß. Faltius war nahe daran sich zu Jesus zu bekehren, das konnte man aus seinem Eifer ersehen, mit dem er Fragen stellte. Doch ein gewisses Zögern war noch vorhanden. In mancher Weise erinnerte Faltius ihn an Timotheus: Eben noch so ernst, und dann wieder so kindlich naiv.

Faltius beugte sich eifrig vor und fragte: „Woher weißt du, daß Jesus wirklich bei dir ist?"

Paulus antwortete: „Hat dein Vater nicht viele Möglichkeiten, dir klar zu machen, daß er dein Vater ist? Muß er dir deshalb jeden Augenblick neu versichern: Du bist mein Sohn?"

„Natürlich nicht. Ich weiß, daß ich sein Sohn bin."

„Siehst du!" nickte Paulus. „Aber woher weißt du das?"

„Nun, ich lebe in seinem Haus, ich esse an seinem Tisch, ich arbeite für meinen Vater, ich höre ihm zu und..."

„Und?" Paulus machte eine Bewegung mit der Nadel.

„Und ich gehorche ihm."

„Aha, du gehorchst ihm. Nun, auf die gleiche Weise wissen wir, daß wir Gottes Kinder sind. Er lebt durch den Heiligen Geist in uns, und dieser Geist bezeugt uns das immer wieder. Und wir gehorchen Ihm. Wir folgen darin dem Beispiel Jesu."

Demetrius lief ärgerlich durch die Straßen. Er versuchte seine Gedanken zu ordnen. Er hatte mit zwei anderen Silberschmieden gesprochen, mit Trevius und Caius; auch sie hatten ihm bestätigt, daß der Verkauf rapide nachließ. Plötzlich fiel ihm etwas ein: Er hatte doch einen hebräischen Jahwe-Gläubigen mit Namen Aquila aufsuchen wollen, um bei ihm ein kleines Zelt zu bestellen. Es brauchte wirklich nur ein kleines zu sein, das er kurz vor dem Fest unten am Hafen aufstellen wollte, damit die ankommenden Pilger gleich bei ihm zuerst kauften. Tvia hatte ihm empfohlen, zu diesem Aquila zu gehen, da dieser gute Arbeit zu vernünftigen Preisen lieferte.

Er blickte sich um und stellte fest, daß er nicht allzuweit von den Straßen entfernt war, wo die Zeltmacher ihre Werkstätten hatten und fragte, als er dort angekommen war, nach Aquilas Haus. Der Gefragte deutete auf ein offenstehendes Hoftor, einige Häuser weiter.

Als er fast am Tor war, blieb er stehen, weil aus dem Hof die Worte einer klaren und kultivierten Stimme deutlich bis zu ihm drangen. „Faltius", hörte er die Stimme sagen, „Artemis ist überhaupt keine Göttin, sie ist nur eine Statue. Von Menschen gemachte Götzen sind keine Götter, die man anbetet. Du verschwendest deine Zeit und dein Geld, wenn du ihr Opfer bringst und solche kleinen Figuren kaufst."

Demetrius konnte kaum glauben, was er soeben gehört hatte. Sein Herz klopfte heftig, und er rieb sich über die Stirn. Die Erklärung: „Artemis ist überhaupt keine Göttin", hatte ihn total schockiert. Zorn packte ihn. Doch ihm wurde auch klar, daß er besser noch mehr hören mußte, ehe er etwas unternahm.

Im Hof fuhr die Stimme fort: „Geh nur hin und kaufe dir eine Statue von deiner großen Göttin Artemis. In Wirklichkeit hast du dein Geld dann für ein Stück Silber ausgegeben. Du hast einen Gott, der von Menschenhand gemacht ist. Solche Götter und Göttinnen sind total wertlos."

„Du beleidigst unsere Göttin", hörte er eine andere bebende Stimme antworten. *Das ist noch sehr milde ausgedrückt*, dachte Demetrius.

„Ach, Faltius, Artemis ist ja gar keine Göttin, die man beleidigen kann. Sie ist doch nur ein Stück Silber, das man besser einschmelzen würde, um damit die Armen und Kranken zu ernähren. Sieh dagegen unseren Gott: Er besteht nicht aus irgendeinem Material, das von Menschenhand geformt werden kann. Dazu ist Er viel zu groß. Er ist der Gott, der alle Dinge geschaffen hat und der alle Dinge kennt. Er muß größer sein als alles andere, sonst wäre Er nicht unser Gott und Schöpfer. Und bedenke einmal: Dieser unendlich große und allmächtige Gott hat Seinen eigenen Sohn als Opfer gegeben, um uns von unseren Sünden zu erlösen. Doch solange ein Mensch noch falschen Göttern dient, kann er den wahren Gott nicht finden."

Die andere Stimme antwortete: „Solange ich dir zuhöre, ist mir alles ganz klar, und ich verstehe es auch. Aber wenn ich dann wieder bei meinem Vater bin, scheint mir Artemis wieder richtig zu sein. Ich weiß einfach nicht."

Demetrius ballte seine Hände zu Fäusten. Am liebsten wäre er in den Hof gerannt und hätte diesen Gotteslästerer geschlagen.

„Kann ich dir irgendwie helfen?" fragte eine Stimme. Demetrius blickte überrascht auf. Am Hoftor stand ein Mann und blickte ihn an. „Ich bin Aquila. Vielleicht suchst du nach unserem Geschäft?"

Demetrius blickte den anderen an. Wenn das der Zeltmacher war, wem gehörten dann die Stimmen im Hof? Er mußte herausbekommen, wer der Gotteslästerer war. Ungestraft durfte er nicht bleiben. Er würde ihn anzeigen. Also mußte er unbedingt in den Hof. Da war sein Wunsch nach einem Zelt gerade richtig. Er entspannte sich und sagte: „Ja, ich suchte nach dir, wenn du Aquila bist. Ich brauche ein kleines Zelt, und Tvia hat dich mir empfohlen."

„Wie bald würdest du das Zelt brauchen?"

„Für das bevorstehende Fest." Demetrius sah den gehetzten Ausdruck in Aquilas Augen.

„Alle brauchen scheinbar für das Fest noch ein Zelt", erklärte Aquila seine Reaktion. „Doch komme herein, wir können besprechen, was du dir vorgestellt hast. Unser Preis wird vernünftig sein, wenn wir die Arbeit noch übernehmen können." Aquila machte eine einladende Handbewegung.

Als Demetrius mit Aquila den Hof betrat, sah er einen Mann an einem Arbeitstisch sitzen und nähen, Ihm gegenüber saß ein junger Bursche. Er hörte den Mann sagen: „Vergeude also dein Geld und deine Zeit nicht mit silbernen Göttern, sondern suche den einzigen und wahren Gott."

Dies war die gleiche Stimme, die er draußen schon gehört hatte, sie gehörte also zu diesem Narren. Und der junge Mann gehörte geprügelt, weil er sich so etwas anhörte. Die Männer blickten auf, als Aquila und Demetrius näher traten. „Das ist mein Mitarbeiter Paulus", stellte Aquila ihn vor. Paulus neigte grüßend den Kopf. „Deinen Namen habe ich nicht richtig verstanden", wandte sich Aquila jetzt an Demetrius.

Demetrius antwortete nicht sofort, sondern prägte sich das Gesicht dieses Paulus ein. Dabei mußte er sich eingestehen, daß er in ein bemerkenswertes und ausdrucksvolles Antlitz blickte. „Wie ist dein Name?" fragte Aquila nochmals.

„Demetrius."

„Ah", sagte Paulus, „der Silberschmied."

„Woher kennst du mich?" Paulus schüttelte den Kopf. „Ich kenne dich nicht, aber ich habe deine Statuen gesehen. Du bist wirklich ein Künstler."

Demetrius wunderte sich. War dieser Mann noch bei Sinnen? Eben noch hatte er über alle silbernen Götterfiguren geschimpft, und nun lobte er ihn. Nervös antwortete er: „Ich genieße ein hohes Ansehen in dieser Stadt."

„Nicht nur in dieser Stadt, Herr", verbesserte Paulus ihn, „sondern weit darüber hinaus."

„Er ist der Beste", mischte sich Faltius in das Gespräch. „Mein Vater hat viele Figuren von dir gekauft."

Demetrius betrachtete den Jungen und erkannte ihn jetzt. *Noch vor Sonnenuntergang werde ich mit deinem Vater reden, mein Junge; dann wirst du dir wünschen, du wärest diesem Gotteslästerer nie begegnet,* dachte er.

„Demetrius hat Interesse an einem Zelt", erklärte Aquila.

„Dann ist er ja am richtigen Ort", lächelte Paulus. „Wie groß soll es denn sein?"

Aquila zeigte ihm Muster und Zeichnungen seiner Arbeit, während Demetrius langsam erklärte, was er sich vorgestellt hatte. Doch er zögerte sehr. Von diesem hebräischen Jahwe-Gläubigen, der einen gotteslästernden Mitarbeiter hatte, würde er kein Zelt kaufen. Doch er benötigte noch Informationen. Wie konnten diese Jahwe-Gläubigen es wagen nach Ephesus zu kommen, hier ihrem Beruf nachzugehen und dabei die Göttin der Stadt so beleidigen?

Also blieb Demetrius noch. Denn seine Ergebenheit für Artemis war überall bekannt. Für die Göttin hätte er fast alles getan. Vor allem wollte er noch mehr über diesen Paulus wissen.

Es war ein erstaunlicher Nachmittag, und er wurde länger als sonst. Denn während man sich überall in der Stadt auf das kommende Fest vorbereitete, war in der Vorlesungshalle des Tyran-

284

nus der Heilige Geist über die Zuhörer gekommen und hatte ihre Herzen so mächtig ergriffen, daß sie ihre Gemeinschaft mit Gott und untereinander auf eine ganz neue Weise erlebten.

Sie konnten nicht erklären, was in ihnen geschah. Doch viele standen auf und bekannten öffentlich ihre Sünden der verschiedensten Art, vom Götzendienst bis zu den schlimmsten Perversionen. Der Heilige Geist begann Sein heilendes Werk in den Herzen derer, die von Ihm ergriffen worden waren. Es lag jetzt Stille über der Versammlung, nachdem Gott durch Jesus Christus um Vergebung gebeten worden war. Was hätte auch noch mehr gesagt werden können? Auch in Paulus' Augen glänzten Tränen, als er nach längerer Zeit seine Hände emporhob und sagte:

> *Herr, tue meine Lippen auf, daß mein Mund Dein Lob verkünde.*
> *Denn Du hast keine Lust am Schlachtopfer, sonst gäbe ich es;*
> *Brandopfer gefällt Dir nicht.*
> *Die Opfer Gottes sind ein zerbrochener Geist;*
> *ein zerbrochenes und zerschlagenes Herz wirst Du, Gott, nicht verachten.*
> *Erschaffe mir, Gott, ein reines Herz, und erneuere in mir einen festen Geist.*
> *Wie ein Vater sich über seine Kinder erbarmt, so erbarmt sich der Herr über alle, die Ihn fürchten.*
> *Und so hoch wie der Himmel über der Erde ist, so groß ist Seine Liebe zu denen, die Ihn fürchten.*
> *Und so weit wie der Osten entfernt ist vom Westen, so weit hat Er unsere Sünden von uns hinweggetan.*

Paulus schwieg wieder eine Zeit und sagte dann: ,,Meine Brüder, der Herr hat durch Seinen Geist mächtig in unserer Mitte gewirkt. Es ist nicht leicht, vor den anderen Brüdern die Sünden zu bekennen. Doch es ist keinesfalls ein Zeichen von Schwäche, sondern von Mut und Stärke. Dazu beglückwünsche ich euch." Zustimmendes Gemurmel wurde unter den Versammelten laut.

Paulus fuhr fort: „Wir wollen aber den schwachen Brüdern besonders helfen. Die meisten unter uns waren in den Artemis-Götzendienst verwickelt. Das ist nicht ihre Schuld, denn sie wurden von Kind an so gelehrt. Doch wir müssen den Mut haben und uns von allem lossagen, was mit diesem Götzendienst zu tun hat."

Ein Mann in der Mitte der Versammlung hob die Hand. Paulus forderte ihn durch eine Geste auf zu sprechen. „Herr", begann er, „was soll ich mit meinen Artemisfiguren und Medaillons tun? Werfe ich sie fort, findet jemand anders sie. Verschenke ich sie, ermutige ich andere vielleicht, sie zu gebrauchen. Verkaufen möchte ich sie auch nicht, denn ich möchte mit diesen Götzendingen kein Geld verdienen."

Josua meldete sich. „Wir könnten sie vielleicht einschmelzen. Das würde auch noch manche der schwächeren Brüder ermutigen."

„Das ist ein guter Gedanke", rief ein anderer. „Wann soll es geschehen?"

„Wie wäre es morgen nachmittag?" schlug Aquila vor.

„Oder heute abend!" rief ein anderer. „Auf diese Weise würden viele andere den Feuerschein sehen und erkennen, wie ernst wir es mit Jesus meinen."

Dieser Gedanke fand allgemeine Zustimmung. Paulus setzte eine Zeit fest. Dann ging er mit Aquila und Josua zurück zu ihrem Haus. „Gott hat mächtig in unserer Mitte gewirkt", sagte er zu den beiden anderen.

„Werden sie heute abend ihre Statuen und Medaillons bringen?" fragte Aquila.

Paulus überlegte. „Einige werden es tun, andere nicht. Es läßt sich immer schlecht voraussagen, was Menschen tun werden. Aber jene, die gehorchen, wird Gott überreichlich segnen."

Gegen Sonnenuntergang stand Paulus vor dem großen, knistern-
den Feuerstoß, den Aquila und Josua errichtet und angezündet
hatten. Nach und nach trafen die gläubigen Epheser ein. Nicht
nur die Männer, sondern auch Frauen und Kinder, Sklaven,
Diener und einige neugierige Jahwe-Gläubige und Artemisanbeter, die erfahren hatten, was hier geschehen sollte. Der Hof und
der Garten waren voller Menschen, und auch auf der Straße
drängten sich noch andere. „Wann beginnen wir?" fragte
Aquila.

Paulus trat nahe an das Feuer und rief: „Brüder, ich bin
überwältigt. Ich hätte mir nicht vorstellen können, daß so viele
kommen. Laßt uns Gott danken und Ihn bitten, daß Er auch den
schwächsten Brüdern noch Mut gibt."

Schweigen herrschte unter den Versammelten, während Paulus betete. Anschließend stimmte ein junger Jesusnachfolger
spontan die Hymne an:

Preis sei Dir, Jesus!
Preis sei dem Sohn!
Preis sei dem Vater!
Preis sei dem Geist!

Langsam wurde der Gesang von der Menge aufgenommen. Als
er im Hof verklang, hörte man ihn draußen von der Straße noch
wie ein Echo. Viele brachen in Tränen aus. Einer nach dem anderen trat zum Feuer. Sie warfen alle Artemis-Statuen und Medaillons in die Flammen. Die Hymne wurde lauter, und die
Flammen loderten heller. Männer brachten mehr trockenes
Holz und anderes brennbares Material. Immer noch kamen weitere Männer, blieben vor dem Feuer stehen und warfen hinein,
was sie mitgebracht hatten.

„Preis sei dem Vater! Preis sei dem Sohn!" Laut hallte der
Gesang immer wieder durch den warmen Abend. Die nicht-
christlichen Epheser starrten voller Erstaunen auf das, was in

ihren Augen eine sinnlose Zerstörung war. Einige von ihnen baten darum, die Dinge kaufen zu dürfen, wurden aber von den Christen zurückgewiesen.

Unter den Zuschauern stand ein Mann, der seine zornigen und haßerfüllten Blicke nicht von Paulus abwandte. Böse Gedanken erfüllten sein Herz. Es war unglaublich, was er mit ansehen mußte. Welche Narren waren das, die da alles dem verzehrenden Feuer übereigneten? Ganz zu schweigen von der Gotteslästerung, die hier geschah, wenn man Statuen der Artemis so verbrannte. Er würde dafür sorgen, daß für diese Menschen in Ephesus kein Platz mehr war.

Plötzlich jubelte die Menge. Demetrius reckte den Hals, um zu sehen, was geschah. Ein junger Mann stand vor dem Feuer. Er rief laut: ,,Ich habe keine Medaillons zu bringen, dafür aber das hier.'' Bei diesen Worten hob er eine silberne Artemis-Statue hoch in die Luft und drehte sie nach allen Seiten, damit alle sie sehen konnten. Demetrius erkannte seine Arbeit und war fast rasend vor Zorn. Dann warf der junge Mann unter den Jubelrufen der anderen die Statue ins Feuer. Ihm folgten noch eine ganze Reihe anderer, die nun ebenfalls Statuen zum Feuer brachten.

Paulus' Gesicht konnte man die Freude ansehen. *Koste es nur jetzt aus*, schwor sich Demetrius in seinem Herzen, *denn bald wirst du bereuen, jemals den Namen Ephesus gehört zu haben. Ich werde dich so zerbrechen, wie du jetzt die Statuen zerstören läßt.*

Ephesus hatte die Jahwe-Gläubigen toleriert und bis jetzt auch die Jesusnachfolger. Paulus hatte durch seine Predigten neue Gedanken zu den Philosophien der Epheser hinzugefügt. Aber Ephesus würde nicht bereit sein, religiöse Fanatiker zu ertragen. Paulus und seinen Anhängern mußte Einhalt geboten werden — und zwar bald. Entschlossen drehte Demetrius sich um und ging, gefolgt von zwei kräftigen Sklaven, die dunkle Straße hinunter.

36. Kapitel

Wäre Paulus nicht so schon in Ephesus bekannt gewesen, dann sicherlich, nachdem Demetrius sich mit ihm beschäfigt hatte. Die Bemühungen, die er jetzt unternahm, konnte man ebenfalls als meisterlich bezeichnen. Er verstand es eben, mit Worten genau so gut umzugehen wie mit dem Silber. Befriedigt lächelnd blickte er auf den bis zum letzten Platz gefüllten Raum, in dem sich seine Kollegen, Konkurrenten, Mitarbeiter, Lehrlinge und Sklaven des Silberschmiedehandwerks versammelt hatten. Sie unterhielten sich und tauschten ihre Sorgen wegen des zurückgehenden Verkaufs ihrer Waren aus.

Nachdem Demetrius das von den Christen veranstaltete Verbrennungs-Schauspiel verlassen hatte, suchte er zwei andere Silberschmiede auf, nämlich Trevius und Caius. Beide gaben zögernd zu, daß auch ihre Verkäufe, vor allem bei Statuen und Medaillons, erheblich nachgelassen hatten. Zu anderen Zeiten waren diese Männer untereinander harte Konkurrenten, machten sich gegenseitig schlecht und versuchten sich die Kundschaft abzuwerben. Das Feuer hatte Demetrius nun dazu gebracht, die Rivalität untereinander zu vergessen. Die Silberschmiede mußten sich zusammentun, um den Gotteslästerer Paulus, der sie zu ruinieren drohte, aus Ephesus zu entfernen.

Als Caius endlich von Demetrius' Ehrlichkeit überzeugt war, führte er ihn in seinen Lagerraum und zeigte ihm die noch vorhandenen Warenbestände. Kopfschüttelnd sagte er: „Wenn es so weiter geht, bin ich bald ruiniert." Er wurde immer zorniger, als Demetrius ihm berichtete, was er als Lauscher vor der Hoftür gehört und bei der Feuerversammlung gesehen hatte.

„Wir müssen etwas unternehmen!" empörte sich Caius.
Demetrius nickte. „Wir müssen hart zuschlagen."

Also beschlossen die drei, alle Silberschmiede und ihre Mitarbeiter zu einer Versammlung einzuladen. Das war nicht einfach, denn das Konkurrenzdenken und Mißtrauen mußte bei vielen erst überwunden werden. Doch da alle unter dem zurückgehenden Verkauf litten, erteilten sie zögernd ihre Zustimmung, noch dazu, da das große Fest bevorstand. Sollten sie bei dem Fest nicht die erhofften Verkaufserfolge haben, drohte allen ein sehr kritisches Jahr.

Nun waren sie in diesem Raum versammelt. Demetrius stand auf und hob die Hand, um ihre Aufmerksamkeit zu erhalten. Obwohl man untereinander im harten Wettbewerb stand, hatte man doch auch so etwas wie eine Zunftgesinnung, und Demetrius war unwidersprochen der Angesehenste und Wortführer unter ihnen. Er hatte auch seine neue Silberstatue mitgebracht, die noch eingehüllt auf dem Tisch stand. Eine bessere Gelegenheit, sie der Öffentlichkeit vorzustellen, konnte er kaum finden.

„Liebe Kollegen", begann er, „wir haben euch heute aus einigen wichtigen Gründen zusammenrufen lassen. Seit längerer Zeit sind unter uns Gerüchte über eine neue Statue der Artemis im Umlauf. Diese Gerüchte beruhen auf Wahrheit. Ich möchte euch diese Statue jetzt zeigen." Damit zog er das Tuch von der Figur und gab sie den Blicken der anderen preis. Es waren Augen von Fachleuten, die jetzt das Meisterwerk betrachteten. Demetrius konnte Bewunderung, aber auch Neid in den Gesichtern lesen.

Hier und da wurden anerkennende Rufe laut. Dann klatschten alle Beifall. Und schon brauste der vor allem an Festtagen oft zu hörende Ruf durch den Saal: „Groß ist Artemis! Groß ist die Artemis der Epheser!"

Stirnrunzelnd hob Demetrius die Hand, und langsam versiegte der Lärm. Einer der Männer fragte: „Demetrius, du stellst uns ein so großartiges Kunstwerk vor und bist doch so bedrückt? Du solltest dich freuen."

Demetrius nickte bedächtig. „Und doch hat mein Kummer berechtigte Gründe, denn auf uns Silberschmiede kommen große Probleme zu. In letzter Zeit haben sich in unserer Stadt, von uns unbemerkt, Feinde der Artemis breitgemacht, die da sagen, Artemis sei gar nicht groß. Deshalb gäbe es auch keinen Grund, sie zu loben und zu preisen und ihr in Gottesdiensten und Feiern Verehrung entgegenzubringen."

Empörtes Murren wurde unter den Männern hörbar. Demetrius ließ der Aufregung Zeit, ehe er wieder den Arm hob, um weiterreden zu können. Er blickte auf die Statue. „Ich muß zugeben, daß ich mich in den letzten Monaten eine Zeitlang sehr wenig um meine laufenden Geschäfte gekümmert habe, weil ich zu sehr mit der Herstellung dieser Figur beschäftigt war. Ich wollte etwas schaffen, das meine Liebe zu unserer großen Artemis in besonderer Weise zeigt. Alle sollten an dem Werk sehen, wie treu ich unserer Göttin bin. Deshalb habe ich nicht gleich bemerkt, daß der Verkauf der Artemis-Figuren im Vergleich zu den anderen Jahren sehr zurückgegangen ist. Als ich es kürzlich entdeckte, habe ich mit meinen Mitarbeitern und auch mit einigen von euch darüber gesprochen. Ähnliches wurde mir auch da bestätigt. Lieben die Epheser unsere Artemis nicht mehr so wie früher?"

„Doch!" schrien mehrere aus der Versammlung.

Ein alter Mann sprang auf. „Natürlich lieben die Epheser ihre Artemis. Aus der ganzen Welt kommen Menschen zu uns, um unseren berühmten Tempel und unsere Treue zu ihr zu sehen."

Demetrius holte tief Atem. „Aber wir haben in unserer Stadt einen hebräischen Jahwe-Gläubigen, Paulus ist sein Name, der lästert unsere Göttin." Er machte eine kurze Pause, um die Worte auf die Männer wirken zu lassen. Dann fuhr er fort. „Dieser Paulus hat sich als harmloser Zeltmacher bei uns eingeschlichen. Er arbeitet bei zwei anderen Jahwe-Gläubigen, nämlich im Geschäft von Aquila und Josua. Morgens sitzt er dort und näht Zelte. Doch am Nachmittag sammelt er in der Vorlesungshalle des Tyrannus Menschen um sich, verkündigt dort fremde Lehren und lästert unsere Artemis."

Wieder ließ er den Männern Zeit zum Nachdenken und fuhr dann fort: „Zuerst dachte ich: Was kann ein einzelner Mensch schon tun? Er ist doch nichts weiter als ein verrückter Schwärmer. Wer wird schon auf das Zeug achten, das er redet? Doch — er blickte einen der Männer in der vordersten Reihe an — Juli, hast du im Vergleich mit den letzten Jahren mehr oder weniger Artemis-Figuren verkauft?"

„Weniger."

„Baius?"

Baius schüttelte betrübt den Kopf. „Viele weniger."

Systematisch fragte Demetrius einen der Silberschmiedmeister nach dem anderen und erhielt von allen ähnliche Antworten. Überall waren die Lagerbestände weitaus größer als in den Jahren zuvor, was von viel geringeren Verkäufen zeugte.

„Wir sehen also", begann Demetrius wieder, „dieser Jahwe-Gläubige ist keinesfalls so harmlos wie ich dachte. Ich habe mich da sehr geirrt. Viele Epheser kaufen keine Artemis-Artikel mehr, weil dieser Verrückte und seine Nachfolger sagen, Artemis sei gar keine Göttin, sondern nur ein Klumpen von geformtem Silber, von Menschenhand gemacht. Sie könne nicht helfen und brauche deshalb auch nicht verehrt zu werden. Sie sei so wertlos wie Kot. Das sagt er. Ich habe es mit eigenen Ohren gehört. Ich mußte mich zurückhalten, um ihn nicht auf der Stelle totzuschlagen." Wie jeder gute Demagoge, wußte er, an welcher Stelle er ein wenig übertreiben mußte, und er tat es sehr geschickt.

Nach einer weiteren Kunstpause fuhr Demetrius fort: „Überlegt einmal: Ein armseliger Jahwe-Gläubiger kommt nach Ephesus und macht uns im Alleingang den Gewinn eines ganzen Jahres kaputt. Dieser Schwärmer verführt uns die ganze Kundschaft. Doch nicht nur wir haben Probleme mit ihm. Ich habe mich erkundigt. In vielen Städten Kleinasiens, in die er kam, hat er die Stadtgötter verächtlich gemacht und ihre Anhänger durch seine Lehren verwirrt. Er predigt überall: Ein Gott, der von Menschen gemacht ist, kann kein wirklicher Gott sein. Fragt man ihn dann, wo sein Gott wohnt, so antwortet er: In meinem Herzen. Könnt ihr euch so etwas vorstellen? Aber die Leute glauben ihm."

Zorniges Gemurmel war unter den Versammelten zu hören.

„Er ist wahnsinnig", schrie jemand.

„Gewiß", stimmte Demetrius zu. „Doch auch Wahnsinnige können gefährlich sein. Er versteht es, den Menschen mit seinen Worten den Kopf zu verdrehen. Wenn er es so weiter treiben darf, wird er nicht nur uns noch großen Schaden zufügen, sondern er wird auch weiterhin die große Artemis lästern und ihren Tempel verunehren. Ich sage euch, wir müssen diesen Narren zum Schweigen bringen, weil er Gotteslästerung begangen hat."

Ein ungeheurer Tumult brach aus. Männer sprangen auf und schüttelten wütend die Fäuste. Hätte Paulus in diesen Augenblicken den Saal betreten, ihm wären die Glieder einzeln aus dem Leibe gerissen worden. „Groß ist die Artemis der Epheser!" schrie ein alter Silberschmied. Andere stimmten ein. Und bald schrie die ganze Menge: „Groß ist die Artemis der Epheser!"

„Wir werden diesen Paulus nicht so einfach davonkommen lassen!" schrie Trevirus.

„Sicher nicht, dafür werde ich sorgen", stimmte ein anderer zu.

Demetrius lächelte befriedigt. Doch ganz hinten in der letzten Reihe fühlte sich ein Lehrling sehr unwohl. Er hatte nicht in das Geschrei eingestimmt, sondern nur aufmerksam zugehört. Faltius wußte, wie geschickt Demetrius war, wenn es galt, Männer für etwas zu gewinnen. Er wartete nur noch, um herauszufinden, was endgültig beschlossen würde.

Langsam beruhigten sich die Tobenden wieder. Einer fragte: „Was werden wir jetzt unternehmen?"

„Wir sollten ihn kräftig verprügeln und aus der Stadt jagen", grollte Demetrius. „Und zwar sofort, ehe er noch weiteren Menschen den Kopf verdreht."

Faltius, der es so eingerichtet hatte, daß er während des Aufruhrs schon bis in die Nähe der Tür gekommen war, schlüpfte jetzt unbemerkt aus dem Raum. Er hatte genug gehört und wollte Paulus warnen. Es galt, keine Zeit zu verlieren. Er kannte diese Männer und wußte wie gefährlich sie werden konnten, wenn sie erst einmal richtig wütend waren.

Auf der Straße angekommen, begann er zu rennen, so schnell er konnte. Demetrius würde, wenn er die anderen erst überzeugt hatte, keine Zeit verlieren und nicht aufhören, bis Paulus tot war. Sicher würde die tobende Horte ihm bald folgen. Faltius spürte schon, wie seine Knie weich wurden und sein Herz immer heftiger pochte. Doch er wurde nicht langsamer, sondern spornte alle Kräfte an. Jede Minute, die er vor den Wütenden an Vorsprung gewann, konnte Paulus' Leben retten.

Endlich hatte er den Hof erreicht und rannte noch bis zur Haustür. Da es Abend war, hatten sie die Tür schon verschlossen. Wild pochte er und schrie: ,,Paulus, Aquila, öffnet, öffnet!''

Im Haus blickten sich die Zeltmacher überrascht an. Was sollte der Lärm? Doch das Pochen verstärkte sich noch. ,,Öffnet die Tür, ehe sie zerschlagen wird'', sagte Josua. Priscilla und Kara blickten sich erschreckt an.

Aquila öffnete die Tür und wurde von Faltius beiseite gedrängt. ,,Paulus! Paulus!'' rief er atemlos, ,,sie kommen, um dich zu holen. Du mußt dich schnell verstecken bevor sie hier sind!''

Paulus legte ihm die Hand auf den Arm. ,,Beruhige dich. Was ist denn geschehen?''

,,Sie kommen, um dich zu töten'', schnaufte Faltius.

,,Wer kommt?''

,,Demetrius und die Silberschmiede. Sie hatten eine Versammlung und kommen jetzt. Ich hatte einen kleinen Vorsprung. Beeile dich, Herr. Verstecke dich!'' flehte er.

Aquila rannte hinaus und schloß das Hoftor. Paulus fragte erstaunt: ,,Demetrius? Was könnte er von mir wollen? In letzter Zeit kam er sogar einige Male zu den Versammlungen.''

,,Er sagt, du hättest Artemis gelästert und würdest die Menschen davon abhalten, weitere Götzenfiguren zu kaufen. Bitte, du mußt dich verstecken. Sie werden dich sonst töten.''

Aquila war in das Haus zurückgekehrt, nachdem er auch die Haustür wieder sorgfältig verriegelt hatte und fragte: „Wie viele sind es denn?"

„Mindestens hundert. Alle Silberschmiede waren versammelt, und auch ihre Arbeiter."

„Ich gehe", sagte Paulus entschlossen und wandte sich zur Tür. Doch Aquila hielt ihn am Ärmel fest. „Laß los", sagte Paulus.

„Wohin willst du gehen, Paulus? Wohin?" fragte Aquila.

„Das wird sich finden. Aber ich kann nicht riskieren, daß Markus oder Sarah verletzt werden. Wenn ich nicht hier bin, werden sie nichts gegen euch unternehmen."

„Aber wohin kannst du gehen? Du wirst ihnen direkt in die Hände laufen", gab Aquila zu bedenken.

Noch ehe Paulus antworten konnte, hörten sie den Lärm, der immer lauter wurde, je näher die Menge kam. Sie schrien, tobten und drohten: „Wir wollen Paulus! Wir wollen Paulus!" Bei jeder Wiederholung wurde das Geschrei lauter. Jetzt standen sie am Hoftor und machten Anstalten es aufzubrechen. Aquila konnte sie nicht noch näher kommen lassen, sondern ging hinaus. Vielleicht konnte man vernünftig mit ihnen reden. „Was wollt ihr?" fragte er.

Caius trat vor und starrte ihn an. „Wo ist Paulus?"

„Paulus?" Aquila wollte Zeit gewinnen.

„Ja, Paulus, der verrückte Schwärmer. Versuche nicht, mit uns zu spielen, sonst bekommst du einiges von dem ab, was Paulus zugedacht ist."

„Ich kenne keinen verrückten Schwärmer", erklärte Aquila energisch.

„Er wohnt bei euch und arbeitet mit euch", schrien einige.

Caius drohte: „Schau, wir wollen ja nichts von dir, sondern nur diesen Gotteslästerer. Mache dir selbst keine Schwierigkeiten. Wo ist Paulus?"

„Paulus ist ein erwachsener Mann. Vormittags arbeitet er bei uns. Nachmittags geht er immer in die Vorlesungshalle und verbringt den Abend oft für sich allein. Er ist kein Kind. Ich muß mich also nicht um ihn kümmern."

„Du willst also nicht!" schrie Caius und drohte mit der Faust. Die Männer hatten jetzt das Tor aufgebrochen und drängten auf Aquila zu. Doch er wich keinen Schritt zurück.

Hinter ihnen, unbemerkt von den wütenden Männern, die alle auf Aquila blickten, wurde vorsichtig die Haustür geöffnet. Priscilla und Faltius schlüpften leise heraus. „Geh' mit Gott", flüsterte Priscilla. Faltius nickte, schlich sich leise an der Hauswand entlang und lief dann schnell zur Hofmauer. Dort schwang er sich hinauf und blieb sitzen.

Caius stand nun nur noch einen Schritt vor Aquila und packte ihn am Gewand. „Wirst du mir jetzt endlich sagen wo Paulus ist?" tobte er.

„Nein", gab Aquila zurück, „das werde ich nicht, sondern ich fordere euch auf, sofort meinen Hof zu verlassen."

„Ha", schrie Caius, „du willst es nicht anders!" Damit schlug er Aquila mit der Faust heftig in den Magen. Vor Schmerz beugte sich Aquila nach vorn. Da traf ihn Caius' Faust wieder. Diesmal mitten ins Gesicht. Aquila stürzte zu Boden. Blut schoß aus seiner Nase. Die Meute grölte.

In diesem Augenblick hob Priscilla, die immer noch in der Nähe der Haustür stand, den Arm und deutete auf den auf der Hofmauer sitzenden Faltius. Laut rief sie: „Lauf so schnell du kannst und sage, er soll nicht kommen."

Die Blicke der Männer folgten der ausgestreckten Hand Priscillas. Sie sahen gerade noch in der Dunkelheit des Abends einen Schatten von der Mauer springen und hörten nun das Geräusch rennender Füße.

„Ihm nach!" schrie Caius. „Er weiß, wo Paulus ist und soll ihn warnen. Fangt ihn!"

Ehe die weiter hinten Stehenden begriffen, worum es ging, herrschte zunächst heilloses Gedränge, so daß Faltius genügend Zeit fand, sich eine Strecke zu entfernen, ehe die Verfolgung richtig begann. Doch dann rannte die ganze Meute laut tobend und schreiend in der Richtung davon, in die er gelaufen war. Da sie in der Dunkelheit aber nur einen von der Mauer springenden Schatten wahrgenommen hatten, wußten sie nicht, wen sie verfolgten, und es gelang ihnen nicht mehr, ihn einzuholen und zu finden.

Priscilla rannte nun zu Aquila, der noch immer am Boden lag und sich jetzt langsam aufrichtete. Aquila stöhnte. Priscilla hockte sich neben ihn und sah sein blutüberströmtes Gesicht. „Oh Aquila", rief sie, „du bist schlimm verletzt!"

„Es sieht schlimmer aus als es ist", antwortete Aquila mühsam. „Sicher sehe ich durch das Blut schrecklich aus, doch den größten Schmerz habe ich noch in der Magengegend. Aber es wird bald vorübergehen. Sind sie alle fort?"

„Ja", nickte sie, „alle." Sie hörten, wie sich der Lärm der Tobenden immer weiter entfernte.

Nun erschien auch Josua neben ihnen und half Aquila, auf die Beine zu kommen. Langsam führten sie ihn zurück in das Haus, wo Priscilla ihm das Blut aus dem Gesicht wischte.

Eine Weile herrschte Schweigen im Raum, bis Aquila sagte: „Das war ein sehr guter Einfall mit Faltius. Dadurch sind wir die Meute losgeworden. Ich glaube nicht, daß ich sie hätte noch länger aufhalten können."

„Priscilla kam auf den Gedanken." Josua wies lächelnd auf sie.

„Sicher hat mir der Heilige Geist das eingegeben", antwortete sie verlegen. „Aber wenn sie nun merken sollten, daß sie auf einen Trick hereingefallen sind, kommen sie sicher zurück. Was werden wir dann tun?"

„Das ist ganz einfach: Ich werde jetzt gehen", erklärte Paulus.

Josua hielt ihn am Ärmel fest. „Nein, das ist zu riskant."

„Glaubt ihr denn, daß ich mich fürchte?" fragte Paulus. „Ich bin doch in der Hand meines Gottes. Mir kann nichts geschehen, was Er nicht will. Ich werde gehen, sonst gefährde ich vielleicht noch euch alle."

„Aber Paulus", widersprach Priscilla, „hast du nicht soeben von dem Schutz Gottes gesprochen? Wir sind doch alle in Seiner Hand und unter Seinem Schutz. Also dürfen wir Ihm auch hier vertrauen. Du solltest mindestens so lange hier bleiben, bis wir wissen, was draußen vorgeht."

„Mir geht es schon wieder besser", erklärte Aquila. „Ich werde mich einmal draußen umsehen."

„Ich komme mit", bot Josua an.

Aquila nickte und öffnete die Tür. Nun hörten sie auch aus der Ferne wieder den Lärm. Doch es war kein wildes Schreien und Toben mehr, sondern ein gleichmäßiges lautes Rufen, das durch die Dunkelheit drang. Immer wieder war zu vernehmen, wie die aufgebrachte Menge schrie: „Groß ist die Artemis der Epheser! Groß ist die Artemis der Epheser!"

„Hörst du, sie sind immer noch aufgeregt", sagte Aquila. „Paulus, wenn du ihnen jetzt in die Hände geraten würdest, da sie in dieser wütenden Stimmung sind, würde es dir sehr schlecht ergehen. Mit einer aufgeputschten Volksmenge kann man nicht vernünftig reden. Sie müssen erst wieder zur Ruhe kommen. Dann werden sie vielleicht auch wieder nachdenken und ihr Verhalten ändern. Geht alle in das Haus zurück. Josua und ich werden uns jetzt erst einmal auf der Straße umsehen. Nachher überlegen wir weiter."

Alle nickten. Die beiden Männer gingen über den Hof zur Straße. „Kommt herein, wir werden inzwischen für sie beten", sagte Paulus.

Nach einer Weile kehrten Aquila und Josua zurück. „In der Nachbarschaft ist alles friedlich", berichtete Aquila. „Doch unsere Gegner haben sich noch immer nicht beruhigt. Sie schreien weiter: »Groß ist die Artemis der Epheser.« Doch der Lärm kommt jetzt mehr aus der Richtung der *Großen Avenue* und des Tempels."

„Wir haben aber keine Garantie, daß sie nicht noch einmal in unsere Gegend zurückkehren, deshalb ist es besser, Paulus geht nicht auf die Straße", fügte Josua hinzu.

Man konnte Paulus ansehen, daß er noch nicht überzeugt war. Er holte gerade tief Luft und setzte zu einer Erwiderung an, da klopfte es leise an der Tür. Alle hielten den Atem an. Wurde jetzt jemand geschickt, der nachschauen sollte, ob Paulus nicht doch im Hause war? Wieder klopfte es; dieses Mal etwas lauter. Aquila blickte sich um und flüsterte: „Dort hinüber,

Paulus, wir werden dich zudecken." Schnell schoben sie ihn in die dunkelste Ecke des Raumes und bedeckten ihn mit gewebtem Material.

Mit einem letzten Blick überzeugte sich Aquila, daß das Versteck keinen Verdacht erregte. Dann ging er zur Tür und fragte: „Wer ist da?"

„Ist dort Aquila, der Zeltmacher?" kam die Frage zurück.

„Ja."

„Ich bringe eine Botschaft von Tvia, dem Aristarch." Josua zog Kara näher zu sich. Tvia hatte erst kürzlich ein weiteres großes Zelt bei ihnen gekauft; es war das teuerste und schönste, das sie je hergestellt hatten. Tvia war von Paulus fasziniert gewesen. Er hatte stundenlang bei ihnen gesessen und Paulus zugehört, wenn er vom Evangelium und von seinen Reisen erzählte. In der letzten Zeit war Paulus zu der Überzeugung gekommen, Tvia würde sich bald zu Jesus bekehren. Er hatte einen solchen geistlichen Hunger gezeigt. Warum wäre er sonst jeden Tag bei ihnen aufgetaucht? Gewiß, Tvia hatte es damit erklärt, er wolle sich nach den Fortschritten erkundigen, die sein Zelt machte, doch Paulus war sicher, es ging Tvia darum, noch mehr von Jesus zu erfahren.

Aquila öffnete vorsichtig die Tür ein wenig, weil er sich noch nicht sicher war, ob man ihn überlisten wollte. Er war bereit, sie jeden Augenblick wieder zuzuschlagen. „Wie lautet die Botschaft?" fragte er.

„Mein Herr läßt euch warnen und sagen: Paulus soll in den nächsten Tagen nicht auf die Straße gehen, was immer auch geschieht. Er sagt, Paulus soll sich verborgen und still halten, bis der Aufruhr abgeklungen ist."

„Das ist die ganze Nachricht?" fragte Aquila ein wenig erstaunt. Er öffnete dabei die Tür weiter, so daß der Bote einen Schritt eintreten konnte.

„Nein", antwortete der Bote. „Mein Herr rät auch, Paulus soll vorläufig keine Versammlungen mehr in Ephesus halten und nicht mehr öffentlich auftreten, damit es keinen neuen Aufruhr gibt. Außerdem soll ich noch bestellen, daß mein Herr das neue

Zelt sehr gern hat, aber auch die Zeltmacher und Paulus."
Damit verbeugte er sich und wandte sich zum Gehen.

„Halt", hielt Aquila ihn zurück. „Sage deinem Herrn vielen
Dank für die Botschaft. Aber könnte dir jemand gefolgt sein,
der vielleicht um unser Haus herum spionieren will?"

„Das glaube ich nicht", widersprach der Bote. „Mein Herr
trug mir ausdrücklich auf, darauf zu achten, daß mir niemand
folgt. Ich habe das sehr sorgfältig getan. Außerdem", fügte er lächelnd hinzu, „toben die Unruhestifter derzeit in einem anderen
Teil der Stadt." Damit verschwand er endgültig in der Dunkelheit.

Aquila begleitete ihn bis zum Hoftor und blickte sich nochmals lange und aufmerksam um. „Ich sah niemand", beruhigte
er die anderen, als er in das Haus zurückkehrte.

Inzwischen war auch Paulus wieder aus seinem Versteck
aufgetaucht. Er machte einen unglücklichen Eindruck. „Ich
komme mir wie ein Feigling vor", bemerkte er. „Um meinetwil-
len allein hätte ich mich nicht von euch unter diesen Zeltteilen
vergraben lassen. Aber wäre es doch ein Spion gewesen, so
hätte es auch für euch unangenehm werden können, wenn er
mich hier gesehen hätte."

„Die Botschaft hast du aber auch gehört?" fragte Aquila.
Paulus nickte.

„Wenn jemand die Epheser kennt, dann ist es Tvia", stellte
Aquila fest. Zu Paulus gewandt fragte er: „Könnte sein Rat dich
überzeugen, daß es doch besser ist, jetzt vorläufig noch hier zu
bleiben?"

„Ja", antwortete Paulus müde.

„Seid einmal ruhig und lauscht", drängte Priscilla.

Alle schwiegen. Eine große Stille umgab sie. „Ich kann
überhaupt nichts hören", stellte Kara fest, die geglaubt hatte,
Priscilla habe wieder verdächtige Geräusche vernommen.

„Auch ich nicht", fügte Paulus hinzu. Da sie so lange aus
der Entfernung den Lärm der aufgeregten Menge gehört hatten,
kam ihnen die Stille jetzt fast unheimlich vor.

„Sie haben sich beruhigt", atmete Josua auf. Wie um das
Gegenteil zu beweisen, gab es im nächsten Augenblick eine

regelrechte Lärmexplosion. Es klang wie ein wütender Auf-
schrei einer riesigen Menge. Dann lärmte und tobte es eine Zeitlang wild durcheinander, bis sich alles wieder in dem einen Satz
vereinigte, den sie an diesem Abend schon so oft gehört hatten:
„Groß ist die Artemis der Epheser! Groß ist die Artemis der
Epheser!"

Der Lärm schien wieder näherzukommen und intensiver zu
werden. Wie war das nur möglich? fragte sich Priscilla. Wie
lange hielten die Stimmen dieser Leute ein solches Geschrei
durch? Ob noch etwas geschehen war? Hatten sie vielleicht Faltius doch noch gefangen? „Herr", betete sie unwillkürlich laut,
„bewahre Faltius, was immer auch dort draußen geschieht."

„Und beschütze auch uns und unser Haus, Herr", fügte
Aquila hinzu.

Die kleine Schar stand jetzt im Kreis. Sie hatten sich alle an
den Händen gefaßt und beteten gemeinsam. So warteten sie und
flehten zu Gott, Er solle neues Licht und neue Hoffnung in ihre
Dunkelheit brechen lassen.

Da es weiterhin in ihrer Nähe ruhig blieb, waren sie spät in der
Nacht endlich müde und zerschlagen schlafen gegangen.

Der nächste Tag brachte gute Neuigkeiten. Faltius war seinen Verfolgern tatsächlich unerkannt entkommen. Außerdem
war den römischen Behörden im Laufe der Nacht der Aufruhr
doch zu groß geworden, deshalb hatten sie die Menge durch
ausgesandte Soldaten zerstreuen lassen. Demetrius wurde als
Anstifter des Aufruhrs unter Anklage gestellt. Auf diese Weise
wurde er tief gedemütigt.

37. Kapitel

Wieder einmal war es Zeit Abschied zu nehmen. Die fünf Menschen, die so lange gemeinsam in diesem Haus gewohnt hatten, standen nochmals im Kreis im Arbeits- und Wohnraum des Hauses, wie schon einmal in jener Nacht des Aufruhrs. Paulus blickte verstohlen zu Priscilla, der man ihre innere Bewegung ansehen konnte. Sie kämpfte mit den Tränen, das verrieten ihre zuckenden Lippen. Paulus reiste weiter, und niemand von ihnen wußte, ob sie sich je wiedersehen würden.

Paulus war nach dem Aufruhr noch eine ganze Weile bei ihnen geblieben. Sie wußten, daß Trolas und Rufus mit der *Guten Wind* in absehbarer Zeit wieder nach Ephesus kommen würden. Paulus hatte beschlossen, noch so lange in Ephesus zu bleiben und dann mit den beiden auf ihrem Schiff weiterzufahren.

Das große Fest der Artemis war vorübergegangen, und auch der Aufruhr der Silberschmiede. Paulus wollte nun die Gemeinden in Griechenland wieder besuchen. Sicher, in Ephesus sprach man immer noch über den Aufruhr des Demetrius. Eripo hatte den römischen Behörden versprochen, daß so etwas nicht wieder geschehen würde. Es waren hitzköpfige Narren, hatte er gesagt, und dabei mit dem Finger auf den angeklagten Demetrius gezeigt. Empört hatte der römische Statthalter erklärt, Demetrius werde in Ketten in einer römischen Kupfer- oder Salzmine enden, würde so etwas noch einmal vorkommen.

Paulus hatte sich die ganze Zeit ruhig verhalten. Es hatte keine öffentlichen Versammlungen mehr mit ihm in der Vorlesungshalle gegeben. Morgens hatte er, wie immer, fleißig mit Aquila und Josua gearbeitet. Während der Nachmittage wurden von den Gläubigen oft andere Epheser mit in das Haus gebracht, denen Paulus den Weg des Heils erklärte und die er zu Jesus führte. Oft kamen auch die Ältesten der jungen Gemeinde zu ihm, die von Paulus regelmäßig unterwiesen wurden, weil sie und auch er wußten, daß sie nun bald ohne ihn die Gemeinde würden leiten müssen.

Außerdem verbrachte der Apostel viel Zeit im Gebet. Daneben diktierte er Priscilla eine ganze Reihe von Briefen an andere Gemeinden und gläubige Freunde. So war seine Zeit, die er noch in Ephesus verbrachte, trotz allem ausgefüllt, obwohl er sich an Tvias Rat hielt und die öffentlichen Auftritte vermied.

Auch für Aquila und Josua und ihre Familien änderte sich langsam einiges. Obwohl der Aufruhr für sie keine augenblicklichen schlimmen Folgen gehabt hatte, merkten sie doch im Laufe der Zeit, daß sie von den meisten Menschen gemieden wurden. Sie verloren einen Kunden nach dem anderen.

Zunächst hatten sie zwar, des Artemis-Festes wegen, noch reichlich Arbeit gehabt. Auch danach lagen noch eine Anzahl ältere Aufträge vor, die aufgearbeitet werden mußten. Doch neue Aufträge kamen nur noch spärlich, so daß die Arbeit immer weniger wurde. Auf diese Weise wurde es auch für Priscilla leichter, die Briefe zu schreiben, die Paulus ihr diktierte, da Kara oft allein mit der vorhandenen Arbeit fertig wurde.

Und nun war die Stunde der Trennung gekommen. Paulus blickte die vier Menschen, mit denen er einige Jahre hier in Ephesus Haus und Tisch geteilt hatte, der Reihe nach an. „Ihr seid mir wirklich wie eine eigene Familie geworden", gestand er. „Es fällt mir nicht leicht, von euch zu gehen. Damals in Korinth konntet ihr mit mir gehen. Wie es jetzt wird, weiß noch niemand. Doch wir wollen dem Herrn vertrauen. Er kann uns irgendwie und irgendwann wieder zusammenführen. Wenn nicht hier, dann ganz gewiß in der Herrlichkeit bei Ihm."

Die vier nickten schweigend. Keinem fielen für den Augenblick die rechten Worte ein.

Paulus fuhr fort: „Wir haben gemeinsam hier eine Gemeinde aufgebaut, die nun fest in Jesus Christus und den Wahrheiten der heiligen Schriften gegründet ist und die erfüllt ist mit dem Heiligen Geist. Ich möchte, daß die Gemeinde weiter wächst und hier in Kleinasien zu einem großen Licht wird. Es wird einmal die Zeit kommen, wenn niemand in Ephesus mehr von Artemis spricht. Aber von den Christen in Ephesus wird man immer sprechen."

„Ich glaube, manche in dieser Stadt würden dir widersprechen, wenn sie das jetzt gehört hätten", gab Aquila zu bedenken.

„Da stimme ich dir zu", lächelte Paulus. „Trotzdem glaube ich daran."

Alle schwiegen wieder, dann nahm Paulus erneut das Wort: „Erinnert ihr euch noch, wie wir vor einigen Jahren hier begannen? Ich mußte euch gleich zu Anfang allein lassen, weil der Herr mir den Auftrag gab, nach Cäsarea zu gehen. Doch ihr habt in dieser Zeit weiter den guten Samen ausgestreut, und euer Haus wurde wieder zu einer Segensstätte; genau wie in Korinth. Zuerst war es Apollos, der in eurem Haus den Herrn fand."

„Während der Zeit, in der ich ihn unterweisen durfte, habe ich selbst sehr viel gelernt", ergriff jetzt Priscilla das Wort. „Es war wirklich die erste ganz große Bewährungsprobe meines Glaubens und all dessen, was wir vorher von dir gelernt hatten."

„Ja, und die Aufgabe, Apollos zu Jesus zu bringen, hat zuerst einmal unsere Ehe in eine ziemliche Krise geführt", fügte Aquila hinzu. „Doch auch ich habe daraus viel gelernt und weiß seitdem die Fähigkeiten Priscillas noch viel mehr zu schätzen und bin Gott noch dankbarer als vorher, weil er mir eine solche Frau gegeben hat. Doch es war für mich eine harte Lektion, die ich zu lernen hatte."

„Hätten wir damals Josua und Kara nicht gehabt, die uns in dieser Krise mit viel Zurückhaltung, aber auch mit mancher Ermahnung und manchem weisen Rat zur Seite gestanden haben, wären wir vielleicht gescheitert", bestätigte Priscilla.

Man sah es dem älteren Ehepaar an, daß sie bei diesen Worten sehr verlegen wurden. „Das kann ich bestätigen", stimmte Paulus zu. „Auch ich habe von Josuas und Karas Ehe sehr viel gelernt. Ich bin ja selbst nicht verheiratet. Aber bei euch beiden, Priscilla und Kara, habe ich, bei jeder auf andere Weise, noch mehr als vorher gelernt, wie wichtig doch der Dienst der Frauen im Reiche Gottes ist. Wir werden auch in Zukunft unter gar keinen Umständen darauf verzichten können."

Paulus blickte die beiden Frauen an. „Ihr habt mit euren Männern hier in Ephesus gemeinsam wirklich das Fundament zum Aufbau der Gemeinde gelegt und seid nur gemeinsam zu solchen gesegneten Werkzeugen des Herrn geworden. Euch zwei Männer oder euch zwei Frauen allein hätte der Herr wohl auf eine solche Weise nicht gebrauchen können. An eurer gemeinsamen Arbeit ist mir immer wieder groß geworden, was ich einmal den Galatern schrieb: *Denn ihr alle, die ihr auf Christus getauft seid, habt Christus angelegt. Es gibt nicht mehr Juden und Griechen, nicht Sklaven und Freie, nicht Mann und Frau; denn ihr alle seid eines in Christus Jesus.* Arbeitet weiter so zusammen für unseren Herrn wie bisher, jeder mit den Gaben, die Gott ihm gegeben hat."

„Aber auch wir haben dir so viel zu verdanken, Paulus", sagte Priscilla bewegt. „Deine Unterweisungen haben uns viel tiefer in Jesus hineingebracht. Wir wüßten wohl nicht, wie unser geistliches Leben heute aussehen würde, hätten wir dich nicht mit uns gehabt."

„Dir, Priscilla, muß ich noch besonders danken für all die vielen Briefe, die du für mich geschrieben hast. Auch Aquila gebührt hier mein Dank, weil er so geduldig erlaubt hat, daß Priscilla diesen Dienst für mich tat."

„Na", meinte Aquila nachdenklich, „mit der Geduld war es dabei, wenigstens auf meiner Seite und vor allem in der ersten Zeit, nicht immer zum besten bestellt. Doch ich muß sagen, ich habe sehr viel dabei gelernt."

„Und ich noch mehr, wenn ich die Briefe schreiben durfte", fiel Priscilla ein. „Wie wichtig sind mir doch die vielen Gedanken geworden, die du mir zum Schreiben diktiertest. Ich glaube, ich habe am meisten davon profitiert."

„Vergeßt mich dabei nicht", meldete sich Kara. Alle blickten erstaunt auf sie. „Auch ich habe davon immer einen großen Segen gehabt und durfte viel lernen, wenn ich zuhören konnte, als Paulus diktierte. Wenn ich auch nie viel dazu sagte, so bin ich dadurch doch überreich gesegnet worden."

Alle waren von den Worten Karas ergriffen. „Dir, Priscilla, möchte ich noch sagen, fahre fort, anderen Briefe zu schreiben, in denen du sie über die Lehre Jesu unterrichtest, so wie du sie von mir gelernt hast. Du erinnerst dich sicher, daß ich deine Begabung zum Schreiben in Korinth entdeckte, weil du dort Briefe an deine und Aquilas Angehörige schreiben wolltest. Auch das ist eine Gabe, die Gott dir geschenkt hat, durch die Mithilfe deines Großvaters, und du solltest sie reichlich nutzen."

„Ja, an Priscillas Leidenschaft für das Briefeschreiben habe ich eine Menge gelernt", meinte Aquila seufzend. Über Josuas Gesicht huschte ein leichtes Lächeln.

Auch Paulus konnte ein Lächeln nicht verbergen. Doch schnell wurde er wieder ernst und sagte: „Ich will etwas sehr Wichtiges nicht vergessen. Ich verdanke euch mein Leben. Hättet ihr euch in jener Nacht, als Demetrius den Aufruhr machte, nicht so tapfer für mich eingesetzt, wäre ich jetzt wohl nicht mehr unter euch. Aquila hat sich mutig den wütenden Silberschmieden entgegengestellt. Und Priscilla hat durch ihren Einfall, Faltius wegzuschicken, dafür gesorgt, daß die wütende Menge wieder davonrannte."

„Das waren nicht wir allein, Paulus, sondern der Herr hat uns durch Seinen Geist geholfen, und Er hat sicher Seine Engel gesandt, um dich und uns an jenem Abend zu bewahren", rief Priscilla eifrig.

„Sicher war der Herr mit Seinen Engeln bei uns", nickte Paulus. „An jenem Abend und bei vielen anderen Gelegenheiten. Deshalb dürfen wir auch jetzt getrost sein, wenn wir voneinander scheiden müssen. Denn Seine Engel werden hier bei euch bleiben, und Seine Engel werden auch mich geleiten. Er wird uns nach Seinem Willen bewahren. — Doch jetzt ist es Zeit, mich von euch zu verabschieden. Aquila, Josua, Priscilla und natürlich Kara und die Kinder. Wie wäre es mir ergangen ohne die mütterliche Fürsorge Karas?"

„Ha", brummte Kara in ihrer barschen Art, „du wirst uns nach fünf Minuten schon nicht mehr vermissen. Aber ich", hier brach sie in Tränen aus, „wie wirst du mir fehlen." Damit ergriff sie seine Hände so fest, als wolle sie diese nie wieder loslassen.

„Und sollte ich euch hier auf Erden nicht wiedersehen", sagte Paulus mit bewegter Stimme, „dann erwarte ich euch alle droben beim Herrn. Kommt, wir wollen noch beten."

Alle neigten die Köpfe. Paulus betete: „Herr, bewahre diesen mir so lieb gewordenen Menschen allezeit Deinen Frieden, vergilt ihnen reichlich, was sie mir Gutes getan haben, führe sie durch Deinen Heiligen Geist, bis wir uns einmal vor Deinem Angesicht wiedersehen."

Damit schüttelte er Priscilla und Kara nochmals die Hände und ging, von Aquila und Josua begleitet, zur Tür. Dort drehte er sich nochmals um und wies lächelnd, und ohne ein Wort zu sagen, mit dem Finger nach oben.

Draußen vor der Tür erwarteten ihn die Ältesten der Gemeinde, die ihn gemeinsam mit Aquila und Josua zur *Guten Wind* begleiteten. Paulus wurde in der Gemeinde sehr geliebt und würde sehr vermißt werden. Doch die Schar der Gläubigen mußte nun unter der Gegenwart ihres Herrn und Meisters Jesus Christus und unter der Leitung des Heiligen Geistes im Schatten des Artemistempels ihren Weg selbst finden.

Trolas und Rufus erwarteten sie am Schiff und begrüßten Paulus herzlich. Dieser nahm bewegt Abschied von den Ältesten und von Aquila und Josua. Lange noch stand er an der Reling und sah zu den winkenden Männern zurück, während das Schiff aus dem Hafen glitt.

38. Kapitel

Priscilla blickte auf, als Kara mit einem Stück Ziegenkäse und einer Tasse Tee den Raum betrat.

„Ich dachte mir, die Schreiberin könnte ein kleines Frühstück nötig haben", bemerkte Kara.

„Geht es voran?"

„Ich glaube, ich habe den Brief fast fertig."

„Sehr schön", nickte Kara. Priscilla bemerkte die leichte Spannung, die im Tonfall der Worte lag. Kara wollte ihr offensichtlich etwas sagen.

„Ist etwas nicht in Ordnung?" fragte sie.

„Ach, so ist es nicht direkt. Aber ich müßte mich doch einmal mit dir unterhalten."

„Worüber?"

„Über die Arbeit für das Geschäft. Wir haben zwar nicht mehr so viel zu tun wie früher, und wie es scheint, wird es noch weniger werden. Doch andererseits ist Paulus nicht mehr bei uns, also fehlt seine Hilfe. Außerdem weißt du, daß Aquila fast den ganzen Tag unterwegs ist, um neue Aufträge zu besorgen, obwohl er dabei kaum Erfolg hat. Und da du dich seit Paulus' Abreise auch vorwiegend mit dem Schreiben von Briefen beschäftigst, bleibt die Arbeit fast nur an uns hängen."

„Du hast recht, Kara, und ich bin dir sehr dankbar, daß du so verständnisvoll bist. Doch es wird bald anders werden, denn der Brief ist so gut wie fertig. Ich brauche nur noch einen guten Schluß. Dann helfe ich dir wieder wie sonst auch."

„Wer weiß, wie lange wir unser Geschäft noch fortführen können", meinte Kara sorgenvoll.

„Ja", nickte Priscilla, „Aquila war gestern abend auch sehr bedrückt, weil er keine Aufträge bekam. Er wollte kaum mit mir sprechen, so beschäftigte es ihn."

„Genauso ist es mit Josua", jammerte Kara. „Diese Epheser wollen die Geschichte mit Demetrius einfach nicht vergessen. Wir sind zwar die besten Zeltmacher, aber weil wir Artemis ablehnen, erhalten wir keine Aufträge mehr von ihnen."

„Und dabei sind unsere Preise niedriger als die unserer Konkurrenten", stellte Priscilla fest.

„Ach, sie zahlen scheinbar lieber höhere Preise, wenn sie sich nur an uns rächen können."

„Wir wollen den Mut nicht verlieren, Kara, irgendwie wird es schon wieder werden", versuchte Priscilla zu trösten.

Kara erhob sich. „Du kannst leicht so reden, weil du am wenigsten weißt, wie es um uns steht. Du beschäftigst dich ja die ganze Zeit damit, die Neubekehrten zu unterweisen und Briefe zu schreiben."

„Es tut mir leid, Kara. Doch ich sagte dir schon, mit den Briefen bin ich für einige Zeit fast fertig. Dies ist der letzte von denen, die ich mir jetzt vorgenommen hatte zu schreiben. Und ich bin hier bei den letzten Zeilen. Dann werde ich dir wieder mit allen Kräften helfen."

„Na, sehr schön", meinte Kara trocken und wollte sich wieder an ihre Arbeit begeben.

Doch Priscilla klopfte auf die leere Bankhälfte neben sich. „Komm, Kara, setze dich noch ein wenig zu mir. Auch du mußt einmal verschnaufen. Ich will dir vorlesen, was ich gerade geschrieben habe."

„Was verstehe ich schon davon?" meinte Kara.

„Höre einfach zu", lächelte Priscilla die ältere Frau an, „und sage mir dann, was du denkst."

Kara ließ sich neben Priscilla nieder und machte es sich ein wenig bequem. Priscilla räusperte sich und erklärte: „Ich habe diesen Brief an meine Angehörigen und gläubige Freunde nach Rom geschrieben und hoffe, sie werden ihn bald erhalten."

Sie fuhr mit dem Finger über die Zeilen, bis sie die Stelle

fand, wo sie beginnen wollte. Da war es. Sie las: „Ihr solltet euch beständig untereinander lieben und nie damit aufhören. Seid gastfreundlich und nehmt gern andere in euer Haus auf, denn dadurch haben schon manche Engel in ihrem Hause gehabt, ohne es zu wissen."

„Hmmm", überlegte Kara verwundert, „Paulus — ein Engel?"

„Überlege einmal", sagte Priscilla eifrig, „wie wäre unser Leben wohl geworden, wenn wir damals in Korinth abgelehnt hätten ihn bei uns aufzunehmen, als Rufus uns darum bat? Was wären wir heute ohne seinen Einfluß auf unser Leben? Wie sind wir doch durch ihn gesegnet worden."

„Na ja", meinte Kara in ihrer nüchternen Art, „sicherlich wäre uns dann viel Aufregung erspart geblieben. All die Geschichten mit Demetrius, Caius und den anderen wären wohl nicht geschehen. Und wahrscheinlich wären wir heute sogar noch in Korinth."

„Aber uns wäre auch vieles, was unser Leben bereichert hat, nicht begegnet. Ich kann mir jedenfalls gar nicht mehr vorstellen, wie mein Leben wäre, ohne den Einfluß, den Paulus darauf gehabt hat."

„Sicher", nickte Kara versöhnlich. „Auch ich weiß ja, und Josua ebenfalls, wie wichtig Paulus für unser Leben geworden ist. Ich vermisse ihn manchmal."

Priscilla nickte und wandte sich wieder ihrem Brief zu. Sie fuhr fort zu lesen: „Mit den Gefangenen und mit solchen, die auf andere Art leiden müssen, habt Mitleid. Kümmert euch um sie und betet für sie. Denkt daran, wie ihr selbst empfinden würdet in einer ähnlichen Lage. Die Ehe sollte ehrlich und treu gehalten werden, denn Gott wird die Ehebrecher und Hurer strafen."

Zustimmend nickte Kara. „Diesen Abschnitt solltest du auch vielen Ephesern vorlesen. Wenn ich bedenke, wie Neti uns manchmal von den Orgien erzählt hat, die in den Häusern der vornehmen Epheser und auch im Artemistempel gefeiert werden. Wie man dort mit jungen Mädchen und Knaben umgeht." Kara verstummte empört.

„Ja, Neti", nickte Priscilla. Wie hatte sie doch für diese junge hübsche Frau gebetet. Demetrius hatte ihr zwar verboten, noch weiter irgendwelchen Kontakt zu den Christen zu haben. Doch im Bad trafen sie sich manchmal und konnten dann einige Worte miteinander wechseln und Gedanken austauschen. Neti war auch eine Christin geworden, und ihre Gebete um ein Kind waren erhört worden. Gott hatte ihr einen Sohn geschenkt. Aber wenn man bedachte: Es gab nun im Haushalt des Demetrius eine Christin. Wie wunderbar waren doch Gottes Wege!

Als Priscilla Paulus dazu Fragen gestellt hatte, war seine Antwort gewesen, die Geburt von Kindern gehöre zur natürlichen Ordnung Gottes. Es sei keinesfalls so, daß Gott mit diesem Sohn den Demetrius belohnen wollte. Doch mit leichtem Augenzwinkern hatte er dann etwas davon gesagt, daß es in Rom sogar *in des Cäsars Haushalt* Jesusnachfolger gäbe. „Vielleicht wird der Junge, wenn er heranwächst, einmal so eine Art Moses in Ephesus", hatte er noch hinzugefügt.

Wieder wandte sich Priscilla dem Brief zu und fuhr fort: „Verfallt nicht in die Liebe zum Geld und werdet nicht geizig, sondern seid allezeit mit dem zufrieden, was ihr habt."

Kara lachte. „Das ist für unsere Männer", unterbrach sie Priscilla, „nicht nach Reichtum streben, sondern immer zufrieden sein."

Priscilla las weiter: „Denkt daran, daß der Herr euch nie verlassen wird, sondern daß Er in allen Dingen unser Helfer ist. Wir können alle unsere Sorgen und Probleme zu Ihm bringen und brauchen uns vor nichts zu fürchten, auch vor Menschen nicht. Der Herr ist stärker als alle Not und alle Feinde."

Kara meinte nachdenklich: „Das sollten wir in den nächsten Wochen und Monaten wieder einmal für uns selbst herausfinden. Denn wenn sich unsere Lage nicht bald ändert und wir wieder genügend Aufträge erhalten, weiß ich nicht, wie es weitergehen soll. Vielleicht müssen wir dann wieder einmal packen und weiterziehen, weil es hier keine Lebensmöglichkeiten mehr für uns gibt."

Sorgenvoll schüttelte sie den Kopf.

„Doch jetzt muß ich mich an meine Arbeit begeben, sonst wird nichts fertig. Und dich will ich nicht weiter aufhalten, damit du den richtigen Schluß für deinen Brief findest." Damit erhob sie sich und ging zu ihrem Webstuhl.

Priscilla überlegte, welche Gedanken als Schlußworte wohl die richtigen wären? Sie setzte die Feder an und schrieb: „Denkt daran, daß ihr euch immer auf den Herrn Jesus Christus verlassen könnt, denn Er ist heute genauso unser Helfer, Führer und Beschützer wie Er es gestern war und es auch in der Zukunft sein will. Hängt euer Herz nicht an irdische Dinge, denn nichts auf dieser Erde ist beständig. Auch wir haben hier keine bleibende Heimat, sondern halten Ausschau nach einer Stadt, die von Gott kommt und ewig bleiben wird."

Priscilla überlegte: Wie wahr ist das doch auch in unserem Leben geworden. Rom — Korinth — Ephesus! Und nun standen sie vielleicht wieder vor der Notwendigkeit, ihren Wohnort wechseln zu müssen. Ihre Gedanken kehrten nach Rom zurück. Nie hatte sie ihre Angehörigen und die Stadt ihrer Kindheit vergessen können. Wie gerne würde sie ihre Eltern wiedersehen und Junius und seine Kinder.

Noch als wäre es erst letzte Woche gewesen, standen ihr die Szenen vor Augen, die sie miterleben mußte beim Auszug auf dem Weg von Rom nach Tarentum. Immer wieder mußte sie an die Via Appia denken, wo sie ihr erstes Kind verlor. Dann war es wieder die Villa ihres Großvaters, in der sie so viele glückliche Stunden verbracht hatte, die ihr in den Sinn kam. Wieviel hatten sie um Jesu willen doch schon hinter sich lassen müssen. Wahrhaftig — wer Jesus nachfolgte, durfte sich an nichts Irdisches klammern.

Doch der Brief mußte nun fertig werden. Also riß sie sich los von den Gedanken an Rom und konzentrierte sich auf die letzten Sätze:

„Mag unser Herr Jesus Christus, der große Hirte unserer Seelen, euch mit allem ausrüsten, was ihr nötig habt, um allezeit Seinen Willen tun zu können", schrieb sie. „Und mag es dem Heiligen Geist gelingen, in uns durch Jesus Christus das zu

312

bewirken, was Gott gefällt. Denn wenn wir das tun, was Ihm gefällt, dann wird Er in uns bleiben." Sie überflog den Satz nochmals und nickte befriedigt.

Nun setzte sie die Feder wieder an und schrieb mit fester Hand den Schlußsatz: „Und Ihm, dem ewigen Gott, sei die Herrlichkeit und Ehre für ewig! Amen!"

Aufatmend legte sie die Feder beiseite und erhob sich. Sie würde einen Augenblick frische Luft schnappen und sich dann daran machen, das Mittagessen vorzubereiten.

Als sie in den Hof hinaustrat, hörte sie vom Tor her Aquilas aufgeregte Stimme: „Priscilla! Priscilla!" rief er laut.

„Hier bin ich", antwortete sie. „Was ist geschehen?"

„Es gibt Neuigkeiten! Ich bringe neue Nachrichten!" rief Aquila, der seine Frau vor der Haustür entdeckt hatte und zu ihr eilte. Sein Gesicht strahlte. Sie hatte ihn schon lange nicht mehr so froh gesehen. Hatten die Epheser es sich nun doch anders überlegt und brachte er neue Aufträge zur Herstellung von Zelten mit, oder was war es sonst?

„Welche Neuigkeiten hast du?" fragte sie und ging ihm mit ausgebreiteten Armen entgegen.

„Wir gehen heim!"

„Rom?" flüsterte sie. „Wirklich Rom?" und warf sich in seine Arme.

„Ja", nickte er. „Denk nur, ich kam, mehr zufällig, am Hafen vorbei. Dabei stellte ich fest, daß ganz überraschend die *Guten Wind* gerade einlief. Wir hatten sie ja eigentlich noch längst nicht zurückerwartet, wie du weißt." Aquila machte eine Pause.

„Weiter", drängte sie, weil sie es nicht erwarten konnte.

Aquila lachte. „Ich habe natürlich gewartet, bis das Schiff anlegte und Trolas und Rufus sogleich begrüßt. Rufus bringt uns Grüße von Paulus."

Wieder schwieg er, bis Priscilla ihm einen leichten Stoß versetzte und fragte: „Ja — und?"

„Paulus läßt uns ausrichten, er hätte einiges über die Entwicklung in der Gemeinde in Rom gehört und er habe den Eindruck, es würden dort dringend einige Gläubige gebraucht, die in der Lehre gut gefestigt sind. Sollten wir in Ephesus weiterhin keine Aufträge mehr erhalten, rät er uns, einmal zu überlegen, ob es nicht Gottes Wille sein könnte, wenn wir nach Rom zurückkehren. Da auch die damalige kaiserliche Verordnung aufgehoben ist, die uns zum Verlassen Roms zwang, gibt es auch sonst nichts mehr, was uns hindern könnte."

„Und wie denkst du darüber?" fragte Priscilla.

„Nun, wir müssen natürlich erst mit Josua und Kara reden. Nach deiner Meinung brauche ich wohl gar nicht erst zu fragen", antwortete Aquila. „Ich habe auf dem Weg vom Hafen nach hier nachgedacht und meine, es ist des Herrn Wille, daß wir nach Rom zurückkehren. Mit Seiner Hilfe werden wir dort mithelfen, die Gemeinde zu bauen und auch uns eine neue Existenz aufzubauen."

Hand in Hand gingen sie zu der Bank unter dem großen Feigenbaum und setzten sich. Schweigend verbrachten sie dort einige frohe Minuten.

Kennen Sie schon die weiteren
Bücher unserer großen biblischen Erzählreihe?

Jedes von ihnen ist es wert, gelesen zu werden.
Hier nachstehend die verfügbaren Titel:

DIE SIEBEN LETZTEN JAHRE Carol Balizet
Die sieben letzten Jahre der Weltgeschichte.
Art.-Nr. 20 079 — 384 Seiten — DM 18.80

DER WANDERER GOTTES Ellen Gunderson Traylor
Abraham — der Vater des Glaubens und der Anfang eines neuen Volkes.
Art.-Nr. 20 084 — 366 Seiten — DM 18,80

ENTSCHEIDUNG AUF DEM KARMEL William H. Stephens
Elia — der Feuerprophet Israels.
Art.-Nr. 20 029 — 312 Seiten — DM 18,80

VON MOAB NACH BETHLEHEM Lois T. Henderson
Ruth — eine Frau der Treue und des Glaubens.
Art.-Nr. 20 097 — 304 Seiten — DM 18,80

DER SCHWERE WEG Gini Andrews
Esther — eine tapfere Frau rettet ihr Volk.
Art.-Nr. 20 104 — 308 Seiten — DM 18,80

DER SOHN DES DONNERS Ellen Gunderson Traylor
Johannes — Jünger Jesu und Apostel der Liebe.
Art.-Nr. 20 109 — 328 Seiten — DM 18,80

DIE PURPURHÄNDLERIN VON PHILIPPI Lois T. Henderson
Lydia — wie das Evangelium nach Europa kam.
Art.-Nr. 20 120 — 324 Seiten — DM 18,80

DER UNTERGANG DER ALTEN WELT Ellen Gunderson Traylor
Noah überlebt das Gericht und wird zum neuen Stammvater der Menschheit.
Art.-Nr. 20 124 — 320 Seiten — DM 18,80

Preisänderungen vorbehalten.

Zu beziehen durch:
Leuchter-Verlag eG, Industriestraße 6—8, D-6106 Erzhausen, Postfach 1161
In Österreich: Buchhandlung der Methodistenkirche, A-1082 Wien,
Trautsongasse 8, Postfach 65

Aktuelle Bücher —
man muß sie gelesen haben!

OFFENBARUNG DES VERBORGENEN R. Douglas Wead

Ist es möglich, Informationen zu erhalten, die man durch die fünf menschlichen Sinne bzw. durch andere normale menschliche Möglichkeiten nicht bekommen kann? Wenn ja — wie ist es möglich? Durch übersinnliche menschliche Fähigkeiten? Durch dämonischen Einfluß und okkulte Praktiken? Durch Gott, der, wenn Er es nötig findet, dem Menschen Verborgenes offenbart, wie z. B. den Propheten im Alten Testament? Wenn Gott es heute noch tut, auf welche Weise tut Er es? Mit diesen und ähnlichen Fragen beschäftigt sich das Buch und zeigt dabei etwas von den Möglichkeiten der Gaben des Heiligen Geistes.

Art.-Nr. 20 066　　　　148 Seiten　　　　**DM 9,95**

DIE TRINITÄT DES MENSCHEN Dennis und Rita Bennett

In den letzten Jahren hat man überall wiederentdeckt, daß das dreidimensionale Wesen Mensch im Grunde genommen eine Einheit ist und daß es falsch ist, eine der menschlichen Dimensionen — Geist, Seele, Leib — auf Kosten der anderen besonders zu betonen oder zu vernachlässigen. Nur wo Geist, Seele und Leib die ihnen zukommende Beachtung finden, kann sich dies zum Wohlbefinden der ganzen Persönlichkeit auswirken. Als Christus auf Golgatha Erlösung für den Menschen erworben hat, dachte Er an den ganzen Menschen, an alle drei Dimensionen. Wer dies nicht sehen will, verkürzt das Werk Christi. In diesem Buch redet der bekannte „Vater der charismatischen Bewegung", Dennis Bennett, vom Wirken des Heiligen Geistes und der Erlösung Christi im ganzen Menschen.

Art.-Nr. 20 085　　　　184 Seiten (Paperback)　　　　**DM 12,80**

PROBLEME? ES GIBT EINE LÖSUNG Malcolm Smith

Ein bekannter Prediger mit großer Karriere (man nannte ihn den „englischen Billy Graham") entdeckt, daß seinem Dienst der geistliche Tiefgang fehlt. Er hat wohl Erfolg zu verzeichnen, aber keine bleibende Frucht. An dieser Erkenntnis zerbricht er. Dies ist Gottes Gelegenheit, ihm durch den Heiligen Geist neu zu begegnen und auszurüsten. Diese neue Gottesbegegnung löst seine eigenen Probleme und auch die seiner Gemeinde. Es gibt eine neue Belebung. Ein Buch, das jeder ernste Christ lesen sollte.

Art.-Nr. 20 055　　　　144 Seiten　　　　**DM 6,80**

SOLLTE GOTT KEINE WUNDER TUN? Träff/Petman

Immer wieder hören wir in der heutigen Zeit unter aufrichtigen Christen die Frage, ob Gott doch noch einmal eine gewaltige Erweckung schenken wird. Dieses Buch hier ist die Geschichte einer großen Erweckung in unserer Zeit, die ein ganzes Volk bewegte. Es ist die dramatische Lebensgeschichte des finnischen Evangelisten Niilo Yli-Vainio. Durch ihn brach in Finnland in den sechziger Jahren unseres Jahrhunderts eine gewaltige Erweckung aus, die noch andauert. Tausende fanden zu Christus, Wunder geschahen, Kranke wurden geheilt — und das alles heute!

Art.-Nr. 20 090　　　　142 Seiten (Paperback)　　　　**DM 10,80**

Preisänderungen vorbehalten.